普通高等教育"十二五"系列教材（

U0668202

毕业论文写作

主　编　刘尊明
副主编　张加瑄　杨学英　谢东海
编　写　李海全
主　审　李元美

中国电力出版社
CHINA ELECTRIC POWER PRESS

内 容 提 要

本书为普通高等教育"十二五"系列教材（高职高专教育）。全书共分为七章，主要内容包括毕业论文的选题、毕业论文的材料、毕业论文的研究、毕业论文的结构、毕业论文的撰写、毕业论文的答辩及附录。本书是一部关于毕业论文写作与答辩的指导性教材，体系科学规范，内容取舍得当，针对性强，有较强的实践应用性。全书按毕业论文的写作流程展开，详细阐述了毕业论文写作各个环节的写作要求、写作技巧与方法，介绍了进行科学研究的方法和步骤，以及进行毕业答辩的准备工作与答辩技巧。本书语言精练，深入浅出，通俗易懂。

本书可作为高职高专院校各专业的教材，也可作为电大、函授、远程教育、自学考试等院校的教材，还可供教师、工程技术人员和管理人员参考。

图书在版编目（CIP）数据

毕业论文写作/刘尊明主编. —北京：中国电力出版社，2010.12（2023.1重印）

普通高等教育"十二五"规划教材. 高职高专教育

ISBN 978-7-5123-1250-0

Ⅰ. ①毕… Ⅱ. ①刘… Ⅲ. ①毕业论文-写作-高等学校：技术学校-教材 Ⅳ. ①G642.477

中国版本图书馆 CIP 数据核字（2010）第 255904 号

中国电力出版社出版、发行

（北京市东城区北京站西街 19 号 100005 http://www.cepp.sgcc.com.cn）

廊坊市文峰档案印务有限公司印刷

各地新华书店经售

*

2011 年 4 月第一版 2023 年 1 月北京第二次印刷

787 毫米×1092 毫米 16 开本 11.5 印张 276 千字

定价 40.00 元

前　言

　　本书是根据高等职业技术教育的教育标准、培养方案及主干课程教学要求编写的。

　　毕业论文写作是高等教育不可缺少的基本教学环节，也是大学生都要完成的一门必修课。毕业论文写作能全面检验学生对所学知识的理解与运用，有效地激发学生进行科学研究的潜能，科学地培养学生的创新能力，是高等院校学生学业的重要组成部分。

　　由于各种原因，当前高职学生的毕业论文写作质量普遍不高。怎样才能撰写出高质量的毕业论文，这不仅与大学生是否拥有丰富的专业知识和较高的综合运用能力直接相关，而且与大学生是否能熟练地掌握撰写毕业论文的要领、知识、技能和方法密切相关。实践证明，学生若能熟悉并掌握论文写作的技能和方法，撰写毕业论文会收到事半功倍的成效。本书就是为适应这方面的需要而编写的，它既可作为高职院校毕业论文写作教学的教材，也可作为高职学生进行毕业论文写作的指导书和参考书。

　　本书在编写时，注重高职高专"高素质技能型专门人才"培养目标，突出"以能力为本位"的思想，强调实践性、应用性。参考国家新制定的《学位论文编写规则》，广泛联系科学技术的发展现状，做到概念准确，深入浅出，详略适当，通俗易懂。

　　本书由刘尊明担任主编并负责统稿，张加瑄、杨学英、谢东海任副主编，李元美教授主审。具体编写分工为：第一、五、六章由山东城市建设职业学院刘尊明编写；第二章由山东城市建设职业学院张加瑄编写；第三章由山东城市建设职业学院谢东海编写；第四章由山东城市建设职业学院李海全编写；第七章由山东城市建设职业学院杨学英编写。本书在编写过程中，山东城市建设职业学院工程管理系主任李元美教授就内容的取舍和编排提出了许多宝贵意见，山东建筑大学图书馆刘二稳研究馆员给予了大力支持和帮助，在此深表感谢！

　　限于编者水平，书中定有不足和错误之处，敬请读者批评指正。

编　者

2010 年 8 月

目 录

第一章 绪 论

毕业论文写作是大学期间整个学习的重要组成部分，它既是一次总复习、总检验，也是一次重要的综合训练；既是国家有关部门对毕业生"验收"的凭据，又是培养学生具备好学风、好文风的过程。毕业论文既是对大学生培养的一个基础训练，又是对大学生所学的专业基础知识、研究能力、自学能力，以及其他各种综合能力的检验。毕业论文写作的目的，一是对学生的知识和能力进行一次全面的考核；二是对学生进行科学研究基本功的训练，培养学生综合运用所学知识，独立地分析问题和解决问题的能力，为以后撰写专业学术论文打下良好的基础。

第一节 毕业论文的写作意义

一、毕业论文的性质

毕业论文（本书特指专科毕业论文），即高职高专院校每一位毕业生在学业完成前写作并提交的一份有一定的学术价值的文章，是教学或科研活动的重要组成部分，是大学生毕业认证的重要依据。它是大学生完成学业的标志性作业，是对学习成果的综合性总结和检阅，是全面检验学生综合素质与实践能力的主要手段，是大学生从事科学研究、运用所学知识和技能解决具体问题的初次尝试。它既是大学生在教师指导下取得科研成果的文字记录，也是检验学生解决实际问题能力的一份综合答卷。

毕业论文是高等院校学生在教师指导下，独立地综合运用所学专业的基础理论、基本知识和基本技能，针对某一现象或问题进行专业研究后形成的具有一定学术价值的论文。

（一）毕业论文从内容上看，归属于学术论文

什么是学术论文？学术论文是某一学术课题在实验性、理论性或观测性，具有新的科学研究成果或创新见解、知识的科学记录；或是某种已知原理应用于实际中取得新进展的科学总结，用以提供学术会议上宣读、交流或讨论；或在学术刊物上发表；或做其他用途的书面文件。简而言之，学术论文是用文字、图形、表格和公式等来表述研究成果、发表学术见解、进行学术交流的文章，具有一定的学术价值，能带来一定的社会效益与经济效益。学术论文不同于普及知识的教材、教学的教案和演讲稿之类的文章，其读者对象是具有专业知识的学者、同行或具有一定专业知识的爱好者，因此强调采用专业术语进行论述，学术论文的写作实质上是人们揭示客观事物内在规律的创造性思维活动，是追求真理、探究学问的行为。

在校学生所写的论文与专业研究人员所写的论文是有所区别的。就其应用范围来说，在校学生所写的论文主要用以训练学生的科研能力，检查学生的学业水平；专业人员所写的论文，则是直接向社会报告自己的研究成果。由于学识水平的差异，论文写作的质量也会有所差异，在教学过程中不可能要求每个学生所写的论文都达到专家的水平。但就其本质来说，二者应该是一致的。它们都应研究、解决学术领域中的某一学术问题，都要提供和报告自己

的研究成果。如果学生对自身的要求越严格，越肯下工夫，写出的论文也就越接近真正意义上的学术论文。如果在校期间所写的论文达到在专业刊物上发表的水平，那就是非常值得庆幸的一件事情了。

毕业论文是学生在毕业前按照规定提交给学校的学术论文，它要求运用大学所学的专业知识，对科学研究领域中的某一问题进行专门的探讨、研究，并报告自己的研究成果。一篇毕业论文不可能反映大学期间所学的全部知识，但应反映学生运用大学所学的专业知识去分析、解决本学科内某一问题的学识水平和科研能力。

毕业论文是学术论文的一种，是毕业前必须在专业指导教师指导下独立完成的作业，是学习、研究和写作相结合的综合训练，是学习成果的总结。毕业论文表明作者从事创造性科学研究而取得的成果，表明作者的科研能力和已具有的学识水平。

毕业论文既是学生完成所学专业并圆满毕业的重要标志，也是检验学生是否达到相应专业水平的一份综合答卷。通过对论文的审查、答辩和评定，可以考查学生在校学习期间所学知识的理论深度、知识结构和运用水平，以及独立分析问题、解决问题的能力和创新的能力。

作为已经拥有专业基本知识和基本技能的大学生，毕业论文写作是大学生对所学专业学科领域进行科学研究的一种尝试，它要求注重对客观事物作理性分析，指明其本质，就某一问题提出自己的学术见解和解决方法，具有专业性和一定的学术价值。毕业论文是学生科研能力与学术水平的标志，可反映大学生在专业领域中探索和研究所取得的新成果或提出的新见解。因此，可以说毕业论文是学生毕业前必须完成的、要求达到一定标准的学术论文，它必须具有一定的学术价值。毕业论文拥有学术论文共有的一般属性。

（二）毕业论文从文体上看，归属于议论文

议论文是对某个议论对象提出见解或主张并说明理由，使读者信服的文章。议论文要解决的主要问题不是"是什么"，而是"怎样做"和"为什么"，对于"怎样做"的文章，最好要有"为什么要这样做"的内容。有的作者很容易把议论文写成记叙文，只说自己是怎样做的，很少去说为什么要这样做，原因可能是这样写很顺，因为工作是他（们）做的，过程很清楚，用不着费劲就可以说明白，这样的文章深度不够。

议论文不但要论述对某一议论对象的见解，表明作者的态度（即观点），而且要阐明为什么提出这种见解，为什么持此种态度。这个阐述"为什么"的过程，就是证明的过程。一个完整的证明，必须由论点、论证、论据三个部分组成。这三个部分也就是构成议论文特点的三要素，它们各自担负着不同的任务。

论题是指作者在论文中提出来要进行论述的问题，是论证的对象。论点又称为论断，它是作者对论题提出的见解、主张和持有的态度，是整个论证过程的中心，担负着回答"论证什么"的任务，明确地表示出作者赞成什么，反对什么。在毕业论文中，由于论文篇幅较长，论点往往分为中心论点和分论点。中心论点是作者对论题的最基本看法，是作者在论文中提出的最主要的思想观点，是全部分论点高度的概括和集中。分论点是从属于中心论点并为阐述中心论点服务的若干思想观点，也需要加以论证。论据是用来证实论点的根据。论证是运用论据证明论点的逻辑过程和方法。议论文不分长短，皆须具有论题、论点、论据、论证几个要素，这些要素紧密地结合在一起，缺一不可，共同完成证明任务。

毕业论文具有议论文所共有的一般属性特征，即整篇论文由论点、论据、论证三大要素构成。它要求作者能够较好地掌握大学阶段所学专业的基础知识、专业知识和基本技能，基本学会综合运用所学知识进行科学研究的方法，对所研究的题目有一定的心得体会，并具有从事科学研究工作或担负专门技术工作的初步能力。

毕业论文与一般的议论文的区别在于：一般的议论文是作者通过事实材料及逻辑推理来辨明是非，阐发道理，表明自己观点的一种表达方式；而毕业论文是某一学术课题在实验性、理论性或观测性上具有新的科学研究成果、创新见解和知识的科学记录，或是某种已知原理应用于实际中取得新进展的科学总结。也就是通常讲的作者对某一学科领域中的问题作比较系统、专门的研究和探讨，表述科研成果的理论性文章。

二、毕业论文写作的意义

（一）有利于学生扩充、更新知识

高职高专毕业论文的写作，要求同学们运用课本的理论知识和技能解决实际工作中存在的难点或疑点。它是研究某一具体问题的过程或结果；或者对某一时期、某一专业、某一专题的学习成果进行系统、全面的综述或评论；或者针对某一问题进行科学的动态分析等。在整个论文的撰写过程中，往往会发现对一些知识认识模糊、理解肤浅、掌握不够，为了将论文中的问题阐述清楚，会对这些不扎实的知识重新学习，最终掌握并运用到论文的写作中去。在重新学习的过程中，同学们将扩充知识面，增长见识，对一些认识不清、理解肤浅甚至错误的问题得到进一步的认识、加深理解，纠正错误看法，调整、完善、更新知识结构。

撰写毕业论文的过程，同时也是专业知识的再学习过程，而且是更生动、更切实、更深入的专业知识再学习。首先，撰写论文是结合科研课题，把学过的专业知识运用于实际，在理论和实际结合过程中进一步地消化、加深和巩固，并把所学的专业知识转化为分析和解决问题的能力；其次，在搜集材料、调查研究、接触实际的过程中，既可以印证学过的书本知识，又可以学到许多课堂和书本里学不到的、活生生的新知识；此外，学生在毕业论文写作过程中，将对所学专业的某一侧面和专题作较为深入的研究，会培养学习的志趣，这对他们今后确定具体的专业方向，增强攀登某一领域科学高峰的信心大有裨益。

（二）有利于学生提高综合能力

高职高专的培养目标是高素质技能型专门人才，这要求同学们具有运用所学理论知识与专业技能解决工作中实际问题的能力。高职高专教育注重的是实践性，虽然在课程设计中已有很多的实践环节，但一般是针对某一门课程，并且时间较短，对实际能力的培养效果不是很明显。对于毕业论文，学生需要通过半年的时间，边工作边进行写作。在此期间同学们将学会综合运用在校所学多门课程的专业知识，解决实习岗位中的问题，对理论知识指导实践有了感性认识。

毕业论文的写作是课程学习的总结和延伸，是对学生以往学习成果的总结和检阅，也是从事科学研究的有益尝试。毕业论文的写作有利于提高学生综合能力。

首先，毕业论文的写作进一步强化学生的自主学习能力，有利于提高学生自学能力。毕业论文的写作过程中，学生会遇到许多新的问题，必须发挥自己的主动性去研究与解决问题。写作过程中的资料收集也有利于促进学生自主学习。

其次，毕业论文的写作进一步强化学生发现问题、分析问题、解决问题的能力，有利于培养学生拥有敏锐的专业洞察力，拥有判断问题和系统分析问题的能力，拥有运用知识去解决理论与实际问题的能力。

　　第三，毕业论文的写作进一步强化学生的科研能力，有利于学生了解学术研究的规范，掌握学术研究的方法和技能，提高学术论文的写作能力。如毕业论文的选题有一定的技巧，写作通常有一定的格式规范，资料收集与处理有一定的方法与技巧，论证与推理有一定的逻辑范式，文献引用也有一定的学术道德规范，论文内容必须具有一定的创新性，具有学术论文的基本特征。毕业论文的撰写能将学生引入学术研究的大门，学生可以了解并掌握学术论文撰写的基本环节、程序和方法。

　　第四，毕业论文的写作进一步强化学生的创新能力，有利于激发学生的创造才能，发掘学生的创造潜力，提炼学生的创新思想。国际上许多优秀的科研成果其思想形成之初即是在大学毕业论文研究阶段，因为这一阶段的学生思维比较活跃，系统深入的科学研究可以积极地引导他们将创新的火花转化为科研的初步成果，为其进一步深入研究做好铺垫。

　　第五，毕业论文写作进一步强化学生理论联系实际的能力和独立工作能力，有利于提高学生的实际工作水平，有利于学生快速就业与适应工作岗位，也有利于学生进一步深造学习。撰写论文是结合科研课题，把学过的专业知识运用于实际，在理论和实际结合过程中进一步消化、加深和巩固所学的专业知识，并把所学的专业知识转化为分析和解决问题的能力。毕业论文具有一定的学术价值，虽然不一定能带来直接的、巨大的社会效益和经济效益，但对社会也有一定的贡献。

（三）有利于学生树立科学的科研态度

　　科研态度是学者对科研所持的看法和采取行动的总表征。多年的教学实践证明，良好的科研态度对论文的写作也起着非常重要的作用。态度认真，研究投入，写出的论文就可能会好一些。如果随便应付，马虎敷衍，要写好论文是不可能的。

　　科学的态度，应该是极其严肃认真的，它不存在任何敷衍、任何懈怠、任何投机取巧的心理。它要脚踏实地，全身心地投入，坚持不懈地劳动，以自己辛勤的汗水，去敲开成功之门。

　　科学的态度，应该是实事求是的，它服从于科学的宗旨，服从于科学的"良心"，一切立论都建立在坚实的事实基础上；它不会拜倒在权威的脚下曲意逢迎，更不会为了某一目的违背事实而作违心之论；它勇于承认自己的失误，也勇于坚持自己的见解。

　　科学的态度，还应该是不怕挫折不畏艰难的。科学的道路是崎岖曲折的。科学上的每一个发现，每个进步都意味着无数的挫折和失败。只有经过挫折和失败，拨开层层迷雾、重重障碍才能发现真理。没有锲而不舍的精神，没有坚韧不拔的意志，就很难把科研进行下去。

　　科学态度的养成既涉及思维认识，又涉及一些非智力因素。研究者解决问题的动机、对问题的兴趣，以及研究者的意志、性格特征等多种非智能因素，通常会影响到研究者的科研态度。

　　不同的动机、愿望、目的，表现出不同的态度。很多同学认为，自己以后不从事科研也不想从事科研，也就用不着在论文上多下工夫。这种想法是不对的，是很狭隘、很功利的。科研能力强、写作水平高，往往是事业成功的重要原因之一。论文写作是接受科研训练与写作训练的一次极好的机会。经过严格训练，固然可以为以后的科研打下良好的基础，即使以后不从事专门研究，对日后的工作、生活也有莫大的好处。

　　对于论文写作来说，研究者的兴趣、意志也很重要。一般说来，只有对某一事物感兴趣，才能深入地探究下去。如果对课题一点也不感兴趣，论文就难以写下去。兴趣比较广泛，就要选符合自身发展同时又感兴趣的课题。如果无所谓"兴趣"，好像对所有的学科都感兴趣又都不感兴趣，就要选自己比较专长的课题。就科研来说，有时候，初始是对某一事物感兴趣，然后深入研究；另一种情况是，一开始无所谓兴趣，随着研究的深入，反而激发了自身的兴趣。学术的兴趣要靠自身的培养。很多领域的研究，在一般的人看来是枯燥乏味的，而研究者却津津有味，乐在其中，个中滋味要靠自己去体会、培养。

要将自身的努力维持在某一目标上，仅靠兴趣是不行的，还要靠意志。意志是人自觉调节自身的行动去克服困难以达到目的的心理过程，是人的意识能动作用的表现。意志的自觉性、果断性、坚持性、自制性、独立性，是实现目的性行为的根本保证。写论文，特别需要作者通过意志的努力，去克服内在的、外在的困难，从而达到既定的目的。

性格是一个人对现实的态度，以及与之相应的习惯化行为方式中所表现出的比较稳定的心理特征。人的性格结构是立体的、多侧面的，由许多方面的特征所组成的。一个人身上既有一些有利于从事科研的性格因素，也有一些不利于科研的性格因素。如果一个人性格怯弱，经常患得患失，对挫折和失败怀有很深的恐惧，那么在这种心理状态下，思维活动是无法自由展开的。一个缺乏工作热情的人，通常不会忘我地求索，沉浸在创造的快乐之中；一个缺乏自制力、过于情绪化的人，则很容易在受挫时灰心丧气，失去克服困难的信心和勇气；一个懒惰的人，则可能敷衍了事，不愿意从事艰苦的科研活动；一个墨守成规、缺乏创造意识的人，通常无法胜任创造性的思维；一个过分自我批评、缺乏自信心的人，则难以坚持自己的独立见解；一个胸怀和视野都很狭隘的人，则难以发现有价值的课题；一个着眼于枝枝节节，没有大局观、整体观的人，往往难以抓住事物的本质；一个没有批判精神、怀疑精神的人，那么就难以提出自己独创的见解；一个缺乏恒心的人，通常会三天打鱼，两天晒网，很难把研究工作深入下去；一个粗心大意、马马虎虎的人，科研中很难做到严谨周密；一个自暴自弃的人，或是贪图享受的人，很难对自己的科研提出严格的要求，等等。写论文，要通过自我控制、自我调节，发展积极因素，克服不利因素，使自己的性格结构趋于合理。

（四）有利于学生在今后的工作、学习和研究中取得好成绩

学生毕业之后，如果进一步深造，去读学士、硕士、博士，要写小论文、学年论文和毕业论文。学生毕业之后，如果参加工作，发表一定质量和数量的学术论文，是评价其创造性工作的效率和效果的重要指标，也是晋升其职称或职务的重要指标。通过毕业论文的写作，可以锻炼大学生的科研能力和写作能力。通过毕业论文的答辩，可以强化学生阐述自己观点的口头表达能力和应变能力。因此，毕业论文写作能够为今后工作、学习和研究打下良好的基础，有利于今后的毕业论文或学术论文的写作，有利于毕业生为社会做出更大的贡献。另一些用人单位明确表示：可优先录用具有科研和写作特长的大专院校毕业生。毕业生们也反映，论文写作学习是对工作最有用和应该加强的课程。

三、端正毕业论文写作思想

在毕业论文写作之前，应该端正写作思想，才能保证写作工作的顺利进行。在具体叙述怎样写毕业论文之前，有三个问题首先需要明确或解决好。

第一，要明确写作目的。毕业论文写作的目的是检查学生理论学习情况，特别是理论联系实际解决问题的能力；同时，通过科研活动进行科学规范的写作训练，提高科学研究和表达研究成果、进行理论宣传的能力，学会和掌握写作学术论文的基本方法。

第二，要有严肃认真的态度。毕业论文要公开考评，作为学业成绩存档，又可以公开发表以反映我们对理论发展和社会实践作出的贡献。因此，在写作中绝不可马虎敷衍。

第三，克服两种错误的倾向。

一是消除神秘感，增强自信心。近年来，由于受一些文章玩弄名词、故弄玄虚风气的影响，再加上理论文章的写作确有一定难度，致使部分学生产生了神秘感和畏难情绪。对一个东西、一件事望而生畏，通常是因为不了解它。学术论文就是用理论观点去研究现实社会的问题（历史现实和当前现实），提高到理论高度而写成的文章，本身并没有神秘之处。通过在校期间进行的理论学习，树立正确的世界观、方法论，具备专业知识基础，处于中国改革开放和经济体制转型时期，要敢于实践，只要方法得当，完全有条件写出好的理论文章。其实，毕业论文只是写理论文章的入门和初试身手，应该增强写篇好文章的信心。有些学生会从此"捅破窗户纸"写出更多更好的学术论文。

二是防止动辄建立一个理论体系，全面推翻现有理论的倾向。一些学生经过几年的理论学习和社会实践，有了自己新的认识和看法，认为现有理论要么远远落后于实践，要么难于指导实践，要么理论发展不到位，于是决心在理论研究上有所作为，不鸣则已，一鸣惊人，表现出非等闲之辈的气势，视基本原理而不顾，全面突破和发展理论，并建立一个新的理论体系等。这样的精神是可贵的，勇气是令人赞赏的，但完全抛开现有理论的基本部分，去创立崭新的理论体系或框架，是很难做到的。很难相信在一年甚至几周内，在一篇毕业论文的习作中去完成这样的宏伟蓝图。这一探索精神应在今后的理论研究中坚持下去，定有所成。但在毕业论文写作中，应量身定做，量力而行，作出符合学业要求等级水平的毕业论文。

总之，毕业论文是教学环节的一个重要部分，是学生在完成某一学业时必须独立完成的作业，是比较复杂的学习、研究和写作相结合的综合性训练的学习成果的总结。目的在于培养学生综合运用所学知识解决实际问题的能力，并使学生受到科学研究训练，获得初步从事学术论文写作能力。

第二节　毕业论文的特点和分类

一、毕业论文的特点

毕业论文写作既是对学生所学知识的一次综合性的检验，也是对分析问题、解决问题的能力和理论联系实际能力的系统性的训练。毕业论文属于学术论文的一种，具有学术论文的共性，同时，也有其自身特点。

（一）科学性

科学性是一切学术性文章的灵魂和生命。毕业论文的科学性有两方面的含义。

1. 内容的科学性

论文内容要真实、成熟、先进和可行。"真实"是要求论文的内容必须是客观存在的事实或被实践检验的理论。论述和讨论的问题必须符合客观事物的发展规律，符合被实践证明的法则、公理；"成熟"是要求论文总结的成果或阐述的理论能够在相当长的时间内为生产的发展服务，在相同的条件下其成果能够推广使用，其理论能指导实践活动；"先进"是要求学术论文总结的成果具有当代科学技术的先进水平，是新的发现、新的技术、新的理论和新的应用；"可行"是要求学术论文总结的成果在技术上行得通、办得到，有应用价值。

2. 表述的科学性

立论要客观、正确、鲜明、集中，中心论点要贯穿于全篇论文；论据要真实可靠、有典型性，做到言之有理、持之有故；对问题的思考要精确细密、有条不紊，使自己的认识能正确地反映客观事物本身固有的条理性和规律性；推理要有逻辑性，既符合形式逻辑，又符合辩证逻辑；结构要严谨自然、完整统一、首尾照应、通篇一致，能根据不同内容、体裁，选择恰当的结构形式；语言要准确、清晰，不含糊其辞、枝蔓丛生，没有疏漏、差错和歧义；对中文引用的各种专用名词、术语，要正确、全面地理解其语义的内涵和外延，切不可望文生义、妄加解释。

（二）创新性

创新性就是要求毕业论文不能简单地重复前人的观点，必须有自己独到的见解，要有新方法、新理论、新设想、新结论。科学研究的价值在于它的创新性。创新性是科学研究的使命，是衡量论文价值的尺度。

创新性是指论文作者所提出的观点，对某一个问题与众不同的自我认识。当然，论文的创新性，有大小与水平高低之分，具有相对性。对于研究水平不高的高职高专学生来说，写出一篇有价值、有意义、有新的学术见解的论文有较大的难度。

毕业论文虽然只是学生从事科学研究的入门工作，但是也要注意对所思考的问题采取新的分析方法，得出新的观点。

课题研究是处理已知信息、获取新信息的一种创造性精神劳动，需要不断开拓新的领域，探索新的方法，阐明新的理论，提出新的见解。论述课题研究的毕业论文，贵在创新。创新性大，学术价值就高；创新性小，学术价值就小。

对于高职高专的毕业论文，创新性是指同学们的创造、发现及新的思路，甚至只要有些独到的观点或看法，要在选题、观点、材料运用上有一些属于自己的东西。例如，切入角度新，即从一个新的角度对别人研究过的课题加以阐述；材料新，即以全新的或部分新的材料论证已被论证过的观点，或论证已研究过的课题；观点新，即从别人用过的材料中获得启示，演绎出新的或部分新的观点、新的见解，对研究过的课题加以完善；方法新，即以新的方法研究已有的课题或观点，能给人一点新的启发。或利用新的论据去研究别人研究过的某一现象、问题；或研究前人的理论成果在今天的应用情况；或独辟蹊径研究前人没有研究过的领域等。以上这些都可以说具有创新性。较高层次的创新性，包括填补学术空白、更正前人研究成果的错误、弥补前人研究成果的不足等三个方面。

（三）学术性

毕业论文具有较强的学术性，其学术性具体表现在如下三个方面。

1. 研究问题的专业性

它只能把学术问题当作自己的论题，把学术成果当作自己的描述对象，把学术见解作为毕业论文的核心内容。毕业论文所要研究和解决的，就是这些专业知识中的某一问题。

2. 专门的理论和知识

学科门类繁多，虽然各学科之间有许多相同、相通之处，但差别是主要的，各学科都有其特定的研究领域、理论体系、科学术语，形成了专门化的知识体系。撰写毕业论文首先要了解和熟悉学科研究领域、伦理体系和道德规范，以及研究领域中的一些基本问题。

3. 特定的研究方法

不同学科和专业的研究方法有所不同。例如，社会科学多采用社会调查的方法，自然科学多采用实验研究的方法。

（四）实践性

实践性是指毕业论文所涉及的科学研究成果，最终是可以被应用在实际生活当中，对人类社会的发展有贡献性。

毕业论文的实践性还表现为论文来源于实践，又回到实践中去指导实践。论文要有一定的实践基础，论文的选题来源于对实践工作的深入调查和思考，论文的内容要紧密联系实践工作，能够解决或者有助于解决实践工作中遇到的问题。毕业论文要求学生能理论联系实际，尽量将毕业实习与毕业论文有机地结合起来。因为知识的价值在于应用，掌握知识的目的不是为了拥有知识，而是为了应用知识，为创造性的劳动做好准备。

毕业论文的实践性还表现在论文内容的真实性上。论文的内容是可检验与忠于实践的，是对科学研究进行系统总结、归纳和分析，能客观地反映研究所取得的成果，涉及的理论、技术、方法及有关的公式、数据和引用的文献资料均需要准确无误，不能人为地编造、拔高和渲染，不能脱离实际，不允许有半点虚构和夸大。

（五）规范性

所谓毕业论文的规范性是指，要按照一定的规格、格式来安排它的各个组成部分，并形成一个有别于一般文章和作品的完整系统和较固定的程序。为便于论文的交流和存储，提高论文的使用效率，在撰写毕业论文的时候，不但需要注意论文结构的规范性，而且也需要注意书写和引文等形式和内容方面的规范性，要按照相关的标准进行统一规范，遵守规定的标准和规范，并熟练地加以运用，不能随意更改、增删和杜撰。

（六）文献性

毕业论文不仅是研究活动的重要组成部分，而且是记录、储存、传播科学研究成果的必要手段。撰写毕业论文是毕业前必不可少的一个阶段，也是毕业工作最后完成的标志。毕业成果一旦写成论文就可以被保存起来，成为一种精神财富。

毕业论文具有交流、传播学术信息的功用，主要表现在以下方面：

1）任何人进行科学研究都必须站在前人的肩上攀登，即以前人已达到的成就为起点，再进行新的开拓；

2）论文一旦发表，就进入社会与同行进行交流，有助于进一步活跃学术思想，起到相互借鉴、启迪的作用；

3）总结现代人的科研成果，以论文的形式加以记录和储存，就可为后人的进一步研究提供借鉴。

（七）习作性

毕业论文是大学生在导师指导下于毕业前独立完成的科学研究成果习作。毕业论文写作的主要目的是为了培养学生综合运用所学的专业基础理论、专门知识和基本技能的能力，使学生能独立进行科学研究活动，能分析解决理论问题或实际问题，能将知识转化为能力，具有一定的专业创新能力。

毕业论文写作一般从以下几个方面着重培养并检测学生的能力：一是发现问题、选择研究内容的能力；二是设计并论证研究方案、寻找研究路线的能力；三是广泛采集信息、深入调查研究的能力；四是甄选材料、处理数据的能力；五是提炼基本观点、积累学术思想的能力；六是规范行文、规范表达的能力。

二、毕业论文的分类

毕业论文是学术论文的一种形式，又不完全等同于学术论文。为了进一步探讨和掌握写作规律和特点，需要对毕业论文进行分类。由于毕业论文本身的内容和性质不同，研究领域、对象、方法、表现方式不同，因此，毕业论文可分为不同的类型。

（一）按所属专业学科的门类分类

毕业论文按专业学科不同，可划分为社会科学类毕业论文和自然科学类毕业论文两大类。

社会科学类毕业论文又可划分为管理类、经济类、法律类、文学类、历史类、政治类等专业学科毕业论文；

自然科学类毕业论文又可划分为理学类、工学类、农学类、医学类等专业学科毕业论文。

每类的毕业论文又可进一步划分为不同专业方向的毕业论文。如管理类论文可进一步划分为工商管理、市场营销、人力资源管理、农林经济管理、会计学、审计学、财务管理、公共管理、工程管理、信息管理、图书馆管理、情报与档案管理等专业毕业论文。

（二）按议论方式分类

毕业论文按议论方式不同，可分为立论式毕业论文和驳论式毕业论文两种。

立论式论文是指从正面阐述论证自己观点和主张的论文。具有论点鲜明，论据充分，论证严密，以理和事实服人的特点。

驳论式论文是指通过反驳别人的论点来树立自己论点和主张的论文。主要侧重于以驳论为主，批驳某些错误的观点、见解、理论，除按立论式论文对论点、论据、论证的要求以外，还要求针锋相对，据理力争。

（三）按毕业论文的撰写主体分类

由于毕业论文的撰写主体为高等院校毕业生，因此根据这些学生所接受教育的不同程度可把毕业论文划分为大专毕业论文、本科毕业论文、硕士研究生毕业论文和博士研究生毕业论文。其中，本科毕业论文、硕士研究生毕业论文和博士研究生毕业论文又称为学位论文。

大专毕业论文，又称普通毕业论文，是指大专（高职高专）毕业生所撰写的，不授予学位的，能运用已有的理论知识及技能对某一课题提出见解或方案的论文。

本科毕业论文，又称学士论文，是指本科毕业生各科成绩合格后所撰写的，可授予学士学位的，能反映所学专业领域的某项课题研究结果，用来申请学士学位的论文。学士论文要求对所研究课题有一定的心得，并反映作者已具有一定的科学研究能力。

硕士研究生毕业论文，又称硕士论文，是指攻读硕士学位的研究生所撰写的，能充分体现作者在某一专业领域独立从事科学研究、理论及技术的创新能力，用来申请硕士学位的毕业论文。硕士论文要求对研究课题有独到的见解，并反映出作者已具备独立从事科学研究的能力。

博士研究生毕业论文，又称博士论文，是指攻读博士学位的研究生所撰写的，可授予博士学位的，对某一学科的前瞻性问题有一定的启发和引导，能在该学科起到开拓作用，用来申请博士学位的论文。博士论文要求在专门问题的研究上提出创造性成果，并须反映出作者已具备渊博的理论知识和较强的科研能力。

（四）按研究的性质和目的划分

按照研究的性质和目的划分，其毕业论文有开创型毕业论文、发展型毕业论文、批判型毕业论文、对策型毕业论文。

开创型毕业论文是发现并回答前人未曾发现和解决的新问题，因而提出了新的命题、观点和原理，建立了新的研究领域和理论体系，这就是开创性的研究。

发展型毕业论文是对某一理论的发展进行系统的总结和阐述，对已有的研究成果从新的角度进行充分的论证，使之更加深刻、丰富和完整，或对社会实践积累的经验从理论的高度做出准确、系统的抽象概括，这就是发展型论文。

批判型毕业论文是对原有理论中的某个观点，或对某一流行的认识，提出挑战或质疑，予以辨析、批判和修正。

对策型毕业论文是针对现实问题，着重提出解决问题的对策、措施，用以指导工作。

（五）按研究的方式分类

毕业论文按研究方式的不同，可划分为理论型毕业论文、综述型毕业论文、描述型毕业论文、实验型毕业论文、发现与发明型毕业论文、设计型毕业论文等。

1. 理论型毕业论文

理论型毕业论文是对研究课题的理论、学术观点有新的发展和深入发掘，或提出新的见解，或证明先说的错误，或对学术界尚未认识的事物有新的发现，或提出新假说、新理论的论文。理论型毕业论文要求在论述的问题上具有理论上或观点上的创造性。理论型毕业论文按研究对象的不同，可分成两种：一种是以纯粹的抽象理论为研究对象，研究方法是严密的理论推导和数学运算，有的也涉及实验与观测，用以验证论点的正确性；另一种是以对客观事物和现象的调查、考察所得的观测资料，以及有关文献资料数据为研究对象，研究方法是对有关资料进行分析、综合、概括、抽象，通过归纳、演绎、类比，提出某种新的理论或新的见解。理论型毕业论文按创新的角度不同，可分为五种：提出新理论的、提出新假说的、提出新发现的、对先说进行补充或纠正的和其他创新的。

2. 综述型毕业论文

综述型毕业论文是作者对某一理论的发展历史与现状进行系统的阐述、分析、归纳、评价，以总结该理论发展的历史背景、代表人物、主要观点、主要贡献、存在问题及发展的趋势，综合归纳、总结前人或今人对某学科中某一学术问题的已有研究成果，并在此基础上，加以介绍或评论，从而发表自己见解的论文。

综合论述型论文要求撰稿人在综合分析和评价已有资料的基础上，提出特定时期内有关专业课题的发展、演变规律和趋势。它不要求研究内容具有首创性，但要有指导性，能对科技发展起到承前启后的作用。综合论述型论文的题目一般较笼统，篇幅允许较长，写法主要有两类：一类以汇集文献资料为主，辅以注释，客观而较少评述，年度评述即此；另一类则着重评述，通过回顾、观察和展望，提出合乎逻辑的具有启迪性的看法和建议，这类文章撰写要求较高，具有权威性，通常能对学科的进一步发展起到引导作用。

3. 描述型毕业论文

描述型论文是指以描述、比较和说明为主要研究方法的毕业论文。其研究对象多为某一客观事物或现象。研究目的是探索这些客观事物或现象的科学价值。

描述型毕业论文，也可称为说明型论文，是对某一已经存在的社会管理现象或管理科学理论进行分析与描述的论文，如某种理论与观念的形成、某一社会现象生成的缘由、某一管理理论和方法在社会实践过程中应用的过程和产生的结果等。此类论文侧重于描述事实的真相，在描述过程中反映作者所揭示的前人未曾发现的事物特性与本质，或在描述管理理论和方法运用过程中揭示新的实际成效对已有理论、观点或新的理论、观点的有效论证。

4. 实验型毕业论文

实验型毕业论文是指以设计实验、开展实验和分析实验结果为主要研究方法的毕业论文。它的研究对象为某一理论基础上的实验。研究目的或为介绍某实验，分析不同条件对此实验的影响；或为讨论某实验结果。

针对科技领域的一个学科或一个专题，有目的地进行调查与考察，实验与分析，或进行相应的模拟研究，得到系统的观察现象、实验数据或效果比较等重要的原始资料和分析结论。原始资料的准确与齐备，通常使其成为进一步深入研究的依据与基础。实验型的论文占现代科技论文的多数。这类论文不同于一般的实验报告，其写作重点应放在研究上，它追求的是可靠的理论依据，先进的实（试）验设计方案，先进、适用的测试手段，合理、准确的数据处理及科学、严密的分析与论证。

5. 发现与发明型毕业论文

发现与发明型毕业论文，是指论述新发现事物的背景、现象、本质、特性及其运动变化规律和使用前景的论文；或阐述新发明的设备、系统、工具、材料、工艺、形式或方法的性能、特点、原理及使用条件的论文。

6. 设计型毕业论文

设计型毕业论文指为解决某些工程问题、技术问题和管理问题而进行的计算机程序设计；某些系统、工程方案、机构、产品的计算机辅助设计和优化设计，以及某些过程的计算机模拟；某些产品（包括整机、部件或零件）或物质（材料、原料等）的设计或调、配制等。对这类论文总的要求是相对要"新"，数学模型的建立和参数的选择要合理；编制的程序要能正常运行，计算结果要合理、准确；设计的产品或调制、配制的物质要经实验证实或经生产、使用考核。

第三节　毕业论文的构成和基本要求

一、毕业论文的构成

毕业论文主要由标题、摘要、关键词、目录、正文、参考文献、附录等构成。

1. 标题

标题是论文的眉目，是作者以最恰当、最简明的词语反映论文中最重要内容的逻辑组合，通常是论文的中心论点，是一篇论文给出的涉及论文范围、内容与水平的第一个重要信息，也是读者把握全文内容核心的第一要素。

2. 摘要

摘要又称概要、内容提要，是以提供论文内容概要、对论文进行高度概括为目的，不加评论和补充解释，简明、确切地记述毕业论文重要内容的短文。在论文摘要中，作者以较少的文字，勾画出全文的整体面目，提出中心论点、揭示论文的研究成果、简要叙述全文的框架结构。一般置于论文题目之下、正文之前。论文摘要一般包括四大基本要素，即目的、方法、结果、结论。摘要应具有独立性和自明性，并且拥有与文献等量的主要信息，即在不阅读全文的情况下，就能获得必要的信息，所以，一篇完整的论文都要求写论文摘要。

3. 关键词

关键词是表达论文主题概念的自然语言词汇，是反映论文最主要内容的基本术语，是论文的文献检索标识。关键词与论文摘要一样，已经成为论文的一个基本要素和必备的组成部分。毕业论文的关键词一般是从其题名、层次标题和正文中选出，能反映论文主题概念的词或词组，位于摘要之后。

4. 目录

目录是作者在完成论文定稿后，列明论文各章节的小标题和所在页码的简表，是论文各组成部分的索引。是否设置论文目录，一般根据论文的篇幅而定。毕业论文的篇幅一般较长，内容的层次较多，整个理论体系较为庞大、复杂，故通常设置目录。短篇论文，如学年论文，则不必设置目录。

5. 正文

毕业论文正文是毕业论文的主体，是毕业论文最重要的组成部分，是反映毕业论文研究内容和成果的集中体现，也是体现毕业论文质量和水平的根本所在。毕业论文正文的结构形式是多种多样的，一般包括序论、本论、结论三部分，这是毕业论文的基本型结构。

（1）序论

序论又称为前言、引言、导论或绪论，是整篇论文的篇头，是作者简要说明论文选题的背景和意义、论文所要解决的问题、使用的理论工具和方法、论文的基本思路、逻辑结构等研究设想及要取得的预期结果等。

（2）本论

本论是作者在序论交代有关问题的基础上，展开论题，对自己所提出的观点全面系统地、有逻辑地进行多层次的分析和推理，是毕业论文的主体部分。无论是内容、篇幅还是在结构上，都是整篇论文的核心，也是最能显示作者的研究成果和学术水平的重要部分。一篇论文质量的高低，主要取决于本论部分写得好坏，要求这一部分内容充实，论据充分、可靠，论证有力，主题明确，要做到层次分明、脉络清晰。论点、论据、论证是毕业论文的三大基本要素，也是本论的内容组成。

（3）结论

结论是一篇论文的收尾部分，是以研究成果和讨论为前提，经过严密的逻辑推理和论证所得出的最后结论。该结论应是此论文最终的、总体的结论。换句话说，应是整篇论文的结论，而不是某一局部问题或某一分支问题的结论，也不是正文中各段小结的简单重复。结论应当体现作者更深层的认识，且是从全篇论文的所有材料出发，经过推理、判断、归纳等逻辑分析过程而得到新的学术总观念、总见解。

6. 参考文献

参考文献又称为参考书目，是学生在撰写毕业论文过程中所查阅参考过的著作和报刊杂志等，一般列在毕业论文的末尾，它是毕业论文不可缺少的组成部分，也是作者对他人知识成果的承认和尊重。同时，参考文献是指导教师和答辩教师了解学生阅读资料的广度，作为审查毕业论文的一种参考依据，也是方便作者和读者查找、阅读相关的观点和材料的基本依据。

7. 附录

附录是论文主体的补充项目，根据论文需要决定是否使用。不宜放在正文中，但有参考价值的内容，可以以附录的形式置于论文末尾。附录给出了论文的附加信息，便于帮助他人理解论文内容。

二、毕业论文的基本要求

对于毕业论文的撰写，不同的院校有不同的要求，但基本要求都是相同的。其基本要求如下：

1) 选题适当，有理论意义或现实意义，并有一定的新视角。

2) 观点明确，有一定的独立见解。

3) 结构合理，层次分明、条理清晰、逻辑严谨。

4) 材料翔实，数据真实可靠，对材料的解释合理，论证充分。

5) 研究方法科学规范。

6) 内容完整、准确。采用国家正式公布实施的简化汉字和法定的计量单位。采用的术语、符号、代号全文统一，并符合规范化的要求。论文中使用的专业术语、缩略语，应在首次出现时加以注释。论文中的插图、照片应完整清晰。

7) 文字表达清楚、语句通顺，具有可读性。

8) 论文格式规范。

三、毕业论文评审标准

1. 优秀

论文格式（含打印，以下同）规范，选题适当、观点有一定的独创性、有一定理论深度或研究方法比较规范、严谨，结构合理，条理清晰、层次分明、逻辑严谨、材料翔实，数据真实可靠，论证充分、语言通顺，没有语法错误。

2. 良好

论文格式规范，选题适当、观点有一定新意、结构合理，条理清晰、层次分明、材料较翔实，数据真实可靠，论证较充分、语言通顺，没有语法错误。

3. 中等

论文格式基本规范，选题基本适当、观点缺乏新意，论证不够充分，论文结构、条理基本合理、占有一定材料，语言基本通顺，没有过多的语法错误。

4. 及格

论文格式没有明显缺陷，选题尚可、观点缺乏新意，论证不够充分，但论文结构、条理没有过多问题、语言基本通顺，没有过多的语法错误。答辩中能回答部分问题。

5. 不及格

有以下情况之一者，论文成绩为不及格：其一，被直接确认为剽窃或变相抄袭他人成果者（以找出原文对照作为判定依据）。其二，论文整体质量差，在格式、选题、观点、材料、条理、语言等方面存在较多问题，或不能按时完成论文。

第四节 毕业论文的写作基本原则和写作程序

一、毕业论文的写作基本原则

1. 立论客观、科学，具有前沿性和应用价值

论文的基本观点必须来自具体材料的分析和研究，所提出的问题在本专业学科领域内有

一定的理论意义或实际意义，并通过独立研究，提出了一定的认知和看法。论文的基本观点和内容必须能够反映事物发展的客观规律。虽然大学本科的毕业论文不要求在理论上必须具有独创性，但无论是纯粹的理论观点研究或是理论的应用研究，都必须关注该理论研究的前沿问题。因此，毕业论文在选题和观点上都必须注重理论的先进性与学术价值含量。

判断一篇论文有无价值或价值的大小，首先是看论文观点和内容的科学性；其次，论文的科学性通常取决于作者在观察、分析问题时能否坚持实事求是的科学态度；最后，论文是否具有科学性，还取决于作者的理论基础和专业知识。科研成果往往是综合而成的，而综合需要做到专业上的博通。而博通的主要途径来自于日常永不间断的学识积累与储备。在学识储备上尤其要重视问题的储备。科学研究往往始于问题，没有问题就没有课题，更没有创见。发现问题就要做生活的有心人。在同样的时间、同样的环境中，有心人会比无心人注意到更多的问题，掌握更多的资料，形成更多的见解。可以想象，脑海中装有无数个关于本专业的问题，就不愁找不到有价值的科研选题，进而获得丰硕的成果。

在毕业论文写作时，应充分重视论文的应用价值，一是要抓准实践中具有普遍意义的问题；二是要将理论与实际相结合，解决毕业实习中遇到的实际问题。只要我们对现实问题有浓厚的兴趣和高度的敏感性，善于捕捉生动而具有典型性的现实材料，通过深入的思考和研究，提出创新的观点，就能提高毕业论文的价值。在毕业论文写作时，要避免"大、空、虚、平、泛"，写成既没有理论，抓不住关键，又缺乏实践的低质量论文。

2. 论据翔实、准确、客观、公正，富有确证性

论文要做到旁征博引，多方佐证，所用论据持何看法，有主证和旁证。论文中所用的材料应做到言必有据，准确可靠，精确无误。确证性，即毕业论文中的数据应经过反复证实，实验结果可以重复，具有再现性。无论何时、何地、何人，用相同的实验条件都能得出相同的结果。

一篇优秀的毕业论文仅有一个好的主题和观点是不够的，它还必须要有充分、翔实的论据材料作为支持。旁征博引、多方佐证，是毕业论文作为学术论文有别于一般性议论文的明显特点。一般性议论文，作者要证明一个观点，有时只需对一两个论据进行分析即可，而毕业论文则必须以大量的论据材料作为作者观点形成的基础和确立的支柱，要有主证和旁证。作者每确立一个观点，必须考虑用什么材料做主证，什么材料做旁证；对自己的观点是否会有不同的意见或反面意见，对他人持有的异议应如何进行阐释或反驳。毕业论文要求所提出的观点、见解确实是属于自己的，而要使自己的观点能够得到别人的承认，就必须有大量的、充分的、有说服力的论据来证实自己观点的正确，论文中所用的材料要做到言必有据，准确可靠，精确无误。

毕业论文的论据要充分，运用要得当。一篇论文中不可能也没有必要把研究工作的全部所得、古今中外的事实事例、精辟的论述、实践数据、观察结果、调查成果等全部引用，而是要有目的地取其必要者，舍弃可有可无者。论据为论点服务，材料的简单堆积不仅不能证明论点，强有力地阐述论点，反而给人一种文章拖沓、杂乱无章、不得要领的感觉。因而在已收集的大量材料中如何选择必要的论据显得十分重要。一般来说，要注意论据的新颖性、典型性、代表性，更重要的是考虑其能否有力地阐述观点。

毕业论文中引用的材料和数据，必须正确可靠，经得起推敲和验证，即论据的正确性。具体要求是，所引用的材料必须经过反复证实。第一手资料要公正，要反复核实，要去掉个

人的好恶和想当然的推想，保留其客观的真实；第二手资料要究根问底，查明原始出处，并深领其意，而不得断章取义。引用他人的材料是为自己的论证服务，而不得作为篇章的点缀。在引用他人材料时，需要精心的筛选、鉴别，做到准确无误。写作毕业论文，应尽量多引用自己的实践数据、调查结果等作为佐证。如果论文论证的内容，是作者亲身实践所得出的结果，那么论文的价值就会增加许多。当然，对于掌握知识有限、实践机会较少的大学生来讲，在初次进行科学研究中难免重复他人的劳动，在毕业论文中较多地引用他人的实践结果、数据等。但如果全篇论文的内容均是间接得来东西的组合，很少有亲自动手得到的东西，那也就完全失去了写作毕业论文的意义。

3. 论证严密，富有逻辑性

作者提出问题、分析问题和解决问题，要符合客观事物的发展规律，全篇论文形成一个有机的整体，使判断与推理言之有序，天衣无缝。

论证是用论据证明论点的方法和过程。论证要严密、富有逻辑性，这样才能使论文具有说服力。从论文全局来说，作者提出问题、分析问题和解决问题，要符合客观事物的发展规律，符合人们对客观事物认识的程序，使人们的逻辑程序和认识程序统一起来，全篇形成一个逻辑的有机整体，使判断与推理言之有序，天衣无缝。从局部来说，对于某一问题的分析，某一现象的解释，要体现出较为完整的概念、判断和推理过程。论文本身能够自圆其说，亦即由前提、假设推出的结论不能自相矛盾。

毕业论文是以逻辑思维为主的论文样式，它大量运用科学的语体，通过概念、判断、推理来反映事物的本质或规律，从已知推测未知，各种毕业论文均采用这种思维形式。管理类论文更是用已知的事实，采取归纳、推理的形式，求得对未知的认识。要使论证严密，富有逻辑性，必须做到：

1）概念判断准确，这是逻辑推理的前提。

2）要有层次、有条理地阐明对客观事物的认识过程。

3）要以论为纲，虚实结合，反映出从"实"到"虚"，从"事"到"理"，即由感性认识上升到理性认识的飞跃过程。

4. 体式明确，富有规范性

论文必须以论点的形成构成全文的结构格局，以多方论证的内容组成文章丰满的整体，以较深的理论分析辉映全篇。此外，论文的整体结构和标注要求规范得体。

5. 语言准确、简明，富有可读性

论文最基本的要求是读者能看懂。因此，要求文章想得清，说得明；想得深，说得透。做到深入浅出，言简意赅。可读性，即毕业论文应文通字顺，语句流畅。若一篇毕业论文像天书一样烦琐乖僻、晦涩难懂，则达不到应有的效果。

二、毕业论文的写作程序

毕业论文的写作时间长、内容多、环节多、工作量大，要按时按质完成各项工作，必须遵循一定的规律，循序渐进，按照论文写作程序的基本流程进行写作。论文写作的基本流程大致可分为四个阶段。

第一阶段，确定选题，收集整理材料。

这是进入论文写作的初级阶段。学生在撰写论文之前，首先要选定所要研究的方向、要论证的问题。选题要全面反映专业培养目标的要求和学科、专业的特点，要有理论价值和应用价值，满足社会需要。同时，深、广、难度适当，适合写作的客观条件和作者自己的主观能力。根据所选论题，进行广泛的材料收集，查阅相关中外文献，包括选题的第一手资料、他人的研究成果、相近学科的材料、名人的论述、政策文献、背景材料等。

第二阶段，拟订论文提纲，进行开题。

对所收集的材料进行广泛的整理、分析、阅读，完成基本构思，拟订论文提纲，确定毕业论文的主要内容、写作思路和篇章结构。完成开题报告和开题手续，根据导师的开题意见转入论文的正式写作。

第三阶段，开始论文正文的起草、修改、定稿等各项撰写工作。

根据拟订的写作提纲和收集整理的材料，将论点与论据进行有机结合，将设计构思草拟成文，形成论文初稿。在完成论文初稿的基础上，进一步对论点、材料、结构、文字和标点符号中存在的错误、不足等进行改正，形成论文正稿，并做最后定稿。

第四阶段，编校、打印和装订。

完成论文正稿后，按规定的论文格式规范进行文字编辑，制作论文封面、目录，根据格式规范的要求编排论文内容。对论文的文字、用语、用词、标点符号、数字、公式、格式进行最后的校对，并按规定要求进行打印和装订。

以上所讲是一个完整意义上的论文写作程序。论文写得好，一方面取决于作者的研究；另一方面取决于作者的行文。毕业论文的本质是报告作者的研究成果，没有作者自己的研究成果就谈不上毕业论文的写作。因此，扎实的深入研究是写好论文的前提和基础。研究的好，确有所得，才有东西可写。只有通过充分、深入的研究，并形成了独创性的研究成果，才能执笔行文；而研究的成果只有形诸文字，写成论文，才能成为有形、具体可感的东西。这两方面既是对毕业生学业的一次检验，也是对毕业生学识的一种升华。它能促使学生由一般性的接受迅速转入创造性的研究，使学生的学识、能力在比较短的时间内迅速得到提高。

第五节　毕业论文的写作道德和法律问题

虽然毕业论文是高校学生进入科学研究领域的演练，但它是建立在深入而系统的学术研究基础上的，是学术研究成果的记录，理应遵守学术活动的基本规范。毕业论文写作遵守的学术规范主要是指在毕业论文的写作过程中，必须尊重知识产权，遵守学术伦理，严禁抄袭剽窃，充分尊重前人已有的相关学术成果，并通过引用、引证、注释等形式加以明确说明，从而在有序规范的学术对话和累积中进行学术创新。高校毕业生从一开始就应养成良好的学术规范，以严肃认真的求学态度和严谨求实的工作作风对待毕业论文的写作。

重视学术道德教育，不仅关乎学生诚信品质的培养，有助于培养其独立思想和创新精神，为他们日后从事科学研究奠定良好的思想基础，也是发展我国高等教育，营造健康学术氛围，推动学术创新的重要保证。

国内一些高校在思想品德教育中，忽视了对学生的学术道德教育。学生们不了解合理引用与剽窃抄袭的界线，不懂得怎样做是违反学术道德，不清楚违反学术道德将承担何种后果等，从而导致了论文抄袭现象的时有发生。因此，对学生进行学术道德与法律教育，防患于未然，是遏制学术腐败、保证我国学术研究健康发展的一个重要举措。

一、常见的学术失范行为

近年来，学术道德问题越来越受到全社会的关注。尽管我国教育界和科学界十分重视学术道德建设工作，并且取得了一些可喜的成绩。但是，毋庸讳言，一些学术失范和学术不端的行为仍不同程度地存在着，人们谓之"学术腐败"。这些情况主要有：一稿多投，虚假署名，抄袭剽窃，伪造数据，篡改事实，系统造假。诸此种种，不仅浪费了学术资源，败坏了学术风气，扭曲了学术良心，并且阻碍了学术进步，损害了学术形象，在教育界和科学界产生了恶劣的影响，必须坚决制止。

常见的学术失范行为主要包括如下三个方面。

1. 伪造数据

在社会和经济转型时期，一些人表现出了极其浮躁的心态。反映在科学研究上，有的科技人员急功近利、急于求成，研究成果尚未在生产实践中推广见效，就主观臆测，宣称取得了如何好的效用；有的人根据已有的理论预见结果后，为了得到预期的实验结果，于是伪造实验数据。

在实验数据、图表分析中，随意编造数据或有选择地采用数据满足对量表的信效度要求，满足自己的假设，证明自己的观点；不据原典，生拉硬扯，无中生有，胡乱得出结论。无论是在理工科毕业生的科学研究中，还是在文科毕业生的学术研究中，一定程度上都存在着此种主观臆造、弄虚作假的现象，这种丧失"求真、诚信"的行为将影响和误导其他科研工作者正确地开展科研工作。

科学问题是一个十分严肃的问题，不得有半点虚假。伪造实验数据，主观臆测结果，都是科学研究之禁忌。每一个科技工作者都必须端正学术态度，恪守学术道德。否则，其造假行为被发现之日，也就是其学术生命结束之时。

2. 剽窃抄袭

韦氏在线辞典对剽窃的定义是："把他人的思想和语句拿为己用和使用他人的成果而不注明出处。"简言之，"剽窃就是文字小偷"。

美国现代语言联合会《论文作者手册》对剽窃（或抄袭）的定义是："剽窃是指在你的写作中使用他人的观点或表述而没有恰当地注明出处……这包括逐字复述、复制他人的写作，或使用不属于你自己的观点而没有给出恰当的引用。"

我国学术打假第一人方舟子曾撰文指出："对论文而言，剽窃有两种：一种是剽窃观点，用了他人的观点而不注明，让人误以为是你自己的观点；一种是剽窃文字，照抄别人的文字表述而没有注明出处且用引号，让人误以为是你自己的表述。当然，由于论文注重观点的原创性，前者要比后者严重"。

抄袭的形式，有的是引用他人的论文或专著不注明出处，有的是大段大段地直接据为己有，有的甚至整篇论文只更改署名。所抄袭之论文，从国内到国外，从核心刊物到普通刊物，从文到理，无孔不入。

弄虚作假、抄袭剽窃是目前最严重的学术腐败现象，它犹如学术界肌体上发生的溃疡，若任其发展下去，迟早会毁坏整个学术界的肌体。2006 年 11 月 9 日，科技部发布了《国家科技计划实施中科研不端行为处理办法（试行）》，将抄袭、剽窃他人科研成果，捏造或篡改科研数据等 6 种行为明确定为科研不端行为。视情节轻重，对科研不端行为的处罚措施依次为：警告、通报批评、限期整改、记过、禁止一定时期申请和执行国家科技计划项目、降职、解聘、开除等。相信，建立健全学术不端行为的严惩机制，强化科技工作者的自律意识，营造批评和监督的舆论氛围，学术腐败问题定会逐渐得到解决。

3. 他人代笔

部分学生缺乏科学精神和钻研精神，没有持之以恒的毅力，受社会浮夸风的影响，急功近利，为了获得毕业论文请"枪手"代劳，用金钱打造学习道路。这些现象在我国的毕业论文写作中少量存在，应该加以肃清。

二、毕业论文的写作学术道德规范

学术道德规范是对学术工作者在思想修养和职业道德方面提出的要求，它是学术规范的核心部分。毕业论文的写作学术道德规范具体包括如下三个方面。

（一）毕业论文研究具备原创性

毕业论文是学生独立思考、独立探讨的成果，是学生基于自我思考与研究而进行的创作，理应具有一定的原创性，其研究应以知识创新、技术创新为直接目标和动力，自觉遵守学术研究的基本规范，研究或实验过程中要坚持严肃认真、严谨细致、一丝不苟的科学态度。不得虚报研究成果，反对投机取巧、粗制滥造、盲目追求数量而不顾质量的浮躁作风和行为。反对急功近利、贪图捷径，甚至不劳而获，在他人成果上署名，获取个人名利和地位的做法。

（二）毕业论文评价应当客观公正

毕业论文的学术评价应遵循客观、公正、准确的原则，如实反映成果水平。应在充分掌握国内外材料、数据的基础上，对研究课题和前人研究成果作出的全面分析、评价和论证。不得刻意贬低别人，抬高自己，不可滥用"国际领先"、"国内首创"、"填补空白"等词语。坚决反对在学术评价中掺杂个人情感因素、个人关系，甚至弄虚作假。

（三）毕业论文写作坚持继承与创新的统一

毕业论文的写作，应当坚持继承与创新的有机统一。树立法制观念，保护知识产权，要充分尊重前人的劳动成果，在毕业论文中应明确交代本论文中哪些是借鉴、引用前人的说法，哪些是自己的发明创新。应按国内外学术界通行的规范，在学术成果中附加必要的注释并列出足量的、与正文相对应的参考文献，以表明本文对前人理论、观点、材料和方法等的参考与借鉴。

在中国改革开放后的一段时期，由于历史原因（如资料奇缺、研究工作中断、国内外学术交流贫乏、学术训练不足），学术界很多学科领域的毕业论文和期刊论文忽视了必要的注释和参考文献，有些期刊因为论文篇幅限制，刻意删除了已有的注释或参考文献，在学术界造成了不良的影响，助长了剽窃、浮夸、自以为是等不良风气。这种现象在近年已经得到较好的遏制，中国学术界有望逐步遵循国际上通行的学术规范。

三、毕业论文的学术法律规范

学术法律规范是指学术活动中必须遵循的国家法律法规和有关技术标准（科学技术部，1999）。我国尚未制定专门的法律法规来规范人们的学术活动。与学术活动有关的行为规则分散在民法通则、著作权法、专利法、保密法、统计法、出版管理条例等法律法规中。根据这些法律法规的条款，毕业论文应该严格遵守的法律规范主要包括宪法、著作权法、保守国家秘密法等，具体介绍如下。

（一）《中华人民共和国宪法》

坚决贯彻执行党的路线、方针和政策，坚持以马克思列宁主义、毛泽东思想和邓小平理论、"三个代表"重要思想和科学发展观为指导，坚持四项基本原则，坚持学术研究为社会主义现代化建设服务的方向。

（二）《中华人民共和国著作权法》

按照《中华人民共和国著作权法》等有关法律文件的规定，应特别注意以下五点。

1）不允许剽窃、抄袭他人的作品。应坚决杜绝以稍微改变形式或内容，将他人作品的大部分或部分内容，以相同的形式，窃为己有的剽窃行为。

2）毕业论文若作为合作创作的作品发表，其版权由合作作者共同享有。合作作者中的每一个人都无权单独行使合作作品的版权。合作作品的署名应按照对科学研究或成果所作贡献大小进行排序，但另有科学署名惯例或作者另有约定的除外。

3）未参加创作，不可在他人作品上署名。学术成果的创作是艰苦的智力活动，需要创作者付出创造性的劳动。如果没有参加创作，或只是参加了一些创作活动的准备、组织及咨询服务性工作，不能认为是参加了作品的创作，因而不能在作品上署名。

4）禁止在法定期限内一稿多投。例如，我国著作法明确规定，自作者稿件发出之日起 15 日内未收到报社通知决定刊登的，作者可将同一作品投向其他报社。同时又明确规定双方另有约定的除外。目前国内一些学术期刊的约定期限约为 3 个月左右。即使已过法定期限，为稳妥起见，最好通过电话、电子邮件等咨询，确认无误后再另行投稿。

5）合理使用他人作品的有关内容。学术研究、学术写作离不开对他人成果的借鉴和利用，不同程度地存在着引用他人已发表（出版）作品文字的现象，即对他人作品著作权的合理使用。

合理使用他人作品的有关内容必须符合以下条件：

① 引用的目的仅限于介绍、评论某一作品或说明某一问题；

② 所引用的部分不能构成引用人作品的主要部分或者实质部分；

③ 不得损害被引用作品著作权人的利益。

符合这三个条件，可不经过著作权人同意而使用其相关内容，不向其支付报酬，但必须在自己的作品中指明被引用的作者姓名、作品名称及版权事项。

（三）《中华人民共和国保守国家秘密法》

遵守《中华人民共和国保守国家秘密法》，对学术成果中涉及国家机密、军事、上市公司等不宜公开的重大事项，均应在送审批准后方可公开出版。

（四）其他适用法律法规

按《中华人民共和国民法通则》规定，不得借学术研究以侮辱、诽谤方式损害公民、法人的名誉。

按《中华人民共和国统计法》规定，必须对属于国家机密的统计资料保密。

毕业论文中使用标准、目录、图表、公式、注释、参考文献、数字、计量单位等应遵守国家标准化法、计量法等法律法规的规定。

关于公司商业秘密，《中华人民共和国反不正当竞争法》第 10 条第 1 款列举了三种关于侵犯商业秘密禁止性规范；第 2 款是关于不正当竞争进行界定的解释性规范；第 20 条是关于侵害商业秘密等应承担损害赔偿责任的规定。

《中华人民共和国刑法》第 219 条是关于侵犯商业秘密罪及应承担的刑事责任的规定。毕业生在引用相关的公司资料协助写作时，为避免侵犯公司的商业秘密，事先应该咨询相关的公司或法律事务所，否则会触犯法律规定，后果不堪设想。

四、引注规范

学术论著注释和索引的规范化是学术规范建设的重要组成部分。规范的注释和索引不仅为学术界同行对相关问题作进一步研究提供了线索，也为文献学研究提供了可供分析的样本。同时，其也在一定程度上反映着学者自身的学术功力和人品。

任何研究，都是在已有思想资料基础上进行的，都是站在前人或他人肩膀上的一种极目远眺。写论文也同样如此，不可避免地要引用、借鉴他人的研究成果。凡在论文中引用他人的文章、观点、材料、数据等研究成果均应注明出处，不能将他人的话当作自己的话，也不能换一个角度换一种说法将他人的东西化为己有。

科学、严谨、规范的标注，既是作者持之有据的有力说明，也是对他人劳动成果的尊重。既是作者治学是否严谨的一种表征，也能检验出作者所下的工夫及论文的创新度。因为判定一篇论文或一部著作有无学术创新，需要在与同类著作的比较及与已有成果的讨论中凸显出来的，而不规范的引注通常为剽窃者打开方便之门。

在学术规范体系比较健全的国度，引证标注被视为学术规范的重要组成部分之一，它是建立良好学术道德的程序性制约，也是杜绝剽窃的有效办法。

引用文献资源的学术规范主要包括以下九点。

（一）所有研究都应依据已有文献对相同或相关方面的研究成果作出概括性说明

通过作出概括性说明，可以体现出作者对已有研究成果的有序继承和必要积累，可以为他人评价其价值提供基本资料或线索，可以避免重复前人已经完成了的研究，可以体现对前人创造成果的尊重。

（二）对已有文献任何形式的引用都必须注明出处

凡在论文中引用他人文章、观点、材料、数据等研究成果，均应注明出处，这既体现了作者实事求是、言之有据的科学态度，也体现出对他人著作权的尊重，同时还能为读者深入了解相关内容，查找相关资料提供线索。

（三）原则上不作间接引用

间接引用也就是"转引"，即引用第三者作品中所引用的内容。在论文写作中，间接引用原则上是被禁止的，因为转引不能确保所引内容的准确无误。当然，就人文社科来说，有时候间接引用难以避免，但必须明确注明"转引自××××"，否则被认为是对出处的不实标注，学术界惯称"伪引"。不实标注，同样是一种学术上的弄虚作假，同样为学术伦理规范所不容。

（四）引用必须适当

这是对征引量的限制。虽然引用是"必要"的，但也不能为引用而引用。过度引用，容易把论文变成资料汇编，即便注明了出处，也让文章从根本上失去了存在价值。有些同学，从头到尾都是引用，很难得看见他自己的话，更看不到他的观点，这就犯了过度引用的毛病。

（五）引用必须尊重作者原意，不可断章取义

无论作正面立论的依据，还是作为反面批评的对象，引用都应当尊重被引者的原意，不可曲解引文。断章取义、曲解引文被认为是不实引用，不实引用被视为学术上的弄虚作假。

学生引用时要认真核对引文，应尽可能保持原貌。有时为了节省篇幅或便于读者理解，可作一定限度的增删。但增加的内容应以夹注的方式注明；删节要使用省略号，删节之间应避免读者对引文原意产生误解。同时，不能有利于自己立论的就取，不利于自己立论的就舍。

（六）原则上使用原始文献

这是针对引用文献的来源的规范。有些文献，特别是一些著名文献，通常会有汇编本，改编本，简本，摘要等形式，作为原则，引用时应尽可能采用原始形态的文本，尽可能追溯到原创者。

（七）原则上使用最新版本

作者在作品发表之后又出修订版，意味着作者对于原来作品的观点、材料或表述不满意，因此，引用应以修订版为依据。不过，此条规则有一个限制，如果引用者所从事的恰好是对于特定作者学说演变的研究，引用此前各种版本则是必要的。

（八）标注应完整，准确地显示被引作品的相关信息

这是技术方法的规范。所谓相关信息，包括作者、题名、出版地、出版时间、卷期、页次等，完整、准确地显示相关信息。一方面体现了引文的确切性，说到底是学术研究严谨的科学态度的体现，同时也为读者以此为线索的进一步查找提供了方便。

（九）应体现学术独立和怀疑精神

在引用环节上，所引文献，都应当受到必要的质疑，而不是当然的真理。事实上，是否存在这样的怀疑精神乃是学术引用与宗教或准宗教式宣传的引用之间的重要界限。

思 考 题

1. 毕业论文写作的意义是什么？
2. 毕业论文有哪些特点？
3. 毕业论文按研究方式的不同，可划分为哪几类？
4. 毕业论文的构成内容有哪些？
5. 毕业论文的基本要求是什么？
6. 毕业论文的写作基本原则是什么？
7. 毕业论文的写作程序包括哪些？
8. 常见的学术失范行为主要包括哪几个方面？
9. 合理使用他人作品的有关内容必须符合哪些条件？

第二章 毕业论文的选题

所谓选题，是指在特定问题所涉及的范围内，或在特定问题的预示之下，在反复深入地思考分析之后，经过筛选、拓展、限制、推断、提炼、抽取，将某一问题转化为研究课题。毕业论文的选题，是指学生在老师的指导下，选准所要研究的某一个问题，确定所要研究问题的研究方向、研究角度和研究思路。选题不同于主题、标题。如果说选题是指论文所要研究或讨论的具体问题，那么，主题就是论文作者对所研究问题的观点、看法或主张，而标题只是所研究问题的外在形式。

选题是毕业论文写作的第一步，是论文写作的最基础工作。没有选题，就不可能启动后面的各项研究，就不可能成功撰写毕业论文。选题是否正确与恰当，不仅影响到论文的质量，也关系到写作的成败。一般说来，选题是科研能力的表征，一个科研能力强的人，通常可以敏锐地发现有科研价值的题目；而一个科研能力不强的人，往往找不到题目。一般说来，在校学生的选题，都离不开导师的指导、帮助；而毕业踏入社会后，就只能靠自己选题了。所以，毕业生在选题阶段，不仅要为自己的毕业论文找到一个好的选题，更重要的还要学会选题。

第一节 选题的种类和意义

一、选题的种类

就毕业论文的选题来说，因分类标准和角度的不同可以被分为不同的种类。

（一）指导性选题与自拟选题

指导性选题与自拟选题主要是根据选题的来源来划分的。

1. 指导性选题

指导性选题是指学校和教师根据学生的专业及其应用领域的问题，确定选题范围，作为学生毕业论文选题的指南。

2. 自拟选题

自拟选题是学生根据自己的专业学习和参加社会实践的感触选择其有兴趣的问题作为毕业论文的选题。

（二）学术性选题与实践性选题

学术性选题与实践性选题是根据研究方法的不同来划分的。

1. 学术性选题

学术性选题，是依据逻辑推理和假说的研究进行分析、论证、获得结论，并以理论研究为主的。一般而言，只有硕士及以上的毕业论文选题才适合选择此类选题。

2. 实践性选题

实践性选题，是以现实的问题为对象，通过调查、实践获得认识并以叙述为主的，一般而言，作为本专科生的毕业论文主要是实践性选题。

（三）约束性选题与非约束性选题

约束性选题与非约束性选题是从作者选题时的处境来划分的。

1. 约束性选题

约束性选题是指参加某一确定的课题或项目的人员，只能选择其中的某一子项目的选题，显然主要是针对科研人员的，研究生以导师课题的某一子项目为自己毕业论文的选题，也属于约束性选题。

2. 非约束性选题

但作为毕业论文更多的则是凭学生的兴趣和志愿选题，即使有指导教师的指导，只要不是指定的选题仍属于非约束性选题。

（四）专题类选题、论辩类选题与综述类选题

专题类选题、论辩类选题与综述类选题，是按论文论述形式划分的。

1. 专题类选题

专题类选题是指在分析现有研究成果的基础上，就某学科中的学术问题从正面提出问题，以直接论述的形式发表见解的一种论题类型。专题类论文是毕业论文的主要形式，在公开发表的论文中，专题类论文占了绝大部分。作者通常就某一问题发表自己的见解，标题中经常带有"研究"、"试析"、"浅析"、"分析"、"思考"，或"论"、"试论"等词语。

2. 论辩类选题

论辩类选题是指通过论辩形式发表学术见解的一种论题类型。它大多是针对他人在某一学科领域中的某一学术问题的见解而发表的不同见解，凭借充分的论据，着重揭露对方文章中的不足或错误之处。科技论文中有一部分是论辩类论文，而在毕业论文中，论辩类论文不多见。论辩类论文的标题中通常带有"商榷"、"之我见"等词语。

3. 综述类选题

综述类选题是指在介绍或评论某种学科中某一学术问题现有研究成果的基础上，加以归纳、总结，从而发表见解的一种论题类型。综述类论文的写作难度较大，需要参阅大量的参考文献。综述类论文的作者大多是学术界泰斗之类的人物，或是对某一学术问题的研究历史、现实状况、发展趋势十分了解、颇有研究的人。综述类论文一般在标题中带有"研究进展"、"研究综述"等词语。

二、选题的意义

毕业论文的选题是决定毕业论文内容和价值的一个关键性环节，论文题目选得好，才有可能写出优秀的毕业论文；没有好的选题，即便勉强写出了论文，其价值也不大，也不会是一篇优秀的毕业论文。提出问题是解决问题的第一步，题目选得好，可以起到事半功倍的作用。有的专家认为，选题在很大程度上决定了论文的广度与深度，选准了一个好论题，等于论文写作成功了一半。爱因斯坦曾说过："提出一个问题往往比解决一个问题更重要。"这都说明了选题的重要性。

（一）选题有利于确定研究方向

毕业论文选题工作，是选择科研的突破口，它决定着毕业论文的主攻方向和研究路线，标志着研究范围和重点，制约着作者观察、思考问题的角度和重心，影响着资料的收集和取舍。

对于大学生而言，应该是先打基础后搞研究。同学在打基础的大学课程学习阶段，学习

知识应广博一些。大学都开设了许多课程供学生选学，同学选课的范围可广泛一些。在大学最后一年（或半年）走向搞科学研究的初级阶段，钻研知识资料应集中一些。毕业论文的选题是引导同学从广博向集中过渡的关键。在选题过程中，研究方向逐渐明确，研究目标越来越集中。目标集中，直接抓住论题研究，倾注全部精力来工作，常常会收到事半功倍的效果，或许成为终身从事此项课题研究工作的起点。

初写论文的同学可能会问，怎么才能使自己"专"起来，这就要通过选题，抛弃与选题暂时无关的知识资料，对准研究目标，并根据研究的需要补充收集有关的资料，以弥补大学知识储备的不足。正如爱因斯坦所说："我不久就学会了识别出那种能导致深邃知识的东西，而把其他许多东西撇开不管，把许多充塞脑袋并偏离主要目标的东西撇开不管。"因此，只有确定了选题，才能有计划地调整自己的知识结构，并根据收集材料的要求确定补修哪些课程，进行哪些观察、调查、研究，以适应论文写作的需要。毕业论文写作只有确定了选题，才能明确研究目的，确定论证的方向、角度和规模，确定研究范围和领域。进入研究过程，对准研究目标，集中时间和精力，在有限的时间内撰写出优秀的毕业论文。有时优秀的选题还能成为同学终身为之奋斗的科学研究目标。

（二）选题有利于提高科研能力

通过选题，同学能对所研究的问题由感性认识上升到理性认识，更为条理化与系统化，对问题的历史与现状、症结与关键所在都有比较清楚的认识，从而更有信心地进行下一步研究。

毛泽东同志讲过："读书是学习，使用也是学习，而且是更重要的学习。"读书是重要的，因为专业知识是进行研究的基础。但是，并不是说只要读书多，掌握的专业知识多，研究能力就会自然而然地提高。事实上，一个人的专业知识不等于科研能力。科研能力的提高是一个逐步培养的过程。一个人的研究能力不会自发地产生，而是在使用知识的实践中产生的，即在研究工作的实践中，自觉地加以培养和锻炼才能获得和提高。

选题是科学研究工作实践的第一步，同学应该重视在选题的过程中提高自己的研究能力。选题需要积极思考，需要具备一定的发现问题、解决问题的能力。并且在选题过程中，从事学术研究的各种能力都可以得到初步的锻炼和提高。在选题前，需要对某一学科的专业知识下一番钻研工夫，需要学会收集、整理、查阅资料等各项科研工作的方法；在选题过程中，要对已学的专业知识进行反复认真的思考、推敲、运用，通过综合与分析、判断与推理、联想与发挥，使研究能力得到锻炼和提高；选题后，要对发现和研究出的问题及结果加以整理，按一定次序写出来，并检验结果的创新性和价值。在此过程中，研究能力、逻辑思维能力、表达能力、评价能力等都能得到锻炼和提高。

毕业论文的选题是在教师的指导下进行的，有的同学自己不作独立思考，完全依赖教师给出题目；有的同学缺乏研究分析，不假思索，信手拈来，拿过题目就写。这些做法都是不正确的，不利于同学主观能动性的调动与发挥，不利于增长知识、提高能力。撰写毕业论文不经过选题这一具有重要意义的研究过程，文章的观点、论据、论证方法"胸中无数"，材料的准备更显不足，这样勉强提笔来写，就会感到困难重重，有时甚至一筹莫展，可能推倒重来。

（三）选题能预测论文的价值

选题是一个创造性思维的过程，规划了论文的方向、角度、规模，从而能够提前对论文的价值作出基本的估计，具有一定的预测性。在选题过程中能否创造性地发现一个对理论、学术或现实生活有重要影响，具有一定科学价值的课题，是衡量毕业论文创造性的先决条件。

在选题过程的资料研究中，同学通过大量查阅、浏览资料信息，及时捕捉灵感，发现问题及相关联系，从而初步确定选题。并将创新体现在论文选题中。这种理性的认识将成为毕业论文写作的重要思想基础。论文的选题过程实际上是论文的构思过程。选择一个好的题目，需要经过同学多方思索、互相比较、反复推敲、精心策划等一番努力，题目一经选定，也就表明同学头脑里已经大致形成了论文的轮廓。因此，选题有助于论文的构思与论证。如果选题过于狭窄，把精力消耗在毫无现实意义或者毫无学术价值的琐碎问题的考究解析之中或者闭门造车，不通晓外界某一学术领域研究进展的历史和现状，忽视学科发展和社会的需要，不顾及个人的主客观条件，那么毕业论文写作终将只能是半途而废，或以失败而告终。

总之，选题是论文成败的关键。选题有意义，写出的论文才有用，才能获得好的效果；如果选题无意义，即使精力花得再多，文字表达再完美无缺，也是没有价值的。

第二节　选题的原则

作为选题的判断标准，就是选题的原则。要能够正确而恰当地选题，首先要明确选题的原则。明确了选题原则，就能比较容易地选定一个既有一定学术价值，又符合自己志趣，适合个人研究能力，有较成功把握的题目。

选题的原则，一般可以分为基本原则和特殊原则两种。选题的基本原则是指各类选题都应遵守的原则；选题的特殊原则是针对大学生的特点提出的一些具体原则。

一、选题的基本原则

选题的基本原则主要包括科学性原则、可行性原则和创新性原则。

1. 科学性原则

科学性原则是指选题必须符合客观实际和科学原理，必须面向实际需求选题，必须具有科学价值。一项课题有无科学价值，主要看它是否能直接或间接地为社会进步和科学发展服务，为社会实践服务，带来社会效益与经济效益。论文的科学价值包括理论价值和实用价值。

（1）选题的理论价值

强调选题的实用价值，并不等于急功近利的实用主义，也绝非提倡选题必须要有直接的经济效益。作为毕业论文，无论是形式还是内容都与工作总结、调查报告有所区别。一般说来，论文由论点、论据、论证三大要素构成，以逻辑思维方式，在事实基础上展开严谨的推理，得出令人信服的结论。论文着重探讨和研究事物发展的客观规律，阐述作者对这些规律的了解与认识，给人以认识上的启迪。因此，选择现实性较强的选题，也要考虑理论上的价值，即论文有无普遍性的意义，能否进行理论的分析和综合，从个别上升到一般，从具体上升为抽象。

（2）选题的实用价值

选题的实用价值，是指选题应与社会生活密切相关，与现实急需解决的问题密切相关，能够回答和解决社会发展中的实际问题。科研的目的，归根结底是为了实际应用。我国正面临着经济基础和上层建筑的全面改革，有许多新问题、新矛盾需要去研究、去解决，这类问题反映着一定历史时期和阶段社会生活的重点和热点，是与广大人民群众的利益息息相关的。同学运用自己所学的理论知识对其进行研究，提出自己的见解，探讨解决问题的方法，是很有现实意义的。一方面，可将所学的书本知识运用于实际，提高分析问题和解决问题的能力；另一方面，能在一定程度上帮助社会解决现实问题。

2. 可行性原则

可行性原则又称"可能性原则"，是指课题研究要具备一定的主观和客观条件，才有成功的可能和希望。可行性原则体现了科学研究的"条件原则"。主观条件包括研究者的学识、技能、特长、兴趣、爱好，以及身体状况和献身精神等；客观条件包括科学发展程度、资金、设备、人员和期限等。没有一定的条件，是无法完成课题研究任务的。因此，在选题时必须考虑客观条件和主观条件的限制，从实际出发，做到量题而为、量力而为、量料而为、扬长避短，宜实不宜空、宜专不宜泛，难易适中、大小适中、深浅适中、宽窄适中，选择经过主观努力能够完成的课题和论文题目。

毕业论文的选题可行性，一般应着重考虑如下四点。

(1) 大小适中

选题时要考虑研究课题的大小。过大，力不从心，难以完成；过小，发挥不出自身的水平，达不到预期效果。一般说来，选题宜小不宜大，宜窄不宜宽，提倡"小题大做"。由于大学生掌握的基础知识与理论有限，毕业论文的写作时间也有限，课题大了，容易造成材料的堆积或过于散乱，不能写得深入和透彻，难免失之于肤浅论于没有价值，甚至可能出现题目选得过大而不能完成毕业论文写作的情况。选题过大，会使研究包含的内容过泛，同学不可能在短时间内，在近1万字的论文中论述清楚。有些同学唯恐课题小了没有内容可写、论文价值不高，有意选择一些大课题，结果"心有余而力不足"，造成研究内容过宽、过泛，大而无当，难以驾驭，事与愿违。其实，论文的轻重（质量）不一定和论文题目的大小成正比。一个重要的小课题，若为学科中的关键问题，能够给予完全解决，有独到之处，论文当然也有分量。当然，如果题目选得太小，轻而易举、毫不费力就能解决，此种论文也是没价值的，不可取。有时选题过小、过窄也会造成研究难度加大。没有参考资料，没有内容可研究，深度不足，难以完成。在毕业论文写作时，同学们要善于观察，勤于思索，从大处着眼，小处入手，寻找适合自己撰写的，具有新意的毕业论题。

(2) 难易适中

选题时要考虑研究课题的难度，既要有"知难而进"的勇气和信心，又要做到"量力而行"。由于专业兴趣不同，前期的学习基础不同，专业水平也有高有低，同学选题可难易不同。同学在选择毕业论文题目时，着眼于一些学术价值较高、角度较新、内容较奇的题目，这种敢想敢做的精神是值得肯定，但必须与自己的理论功底与能力匹配。如果难度过大，超过了自身所能承担的范围，很可能会中途写不下去。反之，自身具备一定的能力和条件，却将论文题目选得过于容易，就不能反映出自己的真实水平，达不到通过撰写毕业论文锻炼自己、提高自己的目的。

所以，选题时要难易适中。做到此点要充分估计到自身的知识储备情况和分析问题的能力。如果理论基础比较好，又有较强的分析概括能力，则可以选择难度大一些、内容复杂一些的选题，对自己定下的标准高一些。这样有利于锻炼自己，增长才干；如果自身觉得综合分析一个大问题很困难，那么选题就应定得小一些，便于集中力量抓住重点，把某一问题说深说透。同学一定要扬己之所长，避己之所短，从自身的知识结构与研究能力出发，选取能发挥自己专长的课题。这样，毕业论文写作工作才能顺利地展开，并能获得良好的成果。

（3）抱有兴趣

同学对所选课题的研究兴趣，是取得研究成果、写好毕业论文的一个关键性问题。同学若对一个选题有兴趣的话，就可能随着研究的深入越来越有兴趣，就会专心致志，甚至废寝忘食地不断深入研究。据行为科学家调查统计，一个人如果对所做的工作有兴趣，积极性就高，就可以发挥其全部才能的 80%～90%；反之，只能发挥 20%～30%。兴趣不是天生的，是后天逐渐培养起来的。有兴趣的选题，研究内容通常是已经了解或初步了解的。选择有兴趣的选题，不仅有研究的热情和积极性，而且也有较好的研究基础，相对容易完成。

（4）资料充足

资料是进行科学研究的基础，是论文写作的基础。缺少资料就很难写出有分量的毕业论文，即使勉强写出来，也缺乏说服力。"巧妇难为无米之炊"，再好的厨师若两手空空也难烹调出美味佳肴。资料可分为第一手资料和第二手资料。第一手资料是指作者亲自考查获得的，包括各种观察数据、调查所得等；第二手资料是指来源于图书馆和资料室的文献资料。选题时必须考虑自己是否已经占有或容易找到这方面的资料，如果选择能获得丰富资料的课题，就会有利于研究工作的展开；相反，搜集资料的工作就会困难重重，毕业论文的写作就无法进行。对管理类学科的同学而言，资料要充分，特别是第一手调查资料。如果资料不充足，客观条件没有保证，题目选得再好，也无法顺利完成。如何有效地收集资料将在下一章中阐述。

3. 创新性原则

创新性原则是指课题应具有先进性、新颖性，确实是前人没有提出来，或是他人没有解决，或是没有完全解决的问题。

创新性原则是科研工作价值原则的体现。创新性的课题所取得的成果，在理论研究中表现为新观点、新见解、新理论和新发现等，在应用开发研究中表现为新技术、新产品、新工艺和新材料等。当然，所谓的创新都是相对的。不论是一篇论文还是一项研究、一个试验，只要在已有的科学技术基础上有所创造、有所发现、有所发明、有所前进，就可认为其成果是创新的。选题创新性的表现形式为：用新方法解决新问题、用老方法解决新问题、用新方法解决老问题。

创新就是要突出一个"新"字，要有新意。论文写作如何才算有新意，已有人给出了详细的阐述，即：题目、材料、谋篇、论述方法、观点都是自己的；以新材料论证旧课题，从而提出新的观点、新的看法；以新的研究方法、新的研究角度重做已有的课题、处理旧有的材料，从而得出全部或部分新观点；用新的材料、新的角度去证明已有的观点，从而使文章赋予新的内容；用新的方法去证明已有的材料、已有的观点，从而使已有的观点得到补充，有新的理解；对已有的观点、材料、研究方法提出质疑，虽没有提出更具创新的不同观点，但能启发人们思考；对已有的观点有部分的订正，或对已有的事实有部分修订；为证明已有的观点，提供了较多的新材料，并能提出一些可供进一步研究的问题。

选题要创新必须做到以下三点：

一是要认真查阅与课题有关的文献资料，熟悉过去、现在已有的研究状况。在此基础上，才能确认自己所从事的研究课题是前人未做过的，还是进一步需要探讨的创新工作；

二是注重知识的重新组合，从两门学科的交界处寻找最能体现创新的选题；

三是要积极思索，要在前人已有的观点中寻找出不够完善或已不适应当今形势的东西，在此基础上再有的放矢地提出自己的见解，这种见解基本上都具有创新性。

当然，选题创新并不等于其内容或成果的创新。选题与内容比，内容的前瞻性和创造性更为重要。由于解决同一个问题可以有不同的方法，而所有的方法都只能无限接近客观真理而不能穷尽客观真理。因此，重复选题是被允许的。但重复选题，创新的难度大，在实际选题工作中应尽量避免。对于新选题旧内容的课题研究，由于这类研究基本上都是抄袭的，因此是不允许的。

不同层次的毕业论文，在创新性方面的要求是不同的。专科学生毕业论文、学士毕业论文没有创新性要求；硕士学位论文应具有一定的创新性；而博士学位论文必须具有创造性成果。

上述的三条选题原则，既有联系又有区别，并分别体现了研究工作的目的、条件、价值和根据。

二、选题的特殊原则

毕业论文的选题不是随意的，必须附加一定的要求，这就形成了毕业论文选题的特殊性原则。毕业论文选题的特殊原则可以归纳为：专业性和时间性原则、指导性和考核性原则、独立性和能动性原则、目的性和实践性原则。

1. 专业性和时间性原则

毕业论文作为在校期间考核学生的最后一个环节，其选题原则首先是专业性和时间性。

毕业论文的选题都有专业性的要求，不属于学位专业范围内的选题，不能作为毕业论文的选题。所谓毕业论文的专业性主要体现在四个方面，即：本学科研究领域；学科交叉研究领域；本学科理论、方法的移植运用；科研基础上形成的系列文章。在毕业论文的专业性方面，要求多数毕业论文是单主题的，即毕业论文只有一个主题；少数毕业论文是双主题的，即毕业论文有两个主题，具有两个并列相关主题的选题，作为毕业论文的选题是允许的，也是合乎毕业论文选题规范的。对于不直接相关，或相关性小、甚至不相关的双主题选题，则不能作为毕业论文的选题。由此可见，毕业论文选题对于专业性的要求，不仅要求专业性，而且要求专一性和相关性。

毕业论文的写作有时间限制，要求在规定时间内完成。毕业论文的时间性决定了其选题不能太难，并保证在规定的时间内经过努力能够完成写作任务。如果到时还不能完成毕业论文的写作任务，就只能延长学业。因此，毕业论文选题的时间性原则是一个极为重要的原则。

2. 指导性和考核性原则

毕业论文选题是在教师指导下进行的，而且毕业论文作为学生在大学学习期间专业学习的一次全面总结，将接受包括答辩在内的全面考核。因此，指导性和考核性也是毕业论文选题的一个重要原则。

毕业论文的指导性原则要求毕业论文的选题必须在指导教师的指导下进行。学生的毕业论文和毕业设计的选题，通常均由指导教师提出，指导教师一般会拿出若干题目，让学生任选其中之一。教师在提出选题的同时，要求说明选题的理由和具备的条件，以及应该达到的要求。学生选题时重点需要考虑的是：哪个选题自己按时完成的把握最大，哪个选题自己平时积累的资料最多，哪个选题自己思考的时间最长、可能达到的水平最高。只要把这些问题考虑清楚了，自己应该选择哪个题目也就决定了。即使是自主选题，也要求在指导教师同意的情况下才能开展具体的研究工作，并在写作过程中接受指导教师的具体指导。

在毕业论文的考核方面有明确规定，论文部分和答辩部分，只要其中有一个部分成绩不及格，不能毕业。考核要求使毕业论文的写作具有应试的味道，在毕业论文写作中，学生考虑最多的就是其论文能否及格，能得多少分，是优还是良等诸如此类的问题。因此，选择的题目不能太难，否则完不成任务；也不能太容易，太容易的选题不仅得不到高分，有时甚至连过关都成问题。

3. 独立性和能动性原则

独立性是指论文写作过程中搜集材料的独立性和完成毕业论文的独立性，或完成毕业设计和写作毕业设计说明书的独立性；能动性是指发挥学生在完成毕业论文过程中的主动性和创造性，以培养学生的事业心和责任感。独立性和能动性原则也是毕业论文写作中的重要原则。

独立性原则和毕业论文的考核性原则密切相关。既然要对毕业论文的质量进行评定，那么毕业论文必须独立完成。由此可见，毕业论文的独立性原则是作为一种考核要求提出来的。强调独立完成，并不是不需要接受教师的指导。恰恰相反，学生在从选题开始到修改定稿的整个毕业论文的写作过程中，都要与指导教师积极沟通，主动争取指导教师的指导；指导教师也不要以毕业论文要求独立完成为由，而不履行自己应尽的指导职责。强调独立完成，就必须坚持从学生实际出发安排毕业论文或毕业设计，不论选择什么类型的题目都应对每个学生提出不同的要求，要做到题目分量和要求适当，使学生经过努力都能在规定的时间内完成毕业论文的写作任务。

能动性原则就是学生在完成毕业论文过程中的主动性和创造性。能动性对毕业论文按时、按质、按量完成具有重要作用。毕业论文的能动性原则要求学生在整个毕业论文的写作过程中，一方面必须积极主动地与指导教师沟通，争取得到指导教师尽可能多的指导。这不仅对毕业论文的写作很有帮助，而且对培养自己分析问题和解决问题的能力也很有作用，因为大多数指导教师知识渊博、经验丰富，能够得到他们的指点，一定会受益匪浅。另一方面必须发挥自己的创造性，做到争取教师指导而不依赖教师，并力求使自己的论文有新意。

4. 目的性和实践性原则

目的性原则和实践性原则也是毕业论文的重要原则，这两个原则与毕业论文的专业性原则和考核性原则密切相关。

毕业论文作为训练学生的一个教学环节和考核学生的一种形式，必然会有明确的目的性。其目的就是全面总结所学的专业知识和基本技能，运用科学的分析方法，提高学生解决实际问题的能力，并为学生今后所从事的研究工作规定一个大概的方向。毕业论文的目的性原则规定了毕业论文的选题必须是专业的，并且在学位点范围之内的。如果毕业论文的选题不是专业性的、不在学位点规定范围之内的，就无法达到考核学生运用所学的专业知识和基本技能分析问题和解决问题能力的目的。

毕业论文是训练学生能力的一个教学环节，而且是一个培养学生实践能力的教学环节。因此，实践性原则必然成为毕业论文选题的一个重要原则。

学生本人在毕业实践中遇到的某一现实问题，选题虽然偏小，但能较好地理论联系实际。并且学生可结合实践进行仔细的考察，开展调查研究，收集第一手资料，结合理论，将问题分析得较为深刻透彻，能提出自己的创新观点，写出较高质量的论文。因此，此类问题常作为毕业论文的选题，也是许多学校较提倡的优先选题。

三、学生主体性与导师指导性原则

毕业论文是在专业指导教师的指导下由学生独立完成的学术论文。选题的过程实际上就是导师和学生通过反复比较、分析和论证，根据学生已有的专业理论基础、兴趣、特长和能力等因素逐步确定论文选题。学生必须独立完成毕业论文中所规定的全部内容，包括：资料检索、阅读与评述，外文资料的翻译，实践调查，理论分析研究，数据的分析判断，结构的综合归纳等，才能获得有关从事科研工作的初步能力。毕业论文选题确定过程中，学生始终处于主体地位。选题时，导师应充分开发学生的研究兴趣与潜能，让学生主动大胆选题，充分尊重学生的个人意愿，结合他们各自的特点和兴趣。但由于大学生理论基础一般较薄弱，大部分学生刚开始进行学术研究，缺乏必要的经验，因此导师要积极引导学生开阔思路，划定选题范围，合理选题。这样既充分发挥导师的指导、诱导和引导的作用，又充分发挥同学的主体性、主动性和积极性，有利于培养和强化同学的自主能力。

第三节 选题的途径与方法

一、选题的准备工作

选题是一项非常关键和复杂工作。选题前，一般需要做一些必要的准备工作，即了解个人研究兴趣、熟悉导师研究方向及检索文献资料。

1. 了解个人研究兴趣

个人研究兴趣是选题时必须做好的准备工作之一，通过课程学习、专业实习、课外活动，学生能够适时发现自己的兴趣爱好（包括专业兴趣、课程兴趣和业余兴趣）和研究兴趣。撰写毕业论文时间有限，又要求体现一定的学术水平，因此，相对来说是一项极为艰苦的脑力劳动。如果在写作过程中遇到一些暂时未能解决的问题，就很容易打击作者的写作热情，产生懈怠的情绪，对毕业论文写作的进度造成阻碍。在这个过程中，作者若对课题有极大的兴趣，就容易克服课题研究过程中的困难和障碍，产生研究与写作的欲望。所以，选定一个符合自身兴趣爱好的课题非常重要。

同时，选定了若干符合自己兴趣的研究课题后，还必须结合自身的优势与劣势来选题。目的是便于自己在选题时能够扬长避短，充分发挥自身的优势，能够顺利地进行科研与毕业论文的写作，也便于和他人合作，优势互补。每个人的优势不一样，每个人也总存在自己的劣势，对自身的优势和劣势有了清醒的认识，选题时就能量力而行。

2. 熟悉导师研究方向

选题前还有一个重要的工作就是寻找一位合适的指导老师。可以通过学校网站对导师的介绍、与导师接触交谈、查阅导师的学术著作和论文等途径，了解导师的研究方向、兴趣、研究课题及指导风格。在选择导师这个问题上，同学们的做法不尽相同。有些人选名气比较大的教授，也有人选自己熟悉的教授，还有人选研究方向与自己兴趣一致的老师做自己的论文导师。当然，一些学生的导师是由学校和院系指定的，并没有太大的选择余地。在情况允许的情况下，建议同学们在选导师时，尽量选与自己的研究方向与课题相吻合的导师，以便于指导论文的写作。若只是冲着导师的名气，而不顾导师的研究方向是否与自己的研究兴趣和方向一致，会产生以下不利后果：①导师的担子会太重；②自己所研究的课题未必和导师的研究领域相吻合，导师无法给出有效的指导；③找他们做导师的学生太多，相对给自己的指导时间有限。其实只要导师有责任心、有研究能力，在其指导下，经过自己的努力就一定能够作出一篇优秀的论文来，优秀的论文并不都是名师带出来的。因此，对于学生来说，重要的是要选择适合自己的导师。

在选择导师的过程中要考虑导师的研究方向是否是自己的兴趣爱好所在。要求事先发现自身的兴趣爱好在哪里，再看哪些导师在这些方面比较擅长或者具有一定的研究基础，哪一位导师有能力可以指导自己完成这一课题的研究，避免在发现自己的兴趣之前就仓促地选择导师。另外，撰写毕业论文的过程既是学生个人不断思考探索的过程，同时也是师生之间交流互动、相互促进的过程。只有接受了导师为人处事的方式，欣赏他在学术研究方面的造诣，才会容易接受他的批评和指导。因此，在选择导师之前，不仅要了解导师的学术成就、科研项目，更重要的是要了解导师的学术人品、为人处事的方式及对学生的要求和期望。

3. 检索文献资料

这个阶段的文献资料检索主要表现为快速、有效地检索，以及浏览与个人研究兴趣和导师研究方向相关的资料。

首先是检索和浏览与个人研究兴趣相关的资料。因为个人研究兴趣可能表现为若干个方面，因此通过检索和浏览，分析和比较得出比较新颖、有研究价值的研究兴趣。

其次是检索和浏览与导师研究方向相关的资料。在确定导师之前，可能要全面检索和浏览本校、本学科和专业所有导师的资料（包括研究兴趣、方向、课题、发表的论文和专著），加以比较，初步确定与自己的研究兴趣相关或者一致的导师。确定导师之后，还要进一步全面检索和浏览导师的资料，加以分析和思考，寻求自己个人的研究兴趣与导师研究兴趣和方向的结合点。

最后要检索和浏览与个人研究兴趣和导师研究兴趣和方向相关的综述性论文，了解该方面的国内外研究动态和发展，寻找知识空白点和可能的研究课题。

二、选题的途径

选题的途径可以概括为：深入实际、深入课程、深入文献资料。这三个深入是获取选题的基本途径。

1. 深入实际

对于科技论文和毕业论文的选题来说，深入实际就是走向社会、走向现实、走向科研第一线，在社会实践的过程中寻找选题。在社会现实中，有着取之不尽、用之不竭的研究课题，只要注意观察，有一双善于发现课题的眼睛，随时都可以发现、找到所需要的研究课题。大学生毕业论文的选题大多源于生产第一线，源于社会实践。从与自身所学专业紧密相联的、那些最容易被人忽略的地方去寻找，就一定能找到自己所需要的课题。

2. 深入课程

从所学的课程中去寻找课题，已成为大学生写作毕业论文最主要的途径。在毕业论文的写作要求中，就强调要运用所学的专业知识和基本技能来分析和解决问题。因此，从所学课程中获得课题符合毕业论文写作的基本要求。对于大学生来说，从所学课程中寻找课题，具有以下三个方面的优势。

（1）做起来得心应手

由于每个大学生对学过的课程都非常熟悉，对课程中的难点也都了如指掌，尤其是对有些专业课内容老化、不能反映科学发展的现状很不满意。因此，从所学课程中选题，学生容易发现课程中存在的某些不足，从而提出问题，这样，就比较容易得到大学生们所需要的课题。这种课题，不仅容易获取，而且学生对完成课题也会有较大的信心。

（2）选题范围广泛

大学生学过的课程，一般都有二三十门，除一小部分课程与专业没有关系外，绝大部分课程都与专业相关。在众多的课程中，有许多知识有待进一步丰富和深化，有许多领域正等着深入开拓和发掘。因此，课程中将有取之不尽的研究课题和论文题目。

（3）大有用武之地

毕业时要写作论文，这已经成为一部分大学生的心理负担，有些大学生甚至担心自己不能完成写作任务。这其实很正常，作为一种考核形式，肯定有人是过不了这一"关"的。因此，强调可以从所学课程中选题，会提高大学生对学习专业课的兴趣。只要在听课、做作业、做实验时肯动脑筋、做有心人，就能发现不少问题。将这些问题及时记录下来，就可能是一个很有研究价值的选题。从所学课程中去找题目，大学生一定大有用武之地。

3. 深入文献资料

要了解本学科研究的历史和现状，就必须深入文献资料，通过文献资料的查阅，去发现问题、提出问题。只有在深入了解本学科已经进行了哪些研究、取得了哪些成绩、研究进展到了什么程度、哪些问题尚未得到真正解决，以及本学科发展的新动向和新问题等信息以后，才有可能有的放矢地提出一些亟待解决的问题。因此，要选题，就必须深入图书馆、资料室，并运用计算机网络资源查阅大量文献资料。只有把"行情"了解清楚了，选题才不会盲目。

选题要新颖、富有创新性，就必须大量地查阅文献资料，储存丰富的科学知识。在此基础上，还必须进行富有创意的独特思考。前人已经获得的研究成果可能对自己有所启迪，或借鉴其研究问题的方法，或借助其分析问题的角度，或从现有的研究成果中发现不足，提出"更高层次"的研究课题。

三、选题的方法

选题的来源不同，选题的方法也就自然不同。所谓选题的方法，就是选择什么题目作为研究对象的思路和办法。大学生毕业论文的选题大都由指导教师或学校提供，学生根据自己的实际情况确定选题，只有一小部分学生采用自主选题的形式。

1. 题目由指导教师或学校提供的选题方法

题目由指导教师和学校提供，学生在所提供的选题范围内，根据自己的实际情况进行选题。这种情况下选题需要考虑三个问题，即在所提供的选题中，哪一个选题最适合你，哪一个选题最容易获得文献资料，哪一个选题最具新颖性和创新性。

只要把这些问题想清楚了，再经过反复权衡以后，相信选题也就可以确定了。最好是选择上述三个条件都能满足的选题。只要前两个条件中有一个不满足，就只能放弃最具新颖性和创新性的选题，因为在前两个条件中，都是完成写作任务的必要条件。如果选题不适合你，一是没有研究兴趣，二是恐怕无法完成任务，如果文献资料难以找到，那么再具有新颖性和创新性的选题对你也是没有任何意义的，因为你无法完成写作任务。

　　一般说来，指导教师或学校提供的选题都是符合选题要求的。因此，可以不必过多地考虑选题本身的质量高低，而应该在写作上多下工夫。因为选题的质量并不代表论文的质量，一个好选题照样会写成一篇十分平庸的论文。

　　2. 题目源于自我选择的选题方法

　　自主选题，不仅是一部分毕业论文的选题形式，也是科技论文最为通行的选题形式。在科技论文写作中，大部分均为自主选题，很少有规定题目后再让写文章的。这种情况只能出现在为专题学术讨论会而撰写的论文中。因此，自主选题是论文选题方法中最普遍也是最重要的方法。下面从五个方面对自主选题加以归纳。

　　(1) 抓住疑难点，选择有利于展开的论题

　　世界上没有绝对真理。真理的相对性是驱使一代又一代的科学工作者不断探索真理、发展真理的原动力。因此，在现有的各门学科中，尚存在着不少疑点和难点问题，需要继续去质疑、去论证、去探索。所谓抓住疑难点，就是从抓住现有理论体系中的疑点和难点入手，去选择和发现论题。

　　首先要抓住能引起争议的问题。之所以会引起争议，可能是在理论上或论证上有缺陷，或是人们对这一问题的认识差异性较大。进行科学研究就是要找问题，找问题的实质就是"存同求异"。求异，就是探索现有理论中所没有发现、没有概括，或解释不清的事物，现今科学史上的一切发现、发明都是"存同求异"的结果。因此，这些引起争议的问题就是现存的最好的选题。因为在其说法不一、众说纷纭，以及针锋相对的辩论中，就有可能得到某些启示，发现新的线索；或是另辟蹊径，在借鉴争论各方合理成分的基础上去创立新说；或是择其善者而从之，补充新论据、改变论证方法，使论据更充分，论证更有说服力；或是择其不善者而攻之，提出相反的论题，批驳其错误的观点。对这类论题的选择，一定要深思熟虑，提出的观点一定要有理有据，站得住脚，绝不能为争鸣而争鸣，否则，会给人以哗众取宠之嫌。

　　其次，对某些已有理论、传统观点和结论，用批判的眼光进行质疑，指出其偏颇甚至谬误的地方，从中得到新认识、新看法和新论题。

　　最后，对现有理论体系中的某些难点问题，也要多进行研究。只要细心分析、悉心研究，也有可能发现一些新的值得深入探讨的东西。

　　上述三个方面，尤其是第一个方面对论题的展开十分有利，是便于阐述自己独到见解的论题。

　　(2) 寻觅结合部，开拓新领域新学科的选题

　　结合部，是指学科与学科的交叉部分，即交叉学科。随着科学的发展，学科与学科之间的交叉和渗透将越来越频繁发生。恩格斯说："科学在两门学科的交界处是最有前途的"在这种学科交叉和渗透所产生的空白区，有如未被开垦的"处女地"，容易被人忽视，原学科也因专业性质的不同而未曾涉足。因此，研究者在进行选题时可以随心所欲，而不必担心步人后尘；不必顾虑人云亦云，重复别人的见解和主张；也不会受到过多限制和顾忌，可以凭借自己掌握的材料，根据自己的思路任意驰骋而不受拘束。在未被开垦的处女地里"拓荒"，只要勤于思索，善于联想，研究者定会获得许多创新课题和论文题目。

　　(3) 捕捉偶发事件，主动出击寻找论题

　　在实验或科学研究过程中，有时会发生意料之外的事情或反常的现象。对于善于发现问

题的人来说，这种偶发事件很有可能成为科学研究的新起点。爱因斯坦说："偶然的事件能产生重大作用"。当然，这种重大作用的产生仅是一种可能，能否真正产生，还需要人们去捕捉、思索和发掘。因此，虽然偶发事件本身并不能成为研究课题，但只要认真仔细地分析这些偶发现象，并通过这些现象去查明其背后隐藏着的起支配作用的规律，主动出击，去积极寻找研究内容，就一定能从偶发事件中寻找到自己想要的研究课题或论题。

(4) 涉足最前沿，获取富有创新性的论题

每门学科的最前沿是一望无际的开阔地还是充满荆棘的羊肠小道，只有涉足其间的人，才能深刻领略到那特有的风光。所谓科学最前沿，是指别人从未涉足或刚刚开始涉足的科学领域，它是探索和发现创新课题和论题的"处女地"。因此，涉足科学最前沿，就能获得富有创新性的论题。敢攀科学高峰、勇闯科学禁区、探求未来科学之谜，是古今中外杰出科学家的共同特征，作为富有开拓精神和进取心的当代大学生，应不畏艰难，勇于涉足科学最前沿，道前人所未道之言，作前人所未作之事。尖端和重大的科研成果必定来源于科学最前沿的选题。

(5) 借助灵感思维，确定意外理想论题

人类历史上已有许多科学成果是借助灵感思维获得的，作为毕业论文的选题也可通过灵感思维的方法获得。借助灵感思维获得意外理想课题和论题的方法主要有以下四种。一是追踪法，一旦大脑中出现某一选题的火星迸溅，应立即追踪，调动各种思维活动和开展各种心理活动，力求得到结果。二是暗示法，右脑负责潜意识的思维活动，因此，在选题过程中，通过有意识地控制显意识活动而放任潜意识活动，使右脑经常处于积极的思维状态，以利于灵感思维的产生。三是诱导法，即诱发灵感发生的相关信息，力求诱导出灵感。灵感思维可能因某一偶然事件作"触媒"触发大脑，引起相关联想而产生。因此，在选题过程中，应在积极搜集相关信息的同时，随时将选题意识灌注于各偶然事件，以诱导灵感。四是西托法，"西托"，科学上是指一个人进入似睡似醒状态。在西托状态中，梦最活跃、最能诱发无意识的显现。在一个偶然的西托梦境中，平时苦思良久而始终没有结果的问题很可能突然找到答案。但西托梦境中产生的灵感稍纵即逝，捕捉者应立即采取重复回想、笔录等方式加以留存。由于灵感来无踪去无影，因此，在选题阶段一定要注意捕捉梦中的灵感。

选题可以借助灵感但并不乞求灵感。选题方式有多种，除了上述方法外，应该还有其他的选题方法。因此，不能把选题的希望寄托于灵感的产生上，等待灵感必然会延误选题工作。等待灵感也必然不会得到灵感，因为灵感是无法等待，无法强求的。

四、选题的风险规避

选题的风险表现为难以顺利开展研究，无法按时提交毕业论文。因此，必须做好选题的风险控制。

1. 多方求教，集思广益

确定选题时，既要师生共同研究，充分讨论，进行价值评估，又要多方拜访专家学者，请求指点。专家学者作为学界权威，知识储备丰富，视野开阔，见解深刻，更能够全方位多角度地提供参考意见，保证毕业论文不脱离学科和专业方向，避免论文出现"硬伤"。一方面要拜访对自己立论的支持者，还可以拜访对立论持反对意见的学者，充分考察"敌情"，害怕权威、讳疾忌医等都不是应有的学术态度。只有怀着实事求是、勇于探索的态度去求教才会得到专家学者的接纳；反之，若抱有套近乎拉关系的功利目的去拜访，被拒之门外受到

唾弃也是必然。

2. 广挖渠道，开发新选题

密切关注国内外宏观发展形势，寻找焦点问题；紧跟科技前沿，了解最新发展动态；深入实际不断积累，立足交叉学科领域，寻求突破；研究历史，了解不同学派的基本情况，开阔思路；检索文献，旁征博引，不唯书不唯上；运用创新思维多观察、多思考、多交流，积极参加学术讨论会，善于捕捉新动向和观点，这些都是开发新选题的有益途径。尤其重要的是进行必要的文献收集工作，平日做好读书笔记，保持对本专业话题的敏感。寻求理论依据时要特别注意通读原著，力求深刻把握原文作者的思想精髓，不要望文生义，牵强附会，加之个人要勤奋思考，善于发掘，必能从新的角度得出独到见解，但要避免标新立异或单调重复。

3. 扬长避短，量力而为

选题的扬长避短与体现作者的研究方向是密切相关的，论文写作中的所谓"长"，体现的是主客观方面的优势。从作者主观方面的优势来说，选题应是作者熟悉且平时有所研究的问题；从客观方面的优势来说，论题应是在搜集大量文献资料基础上确定的，具有科学的论据支撑。有了论点和科学、充分的论据，只要进行合乎科学和合乎逻辑的论证，一篇具有学术价值的科技论文就会应运而生。论文写作中的所谓"短"，体现的是主客观方面的劣势。从作者主观方面来说，选题是作者平时很少涉足或不熟悉的领域，或者因论题太大，作者力不能及；从客观方面来说，有关的文献资源很难搜集，没有充分的论据支撑论点。文献资料难以搜集可能有三种情况：一是选题过于前沿，国内外相关研究很少或者根本没有研究；二是选题过于冷僻，很少有人或根本没有人进行研究；三是搜集资料的渠道不畅。总之，作者对论题要根据主客观条件，扬长避短地进行选择。

即使为了寻找突破点，也不必把大量力气花在研究方法的创新上，研究方法不是越多越好；不必为了达到理论与实践相结合就专门选择那些需要做大量试验、访谈或社会调查才可以完成的选题，这样很容易发生在浪费了大量人力物力之后，又发现该选题根本超出了个人承受能力，数据、信息搜集艰难，最终骑虎难下的尴尬局面。研究者在确定选题时应考虑好个人可利用的时间、精力和经费，在准确理解相关研究方法的基础上，慎重考虑并作出选择，使选题保持在适当的范围之内，力求做到量力而行。

4. 避免轻易地更换选题

每次选题都需要投入一定的时间、精力，包括个人思考、收集和阅读相关材料、与导师讨论等。更换选题便意味着过去的努力白费，所有事情又要从头做起。毕业论文写作有一定的时间限制，学生很难支付因为更换选题带来的成本和损失。如果是在毕业论文工作的中途才更换题目，那么势必会因为时间仓促而影响论文的质量，甚至是延迟提交论文的时间，不能够按时毕业。对于毕业论文，一旦选好了题，就不要轻易地改变。只要踏踏实实、认认真真地去做，一般都可以达到预期的要求并顺利通过论文答辩。

总之，毕业论文选题要求作者首先要端正态度，做好充分的知识积累，谦虚谨慎，严肃认真地对待每一个概念，那么，毕业论文写作过程中的失误是可以有效避免的。

思　考　题

1. 选题的意义是什么？

   2. 选题的基本原则有哪些?

   3. 选题前要做好哪些准备工作?

   4. 选题的途径有哪些?

   5. 如何确定选题的方法?

   6. 选题的风险规避办法有哪些?

第三章 毕业论文的材料

　　材料又称"资料"，是指为了某一写作目的，搜集到或写入文章之中的所有事实或理论依据。事实包括书籍、期刊、报纸、网页、磁盘、科技报告、技术标准、产品目录、专利说明书、历史档案、产品样本、设计图纸、实物样品，以及实验数据等；理论依据包括说明上述事实、数据的理论、定义、定理、技术、方法，以及科学的构思与假设等。材料不仅指写入文章之中的事实和理论依据，而且还包括那些虽经搜集、整理但最后未写入文章之中的事实和理论依据。

　　材料是一切科学研究的基础，搜集材料、整理材料和使用材料贯穿于毕业论文写作的始终。写作前，材料是确定选题、形成论文观点的基础。写作中，材料又是表现观点的支柱、构成论文的"血肉"。没有材料，就不可能产生有价值的学术观点；没有材料，再好的选题也不会产生任何意义。科学地积累、占有和选用材料，是毕业论文写作成功的基础，也是提高毕业论文质量的必要条件。

第一节　论文材料的种类和意义

一、材料的种类

　　根据论文材料的来源不同，材料可分为直接材料、间接材料和发展材料三类。

　　1. 直接材料

　　直接材料，又称动态材料、第一手材料，是指论文作者经过亲自实验（试验）、调查、观察和测量等而获取的材料。它包括：作者的实验方法、所用原材料、实验过程及结果，实际调查中了解到的信息，如产品性能、使用状况，现场观测到的现象、数据变化等。直接材料是论文作者对该课题进一步延伸思考的结果，通常蕴涵着写作者独特的创造性，因此是论文写作最可宝贵的资料。很多有影响、有分量的论文，其直接资料都来自于工程现场。

　　2. 间接材料

　　间接材料，又称静态材料、第二手材料，是指论文作者通过查阅图书、报纸、期刊、电子出版物、音像出版物、网络资源等文献或他人提供的素材等所获得的材料。间接材料包括：前人或他人的研究成果，边缘学科材料，知名专家学者的有关见解和论述，有关的政策文献和背景材料等。静态材料对于论文写作来说也是必不可少的。通过查阅静态材料，可以了解前人对该问题的见解，避免走弯路；可以帮助写作者进一步选择、缩小或调整论题的角度；可以从静态文献中提炼出自己的学术观点，支撑技术创新。

　　3. 发展材料

　　发展材料，又称再生材料，是指论文作者在直接材料和间接材料的基础上，经过分析、综合和研究后所得出的材料。这些材料因经过作者深入研究，较有条理性、逻辑性和理论性，含有较多的创新思维成分，是形成作者观点的重要材料。

二、材料的意义

如果说观点是论文灵魂、结构是论文骨架的话，写作材料就是论文的血肉。论文的材料搜集工作，不仅在开题之前，即论题常从搜集的情报资料中选择、评价、归纳、概括，而且在开题之后为了丰富和充实论文内容，也要继续搜集材料。材料是论文写作的重要基石，它既是论点与论题产生的来源，又是展开论证的重要依据。没有写作材料，"巧妇难为无米之炊"，研究无从着手，观点无法成立，论文不可能形成。材料搜集与整理的质量，影响到研究的深入程度，也直接决定毕业论文的质量水平。所以，搜集相关材料是论文写作之前的另一项极重要的工作。

1. 材料是科学研究的基础

毕业论文写作，实际上是从事科学研究的一次尝试。撰写论文从选题开始，论题选定之后，下一步就进入了课题研究阶段。课题研究从素材的搜集开始，素材是围绕所选定的研究课题积累起来的原始资料，这些资料是课题研究的对象，其中的一部分可以转化为支持研究成果的依据和构成论文的基本要素。

马克思认为，"研究必须充分地占有材料，分析它的各种发展形式，探寻这些形式的内在联系。只有这项工作完成之后，现实的运动才能适当地叙述出来"。在这里，马克思明确地把"充分地占有材料"看作研究的基础，此观点是由科学研究的一般特点和科学发展的普遍规律决定的。

科学的发展依赖于人类长期的研究探索，科学成果是人类科学探索的共同积累。后人要根据已知探求未知，以前人的研究成果为起点，才能创造出新的成果，推动科学和社会进步。已知或已有的科研成果，一般以文献资料的形式表现出来。文献资料是人类知识和科研成果的记录，包含着无数有用的事实、数据、方法、手段、观点、理论，以及科学的构思与预测、大胆的假设与推断，是科学研究的主要劳动产物，凝聚着历代研究者的成功经验和失败教训，反映出人类对社会与自然的认识和科学能力，标志着社会发展的水平，也预示着社会未来的发展方向。

写作毕业论文时，参阅有关的文献资料，有助于了解前人在所选论题上做过的研究、已发表过的论文、已取得的成就；有助于吸收前人的成就和经验，避免重复前人已犯的错误；有助于了解本课题研究的现状，国内外研究的进展，已经或预期达到的水平，从而在最新的起点上继续探索，取得更高水平的研究成果。反之，写毕业论文时，闭门造车，盲目研究，从头开始摸索，就会事倍功半，重复劳动，劳而无功。因此，充分掌握材料，是进行课题研究的第一步，是课题研究和论文写作的基础。

有些学生急于求成，检索资料嫌麻烦，思考问题怕头疼，随便翻阅一点材料便仓促成文。结果，写不出像样的论文，只能在彷徨中徘徊。这种贪图省力，企图"一步登天"的做法，是违背科学研究规律的，也是治学态度浮躁的表现。同时也失去了写毕业论文的意义和锻炼自身研究能力的机会。学会积累、选材，是大学生从事科学研究、走向社会工作的一项必备基本功。

2. 材料是论文论点形成的前提

一篇毕业论文必须有正确的、鲜明的、新颖的论点，而论点是在论文中加以论证的基本看法和主张，是毕业论文的中心思想。论点不是凭空想出来或随意提出来的，是通过对资料的反复、深入、细致研究而得出来的。从根本上讲，论点是从实践、调研和已有资料的综合分析中逐渐形成的。研究材料的目的是在综合他人的见解和调查了解现实的基础上，最终提出自己的观点与见解。由此可见，材料是论点的依据，没有大量的、充足的、先进的、有用的材料，没有对这些材料的分析综合、加工提炼，研究就无从着手，论点也无法形成。

一些学生在撰写毕业论文时，常形不成论点，提不出新见解。造成这种困惑的原因是多方面的，但最重要的原因就是资料占有不够充分，或是对资料研究不足。有些学生匆匆忙忙、主观臆想地形成论点，结果导致论点的偏颇、平庸，甚至武断，更谈不上有什么创新。事实上，科学无止境。别人的任何研究成果，都不可能是完美无缺的，或在观点上有欠妥之处，或在论证上有薄弱环节等。只要我们有充分的资料，有敢于进取的开拓精神，肯下一番研究工夫，就一定会有所发现，有所创新。要特别重视深入实践进行调查研究，并珍惜所获得的第一手资料，从现实中发现问题。用"怀疑一切"的态度去观察事物和资料，就会孕育出具有创新性价值的论点。

3. 材料是毕业论文成功的重要条件

毕业论文的优劣，一定意义上取决于资料的占有。材料是文章的血肉，写文章不能没有材料。毕业论文如果缺少翔实的材料，就会像毛泽东同志曾经批评过的党八股那样，"空话连篇，言之无物"，"像个瘪三，瘦得难看"。应尽可能多地搜集到相关资料，包括相关刊物上的论文、学术报告方面的资料、统计年鉴、政府报告、行业协会调查资料和发展报告等，并深入实践进行调查，获得第一手的调查资料。在保证一定质量的前提下，占有的材料越多，在写作时就越便于鉴别比较。只有占据充足的材料，才可能进行筛选剪裁，才便于去粗取精、去伪存真；才容易发生联想，由此及彼、由表及里地去思索；才能在写作行文时，得心应手，游刃有余。如果写作前材料准备不足，储备贫乏，势必导致毕业论文写作时思路阻塞、思维迟钝、论证乏力，写出的毕业论文就会平庸空洞、索然无味，更不会有深度和广度。

总之，材料是论文写作的"本钱"，搜集和占有一定量的材料是写作前的一种极为重要的"投资"。据美国科学家基金委员会统计，一个科研人员完成一项科研活动所用的时间中，查阅文献、搜集资料占 50.9%，实验、论证、研究占 32.1%，写作行文占 9.3%，计划、思考占 7.7%。由此可见，搜集材料占整个科研工作时间的一半以上。因此，要写好毕业论文，应该舍得花时间和精力去广泛地搜集、充分地占有材料，这也是说材料是论文成功重要因素的原因。

第二节　论文材料搜集的原则和途径

一、材料搜集的原则

毕业论文写作的时间有限，要求学生能在较短的时间内有效地搜集到一定数量和一定质量的材料，获得事半功倍的效果，必须当遵循以下五个原则，即定向、全面、新颖、典型、真实。

1. 定向

所谓定向，就是指在确定研究方向和选题后，围绕论文选题的方向有针对性地收集材料。这样才能做到有的放矢，否则漫无边际地搜集材料，既浪费时间，又可能搜集到的材料还都是一些次要的、无关紧要的材料，以至于材料不能充分论证观点，写出的学位论文必然是平淡无奇的。因此，在搜集材料时要带有明确的目的性和方向性，时时记住自己的目的和任务，时时联系自己研究的问题，分析思考，时刻以自己的论点为中心，与主题关系不大或者没有关系的材料即使很生动、很真实，也应割爱并剔除。

2. 全面

所谓全面，就是指所选取的材料要有充足的数量，要有一定的广度，要全面。通过多种渠道，采用多种方法搜集材料，尽可能地全面和详尽，才能让大量的材料来充分而有力地证明自己的观点。真正有好见解的论文和著作都是在详细地搜集、占有材料的基础上写成的。占有了丰富的材料，写出的学位论文才可能有广度和深度，做到言之有物；反之，材料不充足，就势必造成论据的不充分，说理不全面，以偏概全，不能自圆其说，论点不能成立，很容易被人否定与驳倒。如此写出的学位论文贫乏无力，毫无价值可言。

3. 新颖

所谓新颖，就是要求掌握最新的研究动态、发展趋势、最新的观点、最新的提法，以及最新的研究成果。尤其提倡通过亲自调查获得第一手材料，这样的材料通常最具新意。材料越新，越有助于激发新的灵感，新的创造。因此，在搜集材料过程中作者必须做个有心人，学会细心观察，捕捉新的变化情况和新的问题，从别人没有涉及、没有发现的方面或问题去准备材料和选用材料，从而使论文立意新颖。强调选择新材料，并不是说完全舍弃老材料、旧材料。虽然是过去的历史文献，如果仍然富有生命力或具有新的价值，能够给人耳目一新的感觉，也可以对其巧妙选用，赋以新意，同样可以表现深刻。新颖的思想，给人以新的感受和启发。

4. 典型

搜集材料要着重选择具有典型性的材料。所谓典型材料，是指那些能反映客观事物本质与共性，具有说服力的材料。客观事物的性质是复杂的，有的是本质属性，有的是非本质属性。与之相对应，有的材料能够反映事物本质，作为论点的论证材料，具有典型性，有很强的说服力；有的可能与事物本质没有必然联系。因此，在搜集材料时，应搜集出那些与自己的选题方向关系紧密、有影响力的典型材料，重点保存和占有，对一般的次要材料大体了解即可。

5. 真实

所谓真实，就是指所搜集的材料要绝对的真实和准确。材料真实、准确与否，直接影响到论文的质量，特别是对于学术性极强的毕业论文。只有准确、真实的材料，才能得出正确的结论，才能体现出毕业论文的学术价值。所以，搜集材料时，对每一条材料都要认真考虑其准确性，若引用摘录他人的研究结果，要查明、注明出处，做到原文落实，出处准确。对于材料中的数据、引文，尤其要注意准确、翔实。引用时要区别材料的局部真实和整体真实，还要注意正确领会他人赋予的含义，不得断章取义。凡是引入论文中的素材，要用得恰到好处，要与毕业论文的观点融洽统一，形成一个有机的整体。搜集材料要准确，最好的办法就是不要满足于手中的第二手资料，更多地深入实践去搜集第一手资料。即使是第一手资料，也必须进行考证核对、去伪存真。

二、材料搜集的途径

毕业论文写作，获取写作材料的途径主要有两种：一是直接从自己的社会实践与调查中获取第一手资料；二是从书刊史料等已有文献中获取第二手资料。从获取的方式看，前者属于直接材料，后者属于间接材料。

1. 第一手资料

第一手资料是指当事人根据亲身经历所获得的资料，直接采访当事人获得的资料，或直接取得的相关事件的资料，或经过搜集整理取得的感性材料，包括与论题直接有关的文字材料、数字材料（包括图表）、统计材料、典型案例、经验总结等。通过观察法、实验法、调查法等材料搜集方法，可获得第一手资料。大学生在学习期间，应多参加社会实践，深入广泛地开展社会调查，充分了解社会中出现的新问题、新现象，搜集和研究所需要的第一手资料，获取最直接的体会，为毕业论文的写作打下坚实的基础。尤其是在毕业实习阶段，要注意深入实践，在实践过程中发现具有研究价值的新问题，并对问题进行调查研究，获取第一手资料，进而对其进行分析和论证，写出有价值的论文。

2. 第二手资料

第二手资料，是指来自教材著作、报纸杂志、网络等渠道的文献资料，是他人的研究成果，是国内外对该课题学术研究的历史资料和最新动态。利用图书馆、互联网，通过文献检索等材料搜集方法，可获得第二手资料。大学生撰写毕业论文是在他人研究成果的基础上进行的，对他人已经解决的问题就不必再花力气进行重复研究，应以此为出发点，从中获得有益的启发、借鉴和指导。对于他人未解决的，或解决不圆满的问题，则可以在他人研究的基础上再继续研究和探索。切忌只顾埋头撰写，不管他人研究。否则，撰写的毕业论文的理性认识会远远低于前人已达到的水平。宋朝朱熹诗曰："半亩方塘一鉴开，天光云影共徘徊。问渠哪得清如许，为有源头活水来。"，讲的就是读书的好处。书籍是人生最好的老师，撰写者如能经常向书本请教，文章的材料就像"源头活水"那样源源不断。指导教师平时博览群书，浏览各种报刊，发现有用的材料，可向学生推荐，学生也要与指导教师多交流。

三、材料搜集过程中常见的问题

1. 资料来源不真实，甚至捏造材料

在搜集材料的过程中，第一手材料需要同学们脚踏实地去实际调查，获取数据。但有些同学因为毕业在即，论文的提交迫在眉睫，来不及亲自搜集撰写论文所需的资料，一些重要材料未能收集到，为应付论文，有时甚至捏造数据和材料，突破学术道德底线，其结果严重地影响了整篇论文的质量。

2. 贪多求全，搜集的资料与研究课题关系不大

部分同学在搜集材料时，没有对材料进行严格的筛选，未能选择出适合的写作材料，贪多求全，以致搜集的材料大部分与所研究的课题关系不大，材料可用性差，最后使得论文的写作进展受阻。因此，在选取材料时要严格按照有关原则，从合适的渠道去选择适用的材料，以免白费一番努力。

3. 资料欠缺，搜集的资料不够充实

在选取材料的过程中，有些同学没有按照导师指定的途径去找，或者没有去图书馆、网络资源、数据库、现场等场所寻找有关资料，结果找到的材料非常欠缺，不够全面和充实，不能满足论文写作的需要，因此使得论文的质量无法达标。为了避免此种情况发生，在寻找材料时，必须遵循材料搜索的方法、途径与原则，一击中的，发掘更多更好的材料。

4. 搜集的材料杂乱，没有处理好系统辩证关系

缺乏处理古今中外、正面与反面、理论与实际、一般与具体、直接与间接关系的观念。

古今是指历史资料（包括前人文章、看法、讨论、分析）与最新发展动态；正面与反面指的是正面阐述与反面批驳，相悖观点、正确观点与错误观点。理论与实际是指理论性文章与实际工作调查报告、总结；一般与具体是指典型材料与一般材料；直接与间接是指直接调查掌握第一手资料与借鉴引用他人的研究成果。在材料收集不够充分、全面的情况下写出的论文会给读者一种异样的感觉，认为论文撰写者只是提出问题，但没有充分地分析和论述该问题。

第三节　论文直接材料的搜集

直接材料的搜集方法，主要有观察法、实验法和调查法。

一、观察法

观察法，是观察者运用其感觉器官或借助观察仪器，有目的、有计划地直接搜集材料的方法。观察基本上是观察者单方面的认识活动，观察对象一般处于被动的地位，观察多是在不受人为因素影响的客观性较强的环境里进行的。观察法具有简便易行、机动灵活的优点，其能直接搜集到真实、具体、生动可感、较有可靠性的第一手材料，并且能够持续较长时间，有利于从时空上进行纵向的认识。其缺点是对一些可能影响观察效果的外部不利因素难以进行控制，也难以进行定量的精确观察。

按是否使用仪器划分，观察法可分为直接观察法和间接观察法。前者是观察者运用其眼、耳、鼻、舌、身等感觉器官直接进行观察；后者则是借助照相机、摄像机、录音机、望远镜等进行的观察。按是否参与被观察者的活动区分，观察法可分为参与性观察法和非参与性观察法。前者是观察者参与到观察对象的社会活动中进行观察；后者则不参与观察对象的社会活动，从旁做冷静、独立的观察。

运用好观察法要做好两点：观察点的选择、观察方法的确定。

1. 观察点的选择

观察点可分为方位观察点和心理观察点。所谓方位观察点，就是在观察者与观察对象的空间关系中，限定观察者所占据的位置（包括距离和方位）。观察点不同，所观察的结果可能相差较大。所以，对于观察点的选取，其依据是便于了解观察对象。观察点可以是固定的，也可以是移动、变化的。

2. 观察方法的确定

观察的复杂性，决定了观察方法的多样性，主要的观察方法有总体观察、分解观察、个别观察和比较观察。总体观察是从总体上了解对象的观察方法，以便掌握对象的整体特征和性质，对事物有一个整体印象；分解观察是将对象分解开来，按照一定次序观察对象的内部构造及相互关系，精细地了解事物的局部及其细节。分解观察是总体观察的深入，经过分解观察后再进行一次总体观察，更容易全面准确地把握事物的本质；个别观察是相对或暂时地把一事物同其他事物分离开来进行观察，从而使观察对象明确单纯，能集中观察力，较快地得到观察结果；比较观察是一种有意识的明确树立参照对象的观察，它包括将一事物与异类事物相对比的观察，将一事物与同类事物相对比的观察，将一事物与同类同届的事物作对比观察。

在事物观察的具体实践中，常常是几种观察方法综合应用，从而可从事物的外表到本质、个体到整体地掌握事物的形象特征和发展变化规律。在观察事物时要采取专心、耐心、细心的"三心"态度。"专心"可以捕捉到稍纵即逝的信息资料；"耐心"可以坚持到底、不怕挫折和失败而最终获得宝贵的第一手资料；"细心"可以发现微小的、别人发现不了的资料信息。总之，坚持用"三心"即可探索到科学技术和现实世界中的无穷奥秘。

二、实验法

实验法是指科学研究中为检验某一理论或假设而进行的操作和活动，是根据科学研究的需要，人为地控制或模拟客观现象，排除各种干扰，专门研究规律的一种特定的实践活动。实验方法可以强化客观对象，排除偶然和次要的因素，以及外界的干扰，使研究对象处于极端状态，使其显示出特殊的性质和规律。实验是一种更严密、更系统、更有目的性的高层次的观察，其目的不在于获取对象的表象，而是要深入透视其本质和发现其运动规律。如心理、能力、性格测试实验可用于人力资源研究的课题研究中，又如管理信息系统软件的设计同样可用实验研究方式。

实验一般由实验者、实验对象和实验设备三个要素组成，由于这三个要素都具有各自的特征，因此，可以分为定性实验、定量实验、对照实验和模拟实验等四种实验类型。

1. 定性实验

定性实验是指确定研究对象具有的性质、鉴别某种因素是否存在、判定某个假说是否成立、决定不同假说或方案的取舍，以及某些因素之间是否具有某种关系的实验方法。

2. 定量实验

定量实验是指对某个研究对象的性质、组成及其他影响的因素数量进行测定的实验方法。

3. 对照实验

对照实验是指首先确定条件尽可能与研究对象一致的一个对照物，然后通过与之对比来揭示研究对象的某种性质或某种原因的实验方法。

4. 模拟实验

模拟实验是指通过人为地建立或选择一种与研究对象（原型）的本质特征相似的模型，并进行实验研究，然后将研究结果类推到原型中去，用以将研究对象的本质和规律揭示出来的实验方法。

三、调查法

所谓调查法，是指调查者根据课题研究的需要，有目的、有意识地实地考察了解特定现象，以获取各种材料的方法。与社会观察侧重于"看"、社会科学实验侧重于"试"不同，调查是调查者有意识地以语言询问和求答来搜集材料的一种方法。

进行必要的调查研究，是论文资料搜集的主要方法之一，也是获取第一手资料（包括亲身体验）的主要方式。调查，一般是走向社会、接触人群，从事情发生的现场及知情人那里了解情况，在调查采访的基础上进行分析研究，以辨别真伪虚实，抓住要点，弄清本质。大量实用的富有价值的第一手资料存在于人们的社会实践中，有的尚未被人们用书面的形式记录下来，这就需要我们通过实地调查去获得。

1. 调查准备

调查准备主要包括明确目的、确定对象、拟订提纲和端正态度。在调查之前首先要明确目的。这里所说的明确目的，一般是指明确毕业论文的研究目标和要解决的问题，明确如何选择调查研究方法。有时为了对形成的观点寻找证实材料，也需要进行调查，不过这是一种证明性的调查。调查准备工作包括：

（1）确定对象

确定对象，就是确定被调查的对象。明确了调查目的之后，一定要慎重选择调查对象。如果调查对象选择不当，不仅会白白浪费许多的时间和精力，而且会贻误研究工作，有时甚至会得出错误的结论。

（2）拟订提纲

拟订提纲，就是写出调查计划，把调查的对象、项目、内容、方法、步骤都列出来，使调查工作有计划地进行。

（3）端正态度

端正态度，就是要从实际出发，不能带固定的框框，先了解实际情况，然后从中发现问题，再进行分析、研究。如果带着框框硬要让被调查者填充材料，那么这样的调查将可能给研究工作带来有害的影响。因此对调查研究要持科学、严肃的态度。

2. 调查方法

根据调查的目的、内容可采用不同的调查方法。常见的调查方法有普遍调查、重点调查、典型调查和抽样调查四种。

（1）普遍调查

普遍调查就是在某个范围内，针对某种问题，对所有的对象进行调查。这种调查具有普遍性，能直接取得比较接近实际的全面资料。例如，企业内部员工对企业激励政策的反映，可针对企业所有员工进行一次普查。这种方法一般适用于内容单纯、项目少的小型研究内容。对于复杂而项目多的研究内容，由于涉及范围广，需要较大的人力、物力和财力，一般较少采用。

（2）重点调查

重点调查就是在一定的总体范围内，选取重点样本为对象进行调查，通过对重点样本的调查，能够对总体有基本的了解。所谓重点，是指占有较大的比重，而不一定要求有典型性的单位。重点调查应在掌握基本材料的前提下进行，关键在于确定重点事件或重点对象。

（3）典型调查

典型调查就是在一定的调查总体范围内，有意识地选取若干个有典型代表性的样本进行深入、周密、系统的调查。典型调查是一种可靠的事半功倍的调查法。例如，要研究产业集群化的问题，可以选取宁波服装产业集群、温州低压电器集群进行典型调查。典型调查的优点在于调查范围小、调查单位少、灵活机动、具体深入、节省人力、财力与物力等。其不足是在实际操作中选择真正有代表性的典型单位比较困难，容易受人为因素的干扰而导致调查结论有一定的倾向性，且典型调查的结果一般情况下不能用于推算总体。

（4）抽样调查

抽样调查就是在一定的调查总体范围内，随机地抽取部分样本作为调查对象进行调查，根据这一部分实际调查结果来推断总体标志总量的一种统计调查方法。它是按照科学的原理，从组成事物总体的若干单位中，抽取部分样本单位来进行调查、观察，用所得到的调查标志数据以代表总体，推断总体。

抽样调查按抽样的组织形式划分，主要有简单随机抽样、等距抽样、类型抽样、整群抽样、多阶抽样、二重抽样、比率抽样等方法。在抽样调查的实际工作中，经常是将几种抽样方法结合起来应用。

通常抽样有调查工作误差和代表性误差两种。抽样调查可以通过抽样设计，采用一系列科学的方法，把代表性误差控制在允许的范围之内；另外，由于调查单位少，代表性强，所需调查人员少，工作误差比全面调查要小。特别是在总体单位较多的情况下，抽样调查结果的准确性一般高于全面调查。因此，抽样调查的结果是比较可靠的。

3. 调查方式

调查工作可以根据具体情况，采取不同的调查方式。实际上，阅读文献和观察实验都是调查和积累材料的方式。除此之外，还有开调查会、访问调查和问卷调查三种调查方式。

（1）开调查会

开调查会，就是召集知情人开会，通过被调查人的发言、证词、证据来了解情况，搜集资料。调查者要根据调查纲目确定参加会议人数，保证人人都有讲话的机会。调查者根据调查提纲，用提问记录或录音、摄像等方式，把被调查人的发言、证言、证据记录保存下来。有时还可以开展讨论式的调查，取得更详细的调查材料。

（2）访问调查

访问调查，就是直接对被调查的个别人进行访问，以便了解具体、详细情况。有时由于开调查会时有的人不愿当众讲情况，或者只有个别人掌握具体情况时，可以采用访问调查此种方式。访问前，调查者要明确提出的问题，对被采访人可能掌握哪些情况，能提供什么材料等要做到心中有数。访问时，要以虚心的态度对待访问对象，对需要了解的情况不能强行追问，多作启发诱导，便于对方说出心里话，提供真实情况。访问调查了解到的资料信息一般较详细，但花费的时间多、个别性大，所以宜在处理较小课题时采用，规模较大的课题不宜采用。

（3）问卷调查

问卷调查，就是以书面形式提出若干固定问题，让被调查者填写回答，以便搜集到较为广泛的材料。具体做法是：设计出若干个问题，让被调查者在格式答卷上回答；然后对问卷进行统计处理，得到调查者所需要的材料。这种调查方式与前两种方式比较起来，可以涉及较大的范围和较多的问题，便于打消被调查者的顾虑，表述其真实的观点和实际情况。通过搜集、试验、调查和阅读、记录，可得到相当数量的材料，但这些材料尚处于零散状态，需要进行一番整理，才能占有这些材料。

第四节 论文间接材料的搜集

所谓间接材料，主要指文献。文献是记录知识的一切载体。其包括书籍、报纸、期刊、文件，载有有关知识信息的计算机软件、录音带、录像带等。文献由以下要素组成：一是要有一定的知识、信息（没有知识、信息记录的载体，如空白的纸张、磁带、录像带等不是文献）；二是要有一定的物质载体（没有物质载体的知识信息，如口头流传的知识不是文献）；三是要有一定的记录手段（没有记录手段的知识载体，如建筑物、艺术品、机器等，虽然也含有人类社会的知识，但不能称之为文献）。

所谓间接材料的搜集，主要是指文献检索，也就是根据毕业论文写作的任务目的，从众多的文献中查找出符合特定需要文献资料的活动。文献检索，是科学研究和论文写作的"导航仪"，是帮助我们解决各种疑难问题的"利器"。通过文献检索，可以锻炼和提高文献检索的能力，学会寻找所需知识。

一、文献材料的分类

根据不同的标准，文献有多种划分形式。

（一）按载体形式划分

按载体形式划分，文献主要分为手写型、印刷型、缩微型、视听型和机读型五类。其中缩微型包括缩微胶卷、缩微平片和缩微卡片等；视听型包括唱片和录音磁带等录音制品和影片、幻灯片、录像磁带等录像制品；机读型则包括各种机读磁盘制品和网络文献。

（二）按出版形式划分

按出版形式划分，文献分为图书、期刊、报纸和灰色文献四种形式。

1. 图书

按编排方式的不同可分为一般性图书和检索性图书。一般性图书是供读者阅读的图书，包括科学著作、论文集、教科书、科普读物、文艺作品等；检索性图书也称工具书，包括百科全书、书目、索引、年鉴、综述、文摘、表谱等。

2. 期刊

在期刊中，对研究人员有较大参考价值的是理论性期刊和学术性期刊，而其中最具使用价值的是核心期刊。所谓核心期刊是指那些学科信息量大、质量高、被摘引率和借阅率都较高，具有代表性和权威性，能反映学科发展最新动态和理论研究的最新成果的期刊。

3. 报纸

报纸的出版周期短、时效性强、内容丰富。由于出版周期短，所以具有报道迅速、及时的特点，具有图书和期刊等文献所不能比拟的优势。

4. 灰色文献

指不公开发表、内部印行、具有一定保密性质、较难获得、有重要参考价值的文献。它能从独特的方面反映科研和政治经济生活中的各种情况，是研究问题不容忽视的文献信息源之一。灰色文献主要有学位论文、会议文献、内部刊物、档案文献、政府出版物等。

（三）按级别划分

按级别划分，文献可以分为一次文献、二次文献和三次文献三大类。

1. 一次文献

一次文献是作者以生产和科研所取得的成果为依据而创作的原始作品，是记录科技成果的原始文献，是各种科学论点、科学数据的主要依据。一般来说，期刊论文的大部分，各种科研报告、成果说明书、会议文献、毕业论文、技术标准等都是一次文献。如《管理世界》、《经济与管理研究》等专业杂志和报刊，可从学校的图书期刊阅览室、"中国期刊网"、"中国重要报纸全文数据库"上查阅；一些宏观经济和行业研究的一次文献，可从专业网站和行业网站中查阅，如"国务院发展研究网"。

2. 二次文献

二次文献则是作者在各种文献类别中，按照一定的原则将其整理、简化、摘录而成的一种文献。二次文献是一种系统化的文献，作用是查找一次文献，主要形式是目录、索引、文献文摘，较全面地汇集了某一领域公开发表的文献，如《新华文摘》、《全国总书目》、《全国新书目》、《国外社会科学论文索引》、《国内外内部期刊索引》等，利用二次文献能大大节省获取信息的时间。

3. 三次文献

三次文献则是在合理利用二次文献的基础上，选用一次文献的内容，根据一定的需要和目的，经过分析和综合编写成的文献，具有很强的综合性、评述性和预测性。教材、综述、动态、专题述评、行业年度总结、年鉴、手册、字典、百科全书等均属于三次文献。此外，对二次文献进行再加工，并专供检索二次文献的书目和索引也属于三次文献。三次文献的重要作用在于在着手撰写毕业论文的时候，可通过三次文献了解学科研究的历史和当今的现状，并通过三次文献进而深入到一次文献中。

索引性参考文献应以一次文献为主要依据，推荐性参考文献则可引用一次文献和三次文献。对于毕业论文写作而言，二次文献不应该成为参考文献的依据，而应以二次文献为桥梁去追溯一次文献的原始数据。

（四）按内容划分

按内容划分，文献可分为本学科文献与相关学科文献两类。

本学科的研究文献对毕业论文的研究能提供直接的帮助。当今时代是信息时代，人类的知识体系呈现出大分化、大融合的状态，传统学科的鸿沟分界逐渐被打破，出现了令人眼花缭乱的分支学科及边缘学科。努力掌握边缘学科的材料，对于所要进行的毕业论文研究大有好处。它可以使我们研究的视野更开阔，分析的方法更多样。譬如研究管理学的有关课题，就必须用上经济学、社会学、心理学、人口学等学科的知识。大量研究工作的实践表明，不懂一些相关学科知识，不掌握一些边缘学科的材料，知识面和思路狭窄是很难撰写出高质量的论文的。研究表明：一个专题范围内的所有存在于刊物中的文字素材大约有 $\frac{1}{3}$ 在专业刊物中，$\frac{1}{3}$ 在相关刊物中，另 $\frac{1}{3}$ 则在与课题看似无关的刊物中。就整个专业文献而言，在本专业刊物发表的仅占 50%，另 50% 则刊载在其他非专业的但却与本专业相关的出版物上。这就说明，在研究过程中要注重相关学科资料的查阅。

（五）按用途划分

按用途划分，文献可分为背景性材料和论题核心材料两大类。

背景性材料是介绍本课题的研究基本思路、基本理论、发展历史、发展方向等，对核心材料起参照、比较、深化作用。了解背景性材料有助于开阔思路、撰写文献综述、提高论文的质量。

论题核心材料是充实于论文中的一些资料，主要用于论证论点。

（六）按文体划分

按文体划分，文献可分为科研专著、期刊论文、研究报告、会议文献、毕业论文五大类。

1. 科研专著

科研专著是记载专题研究成果的著作。一般说来，就其理论性、系统性、翔实性和可靠性而言，科研专著中所包含的素材要优于其他出版物。但是，由于受到研究周期和出版周期的制约，科研专著的时效性相对稍差。

2. 期刊论文

期刊论文与专著相比，其特点是出版周期短、报道快、数量多、信息含量大、时效强、内容新，能反映出当前国内外的科学研究水平。因此，它是传递学科研究信息、交流学术思想的最重要手段，也是毕业论文的主要参考资料，具有较好的参考价值。有经验的研究人员，总是选择其专业内的几种主要期刊作为必读刊物，目的在于获得新情报、了解新动态、启迪个人思想，突破难关，并为学术论文写作准备物质材料。一般说来，期刊论文的参考价值与刊物自身的权威性和影响力密切相关。

从期刊报道内容的范围来看，期刊可分为综合型和专业型两种；从内容性质角度可分为学术性、通讯性、消息性、检索性、资料性等几类；从语言上可分中文与外文两大类，通过阅读外文资料，可直接从资料中搜集题材，扩大知识面，打开眼界，广泛地了解国际上的研究情况；从创办单位来看，有中国社会科学院、国务院有关机构、各类行业协会、专业学会、研究所、各高等院校主办的专业期刊和学术刊物。

3. 研究报告

研究报告是记载某项课题研究过程和所取得的研究成果的专题报告。少数研究报告经正式出版之后成为科研专著的一种。在时效性上，研究报告通常优于科研专著和期刊论文。多数研究报告中有大量原始数据，有效信息较大。

4. 会议文献

会议文献是与会人员向大会提交的论文、报告、讲话稿，以及会议综述，宣言等文字材料。国际性及全国性的重要学术会议往往汇聚了本学科领域的学术精英人物。他们向会议提交的材料、在会上所做的发言，会不同程度地传递出本学科前沿的最新信息。那些载有会议上进行交锋的不同学术观点的材料，对同类课题的启发、提示作用更是不可多得。

5. 毕业论文

毕业论文的创新性特征决定了相关的毕业论文对课题研究的参考价值。尤其是博士论文，通常要详细介绍论题的研究过程，包含大量的原始素材，加上本身又是高层次、高水平的研究，尤其显得珍贵。

文献材料种类繁多、数量庞大、浩如烟海。撰写毕业论文时，要注意对文献材料的有效检索和利用，不能被浩瀚的信息所淹没。

二、文献检索的原则

(1) 广度原则

检索面要有一定的广度，倘若过于狭窄，就可能导致一叶障目，不见泰山。当然要毫无遗漏地穷尽一切相关文献材料是不现实的。因此，有经验的研究者在检索上，一是注重检索相关的权威载体和重要文献，如本学科的核心期刊、文摘等；二是注重检索同一个研究对象的各个不同方面的材料，并保证这两种文献的检索广度。

(2) 新度原则

科学是在不断地求证过程中向前发展的。新的材料不仅可以把研究者领入学科发展的前沿，还将为研究者的创新提供坚实的基础，或者给创新以极大的启发。新的素材不排除那些本已存在的，但对于研究者来说却是才发现的各类书面资料，但更主要的应是新问世的素材。这些素材散见于最新出版的书籍、期刊及新问世的其他载体之中，需要运用检索工具加以搜集。

(3) 可信度原则

素材的可信度既取决于文献本身，也取决于检索的准确程度。毕业论文写作所采用的文献必须是具有可信度的。证实文献的可信度，这本身就是一项颇有难度的研究课题。检索时，一般认为那些有良好声誉的权威出版机构及权威人士提供的资料可信度相对较高。如中国经济出版社、商务印书馆、中国社会科学出版社、著名大学的出版社印行的论著和中国社会科学院各研究所编辑出版的期刊上刊载的论文、资料，当作文献引用时，其可信度是比较高的。当然，事情不是绝对的，老资格的出版机构和享有盛誉的期刊也免不了会有失误的时候，非权威的出版商和普通期刊也时常有一流的精品问世。

检索的准确程度要求不能以检索工具替代原始文献。二次文献的价值在于它能够帮助研究者用较短的时间找到所需的原始资料，而它本身并不是原始资料。简单地以文摘来代替原始文献就有可能给研究工作造成失信。因为文摘对原稿进行概括时，由于视角不同、理解不一，难免会造成一些偏差，直接用文摘做素材则可能进一步加大这种偏差。

三、文献检索的途径

检索资料不仅要充分利用已有的材料，更要善于利用图书馆、网络、档案馆、书店、书展等。应根据毕业论文的研究方向，建立自己的资料系统。可以直接在搜集到的资料上做阅读记号，或者插上若干纸条，随时备用，这可节省大量抄录时间。此外，学校的图书馆、国家与地方图书馆都收藏着大量专著、报刊、统计报表、历史资料，而且经过整理开发，资料齐全、检索方便可供查阅，是获取文献资料的基本途径。当然，经常逛书店、看书展，也可以获得最新的图书资料信息。为了有效地获得文献资料，需要了解检索文献的途径。一般可通过如下四种途径进行。

1. 分类检索途径

许多检索工具都是从学术分类的观点编排条目，即按照文献内容的特征、学科性质、专业从属与派生关系的分析，由大到小排列。我国出版的检索工具大多采用分类体系，按照《中国图书馆图书分类法》，图书资料共分为5个大部类和22个基本大类（一级类）；一级类用英文字母表示，每个一级类再划分为若干个二级类（学科类），二级类开始用阿拉伯数字表示；每个二级类再划分为若干个三级类（基本类）。此种方法查找相关资料很方便。因此，只要掌握了分类途径，根据检索课题的内容，选择合适的检索工具或利用计算机进行分类检索，即可方便地查找到所需的文献。这种方式比较适合于图书馆馆藏资料的检索。

2. 书名、篇名、关键词、著者、刊名、出版社、专利号、年份等检索途径

这是按文献书名、篇名、关键词、著者、刊名、出版社、专利号、年份等查找文献的一种途径。这种方式比较适合于借助计算机进行检索。

3. 题录、文摘、索引等检索途径

题录是标示图书或其他出版物外表特征的系统化检索工具，只给出文献题目、作者、出处、页码、文种，没有内容介绍，常用的有《全国新书目》和专门介绍各类期刊报纸的《全国中文期刊联合目录》，以及介绍外文图书的《外文图书总目录》等。由于这种检索工具编辑过程短、报道速度快，很受人们欢迎。但只看题目不知内容，因而难以决定取舍。

文摘，是指将论文的主要论点简明摘录出来，分门别类进行整理的资料。文摘除了给出题目、作者、出处之外，还有文献内容摘要。文摘已成为重要的科研文献检索工具。利用文摘刊物可以解决查不到、查不全、看不完、看不懂（语言不同）等问题，最大限度地搜集有用的资料，迅速掌握学术信息。较常用的有中国人民大学书报资料社出版发行的《复印报刊资料》，它是从全国1400多种报刊上选材，按科学或门类编成99个专题（经济类就有21个专题），每月提供、年终汇总，是一种具有系统、连续特色的文摘资料，信息量大，方便实用。另外《文摘卡片》，将报刊上的新观点、新材料摘抄出来，也有使用价值。

索引和文摘一样，属于二次加工的成品，是查找最新资料的检索工具。索引是按一定顺序把散见于图书报刊的论文篇目、作者姓名、刊物名称及期刊号记录下来便于检索的工具书。查找索引，还能在短时间内了解学术动态。目前世界上已出版的文摘、索引杂志有2000余种，其中比较著名的有美国的《科学引文索引》（简称 SCI）、《工程索引》（简称EI）、《科学技术会议录索引》（简称 ISTP）、《社会科学引文索引》（简称 SSCI），中国也有中国科技论文与引文数据库（简称 CSTPCD）等检索工具。

4. 年鉴、手册等工具书检索途径

年鉴、手册等是对一、二次文献的筛选、评价、浓缩加工的成品，一般由专家、专业人员撰写。年鉴是汇集一年内各方面或某一方面的情况，并按照年度连续出版的一种工具书，如《中国经济年鉴》、《浙江统计年鉴》、《中国城市年鉴》等。手册是汇集经常需要查考的文献资料的工具书。实际上，上述各种查找文献的途径可联合使用，以提高查找文献的效率和质量。

四、文献检索的方法

现代检索科技文献资料的方法有两种：手工检索和计算机检索。

前者主要是指依靠印刷检索工具（如目录、卡片、工具书）来检索文献；后者则是指利用电子计算机存储来检索文献。这两种检索各自有着不同的特点。手工检索是靠人的手翻眼看，主动灵活，可以边查边思考，但检索较费时，而且很难检全。计算机检索具有速度快、检索功能完善、输出检索结果方式灵活等特点。从实际的检索过程看，手工检索在计算机检索中也有着重要作用，如上机前分析课题内容、选择数据库、选定检索词、制定检索策略和检索后筛选二次文献、索取一次文献等都需要手工检索来完成。因此，这两种检索相辅相成，缺少任何一种都难以很好地利用文献。

（一）手工检索

手工检索即直接进行检索的人工方法，其又可分为三种检索方法：追溯法、延伸法、综合法。

1. 追溯法

追溯法，即以文献作者在后面所附的参考文献为基础，逐一追踪检索。用这种方法不需使用检索工具，方向准确，比较省力，但不易查全。撰写毕业论文时，应用追溯法是一种捷径。

2. 延伸法

延伸法，即利用检索工具检索文献材料的常规方法，是依据事物之间的联系作合理延伸的方法。用这种方法可以较全面地检索到所索文献，效果令人满意，特别是当论文论述一个他人尚未问津的问题、现象及其规律时，必须使用延伸法来查找资料。

3. 综合法

综合法，即追溯法和延伸法交替使用的检索方法，是一个稳妥可靠的方法，它会使搜集的资料具有深度和广度，特别对学生毕业论文写作是非常必要的。

检索文献资料使用的工具，按其著录格式只有两种，即题录和文摘。

（二）计算机检索

自20世纪80年代以来，以缩微品、声像带、磁盘、光盘等形式记录的非纸质信息急剧上升，伴随计算机进入多媒体时代，信息科技也步入多媒体发展时期，手工检索靠"手翻、眼看、大脑判断"的检索方式已难以全面适应当今信息的发展，计算机检索必然地提到了应用与发展阶段，以 Internet 为代表的全球性网络的实际应用更进一步推动了这一发展，这既是对手工检索的扩展，也是时代的需要。

计算机检索可分为定题服务检索、网络服务检索和公共网络检索三类。

1. 定题服务检索

定题服务检索是情报服务中心或图书馆将一批用户查找文献的要求编成检索程序，事先存入计算机，每当收到最新一期资料时，就上机成批处理并检索用户要求的内容，自动存储或打印检索到的文献，然后分寄给用户，这种检索常用于一些常设研究机构和大型课题研究工作。

2. 网络服务检索

网络服务检索是用户在情报服务中心或图书馆注册上网，通过计算机直接进入某情报网络系统，按照用户的意愿直接从计算机上查找并下载有关的文献资料。这些系统有金桥电子报刊联机阅读系统、超星数字图书馆、中国学术期刊、中国重要报纸全文数据、国务院发展研究中心信息网、万方数据资源系统等。这种方法快捷、方便、省事，正在全世界范围内迅速普及，一般高校系统均有电子图书馆系统，可以在校园局域网进行查阅，社会上自学的学生也可以个人注册进入各类电子资料系统，但一般费用较高。

3. 公共网络检索

公共网络检索是利用 Google、百度、搜狐（搜狗）搜索、北大天网中英文搜索引擎等网络搜索工具进行相关资料的搜索。

目前世界上已拥有 100 多个联机检索系统，其中国外比较著名的有美国洛克希德公司的 DIALOC 系统，这也是世界上最大的联机检索系统，它拥有自然科学和社会科学方面的数据库数十个，存储文献数量占世界机存文献总量的 50% 以上。中国比较著名的有万方、维普、中国知网等。利用联机检索情报系统查找文献，可采用函检、网检或面检。函检是先向服务机构函索机检提问单，用户填好提问单后寄回，服务机构查找完毕后邮寄结果及费用清单；网检是先向服务机构购买情报的使用权限，由服务机构开通相关网络，用户即可通过计算机网络在其工作地随意地从计算机上检索并下载相关文献资料；面检是用户前往服务机构所在地，填写提问单后当即在检索终端旁等候结果。

每个搜索引擎都有其查询方法，只有熟练地掌握它，才能运用自如。但有一些通用的查询方法，各个搜索引擎基本上都具备的，充分掌握这些必要的搜索技巧，即可获得最佳和最快捷的查询结果。

（1）使用双引号（" "）

给要查询的关键词加上双引号，可以实现精确的查询。此种方法要求查询结果要精确匹配，不包括演变形式。

（2）使用加号（＋）

在关键词的前面使用加号，也就等于告诉搜索引擎该单词必须同时出现在搜索结果的网页上。

（3）使用减号（－）

关键词的前面使用减号，也就意味着在查询结果中不能出现该关键词。

（4）使用通配符（＊和?）

通配符包括星号（＊）和问号（?），前者表示匹配的字符数量不受限制，后者表示匹配的字符数要受到限制。

（5）使用括号（（　））

当两个关键词用另外一种操作符连在一起，而又想把它们列为一组时，就可以对这两个词加上圆括号。

第五节　论文材料的整理

确定了材料源，将材料源变成有用的资料，还要经历一个汇总整理的过程。构成这过程的主要环节依次是：材料的阅读与积累、材料的鉴别与分类、材料的选择与使用。

一、材料的阅读与积累

有关材料找到后，需要认真阅读。搜集和阅读资料常常是同时发生的。阅读资料的过程也是鉴别和积累资料的过程。阅读要讲究方式方法，好的阅读方法可使资料的搜集事半功倍。

（一）材料的阅读

1. 阅读的原则

1）先读主要的，后读次要的。此种读法，先要根据文献标题和摘要，确定主次。主要的先读，次要的后读，对与所掌握的材料重复或无新内容的材料甚至可以放弃不读。

2）先粗读后精读。粗读，即鲁迅先生所说的"随便翻翻"，也就是广泛、粗略地阅读的意思。精读是指对重点部分必须认真地读，要"解其言，知其意，明其理"。粗读的目的是了解文章的大致内容，以明确文章的重点部分。对重点阅读部分的精读要做到：理解文意，把握中心思想；分析、研究作者的论断，把握作者研究问题、论证问题和阐述问题的方式方法。

3）先看两头，后看中间。在阅读每篇文献时，要先看摘要和结论部分，然后选取正文中读者感兴趣的部分详细阅读，重要部分要全篇读，甚至反复读。

4）先读新的，后读旧的。读新资料可以了解学术研究的最新动态，从总体上了解和把握研究的过程；读旧材料可以了解和掌握前人对这一课题进行研究的情况。

5）先理解，后摘录。先要思考阅读过的材料，在对材料进行理解和鉴定的基础上，提出个人见解，并将有用的内容加以摘录，而对一些重要的数据和结论等，则要进行必要的记忆。

2. 阅读的方法

阅读的方法有多种多样，一般来说，主要有以下四种：浏览法、查读法、通读法、研读法。

（1）浏览法

浏览也称为快速阅读法，其不求深细，但求梗概，不必逐篇字斟句酌的阅读方法。这是一种提高阅读效率、行之有效的方法。掌握浏览法能在较短时间内处理大量的文献资料。浏览法的具体要求是：一是目光要上下跳，把注意力集中到关键词上，每回凝视的时间要短且凝视的字数尽可能多；二是既不可声读，又不可默读，要用眼光扫描；三是养成读一遍就把握住意思，绝不再回头看的习惯。

（2）查读法

查读法又称为跳跃阅读法，它一般是只看文献资料的标题、摘要、目录、关键词、开头、结尾，了解此篇材料的论点及其意义即可。在对到手的资料不知底细的情况下，首先采用此方法，以便很快知晓材料的大意，决定哪些资料该细读、略读或不该读，分清资料的主次篇目。人们常常把查读法与浏览法结合使用，阅读时跳过一些无关紧要或自己已经掌握的部分，只抓住可读的部分，抓住每段的关键词句，依据自己的需要进行阅读。

（3）通读法

在浏览的基础上确定重点阅读的资料，将资料从头到尾快读一遍，注意资料提出的问题、论点和得出的结论，在了解资料梗概、分清主次、掌握其中心思想与要点的基础上，确定是否进一步研读。

（4）研读法

研读法也就是钻研文献的阅读法，即对于那些与选定的课题有关的重要文献资料必须精心细读，了解原作者的具体意思、方法和证明过程，要求精神高度集中、思维异常活跃地进行阅读。对材料中内容深奥的部分，一时不能读懂的或不能理解的，要反复地阅读和思考，直到完全透彻理解为止。所以，研读不仅是把材料看一遍，而是要把材料读懂弄通，有时需要看数遍。研读有助于搞好读者的研究。在研读过程中，要注意对读到的内容随时作出分析、评价、质疑，判断文献资料中的论点是否正确、论据是否充分、论证是否妥当、结果是否能推广等。最好能把读到的东西随时与其他有关资料加以对照思考，这样就能作出更恰当的评价，从而比较准确地了解文献资料的价值。

（二）材料的积累

积累是阅读文献过程中的重要环节。如果在阅读的过程中不注意积累，阅读的效果就会大打折扣。只有对材料进行系统的积累，弄清专业的发展趋势，确定自己的研究方向，作者就能在论文撰写过程中做到才思敏捷，思路开阔。

积累的方法多种多样，但目前主要的方法有以下四种：读书笔记、卡片、剪贴、复制。

1. 读书笔记

做笔记是从事学习、科研所必须的一项基本功，这是因为最浅的墨水也能胜过最好的记忆。做读书笔记不仅可以帮助记忆、锻炼思维能力，还能提高读书效率和文字表达能力，这对提高科学研究工作的效率和研究者的能力关系极大。读书笔记一般可分为以下四种类型，即：摘录式笔记、提纲式笔记、心得笔记、索引笔记。

2. 卡片

许多学术造诣很高的研究者常采用卡片来积累资料。卡片的优点是便于分类保存和灵活调动，易于查找使用。但用卡片积累资料需要注意以下三点：一是每张卡片记录的内容要完整，并标上题目，对重要的数据、论点的记录要详细，其余的则从简；二是在每张卡片上都要注明资料的出处，包括：书名或论文题名、作者名、版本和页码等，若是报刊资料，还应注明报刊名称和日期；三是要定期整理和归类，可先分成若干大类，再根据需要在每一大类下分成几个小类，使其体现出逻辑关系，便于查找。

3. 剪贴

剪贴是指利用读者订阅的或允许剪贴的报刊等文献进行剪贴，来达到搜集和积累资料的方法。剪下的资料可以贴在专门的本子上，也可以贴在卡片上。剪贴的优点是：可节省摘录时间、能保证内容无误。剪贴的资料必须注明出处，以便日后使用。

4. 复制

复制是指将文献资料原封不动地制作下来的方式。它是目前搜集和积累文献资料最常用也是最普遍的方法。复制包括复印、磁盘复制和 Web 下载三种形式。其优点是：方便，可大量地搜集和积累资料，尤其是 Web 下载，可以搜集到最新的资料；可节省大量的摘录时间；搜集和积累的文献资料在内容上能保证准确无误。但由于复制文献资料的量一般都较大，通常搜集者难以消化。

材料积累得多了，就形成了"材料库"。这个材料库是撰写毕业论文的后盾。材料库的积累过程，也是培养一个人学术素养的过程。材料积累看似简单，实际并不容易。材料积累之初可以不考虑分类，先将所有资料依次集中在一处，以后再统一分拣。这样做的好处是可以拓宽统一分拣的视野，以便在更广阔的范围内，顺应多学科交叉渗透的特征，去认识相关领域甚至是不直接相关领域的边缘材料，从而有利于避免分类汇总可能造成的重要材料遗漏。

所有的材料均应集中存放。如果做成了文字卡片，则集中放在卡片盒内；若是录入了电脑，或者复制了 U 盘，也要注意使之相对集中，并同时做好备份。

珍贵的论文材料往往有着持久的生命力。论文完稿了，并不意味着材料就寿终正寝了，论文中已经使用了的或未能用上的材料还应让其再回到卡片盒、电脑硬盘、资料袋内集中存放。过一段时间，再重新翻检这些"存货"，可能又会获得新的启发，在下一篇论文中，这些"存货"可能还会有用，甚至还有大用。

二、材料的鉴别与分类

(一) 材料的鉴别

所谓鉴别，即是对搜集来的各种材料进行审视检查。这一步的工作十分重要，正如郭沫若同志在《十批判书》中所说："无论任何研究，材料的鉴别是最必要的基础阶段。材料不够固然大成问题，而材料的真伪或时代性如未规定清楚，那比缺材料还更加危险。因为材料缺乏，顶多得不出结论而已；而材料不正确，便会得出错误的结论。这样的结论，比没有更要有害"。在材料的搜集中，由种种因素所致，所获材料很难保证一定是准确、真实、完整无缺的，难免杂乱无章或有虚假、错讹、缺漏、繁冗等问题出现，因而必须对材料进行审查和鉴别。

鉴别材料的标准，一是看其是否真实可靠，二是检查其是否符合事先规定的标准和要求；三是看它与课题研究有无关联；四是检查其是否完整齐全。其中又可分为对直接材料和间接材料的鉴别。第一种鉴别是对社会观察、实验和调查所得的材料的鉴别，这种鉴别可分别对运用上述几种不同方法所获得的材料进行各种不同的对比。例如，对不同的观察者所获取材料的对比，对不同的实验者所获材料的鉴别，对不同的调查者所获材料的鉴别，以及在几者之间进行比较和鉴别，以互相验证、参照，从中发现问题；第二种鉴别是对运用文献检索方法所得材料的鉴别，要检查文献材料的作者、出处和形成时间，以搞清这些材料的原作者及其写作的背景情况，核实这些材料的真伪和准确性、权威性等。鉴别材料可以与搜集材料同步进行，更重要的是在事后专门检查核实，以保证材料的可靠、完整和统一。

(二) 材料的分类

分类即依据既定的标准将不同的材料区别开来，将相近或相同的材料合并起来。没有分类，杂乱无章的材料会令人茫然不知所措，使得研究工作无从下手。有了分类，就能使研究者理出头绪、分出次序、发现线索，使得材料条理、系统、显出眉目，使众多的材料能够"为我所用"，因此分类也可说是科学研究的一个步骤和具体方法。

分类必须有科学的标准，标准不合理，分类就会出现混乱。分类除了要遵守基本的逻辑规则之外，还可以从具体的课题研究需要出发，寻求合适而可行的标准来进行。以下是一些常用的分类方法。

1. 按材料项目分类

（1）按材料出版的时间分类

按材料出版时间来分拣材料，有助于把握课题所涉及的有关内容发生、发展、演变的脉络，为课题的深入研究提供思路，也为毕业论文的文献综述撰写提供思路。这种分类有助于将注意力集中于本课题的最新研究成果，关注新的数据材料、新颖的见解。

（2）按材料研究的内容分类

按材料研究的内容分类可将材料分成理论类材料（如概念、理论、方法、公式、法则等）、事实类材料（如调查资料、统计数据、观察实验数据、现象、实例等）、随想类材料（如感想、联想、心得、自己的观点等）。理论类材料是研究的理论基础，要准确；事实类材料通常是论证的依据，要可靠；随想类材料给毕业论文写作提供思路和创新的火花。

（3）按材料来源分类

有些材料来自书本，有些来自实地调查或亲手实验，有些是第一手资料，有些是推演的结果，有些是母语记载的，有些是译自外文的，有些是经典论断，或权威人士、知名专家的相应观点，有些是新研究者的观点等。来源不同，价值大小与可靠程度也就不同。有价值的材料是撰写毕业论文的主要参考资料。

（4）按材料载体分类

按材料的不同记录方式、承载媒体分门别类，材料显得整齐，收拾起来也方便。以载体分类只注重了材料的形式，虽易于材料的收存，但使用时，通常还要将不同载体的材料聚拢起来。

（5）按材料可靠性分类

将第一手资料与第二手资料区分，将存疑的材料、有待查证的数据和其他需要核实的内容与已核实可靠性的材料区分。这种分类有利于提高毕业论文采用资料的可靠性，对写作中需要使用，但又有待查证的数据和核实的内容作进一步的查证和核实。

（6）按材料价值分类

新观点、新素材、重要的论据、立论的基础，乃至着力澄清或反驳的内容等，都是极有价值的重点材料，与之相对的是一般性材料。如果同一类型的重点材料有若干个，还应再次依其对本议题价值的大小将其依次分拣出来。因为最终用在论文中的材料在于精，而不在于多。

2. 按论点分类

按论点分类是按一定的论点（根据资料综合而成的观点或作者拟定的观点）或论文的写作提纲，把材料分系列编组。这种方法，以一个观点为统领，把所有与这个观点有牵连的论点、论据、论证及其方法、手段、实验、数据、例题等材料组成一个树形结构。使学生对材料的理解和认识条理化、系统化。一般在搜集、阅读和记录材料的过程中，对事物的了解是依据接触的先后次序，分别进行的，不可避免地有相对的片面性和孤立性。经过这样的分类，零散的客观材料被组合成一个思想体系，对事物由单独考察变成为综合。在事物的纵与横的比较分析中，探求事物各方面之间的差异和联系，易于使读者从对资料的感性认识上升为理性认识。

以上所述的两种分类法，各有所长、各有所短，最好是同时使用。当然，对材料还可按其他逻辑顺序分类，如按课题直接相关知识和外围知识分类，或按基本材料和参考材料分类。经过分类后按门类编号，分别存放，便于使用时查找。材料的分拣通常是伴随着材料的搜集和使用过程不断地进行的。

一次分拣过后，如有必要则采用另一个依据继续对已经分拣出来的某些材料进行二次分拣。在课题研究的过程中，有时候需要变换不同的分类标准去对相同的研究素材多方面加以认识，以期从中获得新的视角、新的感受和新的启示。对于分拣完毕的材料，可以将其编上代号，在论文的提纲上进行"对号入座"地标注，撰写论文时有选择地使用。这正是一些研究者驾驭大文章的基础，也是一些研究者，能在同一时间内分出身来面对几个课题而能保持思路清晰、成果迭出的一大秘诀。

三、材料的选择与使用

（一）材料的选择

材料的选择是毕业论文写作的一项重要活动。撰写毕业论文在运用资料的时候，同学要坚持慎思明辨的态度，对全部材料进行系统的、综合的评价，识别材料的价值，精心选择，合理采用。收集来的材料不可能在毕业论文中一一列举，真正能够被最终选用的仅是其中一小部分而已。面对辛苦收集到的大量材料，同学们必须进行优选和精选，若不加评析选择，全部采用，就会很乱，文不像文。

1. 材料选择的原则

材料选择的主要原则有四点：切题、真实、新颖、典型。

（1）切题

什么材料可用，什么材料不能用，都是由毕业论文的中心论点决定的。毕业论文的中心论点一经确定之后，它就是统帅一切的东西，材料必须服从于中心论点的统帅，将论点与材料和谐地融合在一起。不能把一些不能充分说明问题的材料搬来做牵强附会的解释，也不能将所有资料全部塞进文章里，胡乱拼凑，使论文变得臃肿庞杂，导致论文中心被冲淡，降低论文质量。另外，如果论文材料不全面，也会导致论文的论述不圆满、不全面，出现观点偏颇、漏洞，或由于论据不足难以自圆其说。

（2）真实

材料真实与否直接关系着论文的成败。只有从真实可靠的材料中才能引出科学的结论。按学术界的常规，以第一手材料或原始材料为上品，第二手材料或转引材料次之。一篇论文中所占有的材料自然不可能尽为原始材料，但若全部都是转引的材料，则论文的档次就降低了。

由于原始材料不易获得，一些可靠的第二手材料也可适度采用。在选择时要注意：其一，要尊重客观实际，避免先入为主的思想，选择材料不能夹杂个人的好恶与偏见，不能歪曲材料本来的客观性；其二，选择材料要有根有据，采用的第一手材料要有来历，选取的第二手资料一定要与原始文献认真核对，以求得最大的准确性；其三，对材料来源要加以辨别，客观性材料包括原始的数据、图表、统计数字等，不涉及作者的价值判断，一般比较真实可靠，是论文写作所不可缺少的材料，与其相对应的主观性材料则是前人或学术界人士对特定问题所发表的意见，要弄清原作者的政治态度、生活背景、写作意图，并加以客观的分析评价，社会科学方面的材料更应该注意这一点。

（3）新颖

所谓新颖的材料是指能够体现时代精神的材料，为毕业论文的创新提供更好的条件。新颖材料一种是指前所未有，近期才出现的新事物、新思想、新发现、新方向；另一种是指某种事物虽早已存在，但人们尚未发现其价值，或采用了新的研究方法等。

（4）典型

所谓材料的典型性是指这种材料对于它所证实的理性认识来说具有充分的代表性。典型材料能很好地表现主题，切中要害，以少胜多，以一当十。

2. 材料选择的方法

在材料选择的过程中，作者不能做材料的奴隶，受材料的支配，而要做材料的主人，对材料进行理性分析，选用最能说明问题的材料。

要选出最能体现论文主题的材料，除了必须遵守上述的选择原则外，还必须有一套行之有效的选择材料的方法。材料的选择方法主要有以下三种。

（1）全面分析，宏观把握

搜集材料是多多益善，但是当选题确定以后，就应依据选题进行宏观把握。在总体考虑、进行全面分析的基础上，按照材料的选择原则进行选择。对与选题无关的或不发生直接关系的材料应坚决删除。若选择表现主题无关的材料过多，会淹没主题不说，还会使研究者无所适从。

（2）逐个研究，微观审视

对一些重要、关键性的材料，要逐个进行研究，从新旧、真伪、优劣、主次，以及精粗、重轻等方面作微观审视，使所选择的材料精益求精，避免因判断失误而造成材料失真等。

（3）综合提炼，认真筛选

经过宏观把握和微观审视后获得的材料还要进行综合提炼，尤其是对一些间接材料，更要认真筛选。这些间接材料大部分代表的是他人的观点，在综合提炼这些观点时，通常会出现三种情况：一是同意他人的论点，自己又有独特的感受，可以从新的角度补充新的理由，以丰富他人的论点；二是有不同意见，可以在展开争论的同时，阐述自己的理由；三是他人的观点对自己有启发，可以进一步补充、完善和发展他人的观点。经过综合提炼的材料，还要认真筛选，并要对材料进行适当的剪裁，使其可用、适用。

（二）材料的使用

材料工作的最后一步，便是要对选定的材料进行梳理安排，正确使用，把精选出来的材料化为己用，写出具有内在逻辑联系的毕业论文。材料的使用直接关系到主题的表现。

1. 材料使用的要求

（1）按顺序安排材料

将经过提炼的材料恰当地运用到论文中，简捷而又具体的方法是：按任意顺序将材料分别集中到各段标题的分标题下端，这样在起草初稿时，就可方便地利用各项材料，无遗漏而又准确地将其安排到所属分标题的正文中；遇到可以分别插入不同节段标题中的材料，就要从整篇论文的结构上去仔细斟酌，并将其安排到最恰当的节段中；也可以在文献资料、实验笔记、记录、文摘卡片上，直接用铅笔编上序号，再根据写作的需要，在各段标题的分标题下安排相应的顺序号，这样在起草初稿时，就可按"号"索骥；如有图表，也可将图表编号后安排至相应节段标题所属的分标题之中。这种按顺序安排材料的方法在写作中非常实用，它不仅能有效防止材料的遗漏，而且使写作变得十分有条理。

（2）掌握主次和详略

在材料的使用过程中，需要对材料进行剪裁。剪裁要主次、详略得当，有主有次，有详有略。应根据主题决定详略，主题是决定材料使用的重要依据。宜详的有：主要的材料、具体的材料、新鲜的材料、人所不知的材料、现实材料。宜略的有：次要材料、概括性材料、陈旧材料、人所共知的材料、历史材料等。要根据论文的总体对材料进行"量"的控制，使用材料还要尽可能做到疏密相间、繁简适度、浓淡相宜。做到以上几点，才能使论文主题突出、生动活泼而又不致堆砌材料、呆滞无趣。

（3）统一材料和观点

处理好材料与观点的关系，是使用材料过程中的关键问题。材料能不能发挥作用，能在多大程度上发挥作用，除了材料本身的质量外，观点与材料的和谐统一是起决定作用的因素。观点是材料的统帅，材料是观点的依托。要写好论文，必须将观点和材料组成一个有机的整体，使其和谐统一，相得益彰。在观点和材料的组织方面，常用的形式有：开门见山，陈述主题，然后列举事实（材料）加以说明；或是先介绍背景和条件等材料，再点明主题，最后列举材料加以说明；或是先有的放矢地列举事实材料，然后对主题加以归纳等。

（4）讲究错落有致

讲究错落有致就是十分注意交替使用相关材料，以相互印证、相互补充，充分表现主题。古人主张"文贵变"。《论文偶记》要求"一书之中篇篇变，一篇之中段段变，一段之中句句变。神变、气变、境变、音节变、句句变……"。当然，不能离开材料的变化来谈论章法和句法的变化，否则，字句和段落的变化将会失去依据。要使材料与主题珠联璧合、相得益彰，就应将具体材料与概括材料、反面材料与正面材料、现实材料与历史材料、理论材料与实践材料互相搭配、交错使用。只有这样，才能使论文事理交融、和谐统一。

2. 材料使用过程中的问题

在材料使用过程中常见的问题主要有如下三个。

（1）堆砌材料，逻辑性不强

有些同学虽然能够搜集到充足的材料，但是在材料使用的环节中因缺乏分析评价，未能突出对课题有较大贡献的材料，而把一些与研究课题无关的材料一并使用，边缘材料占据较大的份额，模糊了主题，造成材料堆砌的现象。建议在使用材料时，先对材料进行逻辑分析，定好论文框架之后，再合理安排材料的顺序位置，使材料更好地为主题服务。

（2）无法驾驭和充分使用材料

一些同学在使用材料时，没有明确自身学位论文的观点，虽然手头上有很多材料，却无从下手，无法驾驭材料使其为论文的观点作出应有的贡献。也有部分同学在论述观点时，不能充分利用现有的材料，造成材料的严重浪费现象，最后导致论文的质量不高，内容空泛。因此，在使用材料时，要注意吃透材料的内容，区分重要材料与次要材料，尽量突出对主题表现有重要作用的材料，以达到充分使用材料的效果。

（3）使用材料但不做文献引用，有抄袭嫌疑

学位论文中使用的材料很多是前人研究的成果，为表示对前人研究成果的尊重，按照学

术规范的要求，使用他人的材料后一定要注明出处和引用相关的文献，否则就有抄袭他人成果的嫌疑。但是一些同学在选用他人的材料后，由于粗心大意，或者缺乏这方面的学术训练和版权意识，并没有在正文中加以注释、引用，也未在正文后的参考文献中列出。这种情况可能严重侵犯他人的著作权，违反知识产权法，因此要特别注意。

思 考 题

1. 毕业论文写作材料的种类有哪些？获取材料的意义？
2. 材料搜集的方法有哪些？
3. 提高文献阅读资料效率的途径有哪些？
4. 简述材料选择的依据。

第四章 毕业论文的研究

毕业论文的研究，是指材料搜集之后，作者在一定世界观和方法论的指导下，按照科学研究的原则，通过对材料深入细致的研究，最后形成科研成果的过程。此过程要遵循人们认识事物的基本规律，由现象到本质，由感性到理性，由个别到一般，最后达到对事物本质的认识和概括。

第一节 毕业论文研究的原则和程序

研究是发现问题答案的动态过程。研究是一种技术，也是思考的方法，包括批判并检验专业领域中的不同观点，讨论并形成特定程序的指导原则，发展并考验能够增强专业知识的新理论。

研究的基本要素主要有变量、假设、模型和数据四大要素。这四大要素并不是孤立存在的，它们相互关联，相互影响。一系列变量构成假设，而假设是模型的依据，数据是变量的现实体现，也是检验假设的依据。

一、研究的原则

研究原则概括起来有以下三条：严谨求实、追究本质、思想增值。

1. 严谨求实

科学研究，必须实事求是。它应该服从科学研究的宗旨，把一切结论建立在坚实的资料上，它不能剽窃他人的研究成果而占为己有，也不能封闭一隅而狂妄自大。它必须在已有科研成果的基础上，通过自身的艰苦钻研，去获得研究成果，并给予自己的研究成果以适当的实事求是的评价。

科学研究必须是严谨的，它容不得半点马虎、半点粗疏、半点疑义。它的每一个观点，都必须通过严格的推敲；每条资料，都要经过严格的查对；每一道推理，都要经过反复的驳难。在整个研究过程中，作者必须严格遵守同一律、排中律、矛盾律，保证思维的严谨周密。作者研究的整个思路，最终应表现为一个无懈可击的逻辑体系，其中不存在任何懈怠、敷衍和投机取巧。

2. 追究本质

科学研究必须追究事物的本质，要站在一定的理论高度去分析、观照客观事物，揭示事物的本质和内在规律。在研究过程中，虽然免不了要从具体的、感性的事物出发，但随着研究的深入，就要逐步扬弃事物的感性特点，抽象、概括出事物的本质特征和规律性的联系。在研究过程中，必须在思想上区别事物的本质属性和非本质属性，舍弃其非本质属性，并将事物的一般的、共同的属性、特征结合起来，或把个别事物的本质属性、特征推广为同类事物的本质属性和特征。在研究过程中，我们既不能停留在对一般现象的描述上，也不能停留在感性经验的层面上，必须将逐层深入的本质追问贯穿始终，这是科学研究的基本思路，也是科学研究的基本准则。

3. 思想增值

思想增值所强调的，也就是前面一再强调的创造性原则。科学研究的本质和生命也在于创造。它不能重复已有的科研成果，必须有自己的发明、发现；它要敢于开拓新的领域，创立新的方法，探索新的角度，增加新的知识，以完善传统的理论，推翻旧的假说，建立新的理论——用马克思的话来说，也就是要实现"思想增值"。因此，在整个研究过程中，我们必须发挥创造性思维，在论题、材料、研究方法、见解等四个方面努力创新，去实现"思想增值"。

二、研究的一般程序

研究是为了解答某一领域或某一方面的问题，这种解答要依靠科学的程序与方法。虽然研究的具体阶段使用的研究方法有所不同，但在过程和步骤基本上是一致的。一项成功的研究，要求研究者按照科学的研究程序进行研究，同时要选择并运用适当的研究方法。

虽然不同类型的研究在其具体步骤上不尽相同，而且在每一阶段中还有更具体的技术和程序。但是，所有研究过程遵循一个基本的模式，其研究的程序，一般可以分为五个阶段：课题选择、研究设计、资料收集、资料诠释、总结。

（一）课题选择

课题的选择是一项研究活动的起点，是整个研究工作的第一步；研究课题一旦确定，整个研究活动的目标和方向也就随之确定；研究问题的选择，首先要通过研究者的观察确定研究范围，再根据收集到的初步资料进一步界定问题，即对研究进行描述。明确研究课题的范围，澄清研究工作的思路，是选题阶段的主要工作。

（二）研究设计

研究设计阶段的主要工作是对各种研究策略和程序加以选择，并制定详细的研究方案。这一阶段的工作是为实现研究目的而进行的道路选择和工具准备。这里所说的道路选择，主要涉及研究的思路、策略、方式、方法，以及具体技术工具等各个方面。工具准备指的是研究所依赖的测量工具或信息收集工具，如问卷、量表等的准备。

（三）资料收集

收集资料的阶段又称为研究方案的实施阶段，这个阶段的主要任务是具体执行研究设计中所确定的思路和策略，按照研究设计中所确定的方法、技术进行资料的收集工作。在这一阶段，研究者通常需要深入实地，接触被研究者；或者要设计出实验环境，进行实验；或者要收集大量的文献资料。在收集资料过程中要注意资料的完整性、可靠性和正确性。

（四）资料诠释

这一阶段的主要任务是对研究者所收集到的原始资料进行系统的审核、整理、统计和分析。研究者要对收集到的众多信息和资料进行加工和处理。这里既有对原始数据资料的整理、转换和录入等工作，也有对原始文字资料、图片资料、音像资料等的整理、分类和加工工作；既有对数据资料进行的各种定量分析，也有对资料进行的综合、归纳和解读分析。对所收集的资料进行吸收、分析、诠释，最终完善理论或达到执行的目的。

（五）总结

这是一项研究的最终阶段，其任务主要是综合并分析资料，在此基础上撰写研究报告。研究报告利用文字和图表将研究结果系统地、集中地、规范地反映出来，是研究成果的集中体现。研究的目的、研究的方式、资料的收集、资料分析方法、研究结论、研究成果的质量都要在研究报告中得到总结和反映。

研究程序主要包括以下四个特征。

1. 步骤的相互依赖性

研究过程中的每一个步骤都是相互依赖的。一个步骤完成之后才能进行下一个步骤，任一步骤都必须依赖下一个步骤而深化。

2. 过程的循环性

研究过程是一个不断循环的过程。任一个体在经过一轮研究循环之后，除了取得研究成果以外，还可以提出需要进一步研究的问题，这些问题就成为新的循环起点，形成新的研究课题。

3. 结论的可验证性

研究过程要保证研究结论的可验证性。研究得出的结论是否科学，一个重要的标准就是研究结论是否可以验证。特别是那些经过周密调查而得出的结论或具有重大社会意义的研究结论，都应能让其他研究人员进行检验。

4. 普遍性

无论哪一种研究方法，其研究过程或步骤基本上是一致的，但是需要注意的是，各个具体的阶段或步骤均存在很大的差别。

第二节　毕业论文研究方法的分类与选择

研究方法是指研究人员用来开展研究项目的总体途径，是有目的地对各种社会现象和社会行为进行研究的方式和手段，包括调查研究法、实地研究法、文献研究法等众多方法。研究方法体系的中间层次是研究的基本方式。研究方式是指贯穿于研究全过程的程序和操作方式，它表明研究的主要手段与步骤，主要包括文献研究、案例研究、调查研究、实验研究等。

一、研究方法的特征

现代研究方法主要有以下三个方面的特征。

（一）数学方法的影响

数学方法在经济、管理类研究中的应用成为可能。首先，随着数学方法本身的发展，新的数学工具和方法使经管类研究达到了多变量统计分析的量化研究水平，精确化、模型化成为量化研究的重要特征。其次，电子计算机的发展与广泛应用为数学方法在研究中的应用提供了物质手段。

数学方法对研究的积极作用主要体现在以下三个方面：

（1）提供简明精确的形式语言和新的逻辑思维方法。研究者可运用一些数学形式来表达现象之间的关系，例如，可以用函数表示现象之间的相关性，用微分方程描绘各种现象的动态，并且可以定量地表现出现象在质和量方面的相互转化。

（2）数学方法的运用为研究提供了量化分析和理论计算的方法。数学方法的运用，为管理科学的研究达到数量化、精确化、模型化的水平创造了根本条件。它可以使研究者在质性研究的基础上进行量化研究，以加深对现象发展规律的认识。

（3）数学方法为研究提供了新的认识途径和实验方法，即模拟实验方法。模拟实验又称为数学实验，它主要是在计算机上模拟某种现象的发展变化过程，建立数学模型，研究该现象的现状和发展趋势，并对各种决策的结果进行计算和比较，从中选择最佳方案。

（二）自然科学研究方法的渗透

科学研究已经呈现了高度分化、高度综合的趋势，自然科学和社会科学的相互影响，各门学科之间的相互渗透，使得它们在研究方法上也相互借鉴、相互学习、相互渗透。自然科学研究方法对社会科学研究方法的渗透成为现代研究方法的特征之一。

经管类学科的研究受自然科学研究方法的影响较大，例如，实验法一向是自然科学的主要研究方法。实验法可以根据科学研究的需要，严格控制实验条件，排除各种偶然因素和外界干扰，能够相对地简化和纯化研究对象的变化过程，从而得到较为准确的研究结论。目前，这一研究方法已经成为管理学的研究方法之一。

（三）定量研究与定性研究的综合运用

尽管存在各种各样的研究方法，但一般可以将其归纳为两种：定性研究方法和定量研究方法。定性研究，即质的研究，是学术界最近几年出现的新研究方法，它是在自然环境下，研究者与被研究者直接接触，通过面对面的交往，实地考察被研究者的日常生活状态和过程，了解被研究者所处的环境及环境对其产生的影响。其目的是从被研究者的角度来了解他们的行为及其意义。质的研究要求研究者对自己的"假设"和"偏见"进行反省，并随着实际情况的变化，不断调整自己的研究设计。因此，定性研究的结果只适用于特定的情境和条件，不能推广到样本之外。应该指出的是，研究者必须事先征求被研究者的同意，对他们所提供的信息严格保密，与他们保持良好的关系，并合理回报他们所给予的帮助。

定量研究，即量的研究，是对事物可以量化的部分进行测量和分析，以检验研究者自身有关理论假设的一种研究方法。量的研究有一套完备的操作技术，包括抽样方法（如随机抽样、分层抽样、系统抽样、整群抽样）、资料收集方法（如问卷法、实验法）、数字统计方法（如描述性统计、推断性统计）等。正是通过这种测量、计算和分析，以求达到对事物本质的把握。而质的研究则是通过研究者和被研究者之间的互动，对事物（研究对象）进行长期深入细致的体验，然后对事物的质有一个比较整体性的、解释性的理解。

一般来说，定量研究是用来回答有关被测量变量之间关系的方法，旨在对研究对象解释、预测和控制；与之相对的定性研究方法则主要是用来回答自然界中复杂性问题的方法。定量研究常常以肯定或否定被测的假说而结束，而定性研究更倾向于以暂时性的结论或假设而结束。表4-1从不同角度给出了定性研究与定量研究的区别。

表 4-1 定性研究与定量研究的区别

问 题	定量研究	定性研究
研究的目的	解释、预测 确认、证明 检验理论	描述、解释 探索、解析 建立理论
研究过程的本质	集中 变量已知 主线给定 观点流派化 内容自由 静态设计	发散 变量未知 主线变化 动态设计 内容界定 观点个人化
数据收集方法	典型性大量样本 标准化测试	不正式性的小样本 观察、采访

续表

问　　题	定量研究	定性研究
分析过程采用的推理形式	演绎分析	归纳分析
结论交流形式	数字 正式声明、科学形式 统计数据集合	文字 个人声明、文字形式 叙述、个人引言

在研究中运用定量研究方法，可以为现象的总体提供精确度较高的资料和数据，而定性研究的目的则在于更好地说明研究对象的性质。任何事物都具有质和量的两个方面，是质和量的统一体。综合运用定量研究方法与定性研究方法可以对现象进行量的分析和质的分析，从而达到对现象全面的、深刻的、本质的认识，能够正确地认识现象的发展过程及其规律。

二、研究方法的分类

科学的研究方法，一般可划分为三个层次：哲学研究所提供的最普遍、最一般的方法，简称哲学方法；自然科学研究中广泛采用的一般方法，简称一般方法；各门自然科学研究中所采用的具体的、特殊的方法，简称特殊方法或具体方法。

哲学方法是一般方法的理论基础，是建立在最一般的客观规律基础之上，它适用于知识的一切领域，这种方法对其他方法具有指导意义。

一般方法是各门自然科学普遍应用的基本方法，包括感性方法（观察方法、实验方法）、理性方法（逻辑方法、非逻辑方法）和综合方法（系统论方法、信息论方法、控制论方法）。一般方法是介于哲学方法与各门自然学科特殊研究方法之间的中间层次，它们在科学研究中具有跨学科的特征，又直接受哲学的支配和影响。也就是说既以科学为坚实基础，又有鲜明的哲学属性。

具体方法是各门学科特有的方法，是各门科学的理论和实践同研究目的相结合的产物。科学研究中的特殊方法适用范围有限，但从中可概括出来共性的东西，即自然科学的一般方法。

也正因如此，一般科学方法，特别是自然科学方法论，必然对具体科学研究工作发挥应有的指导作用。一个完整的科学认识过程，通常要经历感性认识、理性认识及其复归实践等阶段。各个阶段都有科学方法的具体内容相对应。感性方法是人类认识自然的起点，是获得自然信息的直接方法，也是理性方法的基础。理性方法是对观察实验所获得的成果进行研究，以达到新科学认识高度的思考步骤。综合方法适用于科学认识的各个阶段。

（一）科研的逻辑方法

辩证逻辑的思维方法及创造性思维方法是科技论文写作中的基本思维方法。科学的辩证思维方法是一个整体，它由若干既相互区别又相互联系的方法所组成，其中主要的有：比较与分类、归纳与演绎、分析与综合、具体与抽象、历史与逻辑相统一等方法。

1. 比较与分类

比较与分类是认识客观事物两种基本的辩证思维方法。比较是确定对象之间的差异和共同点；分类是根据对象的共同点和差异点，将对象区分为不同的种类。一般说来，人们认识客观事物是从区分客观事物开始的。要区分客观事物，就要进行比较，有比较才有鉴别，鉴别就是把相似的对象区别开来。有的学科甚至是建立在比较方法之上的，如比较胚胎学、比较解剖学、比较生理学等。

客观事物的存在都处于一定的关系之中，科学研究的任务之一是认识客观事物之间的关系，而类属关系则是客观事物间的一个基本关系，因此，任何一门学科的研究都要运用分类的方法来探求其对象领域中事物之间的这种关系。比较与分类方法是密不可分的，常结合在一起使用，比较是分类的前提，分类是比较的结果，两者是辩证统一的关系。

2. 归纳与演绎

归纳和演绎进行推理的两种基本方法。

（1）归纳法

所谓归纳法，就是通过对若干个别事实的分析研究，概括出其共同的本质属性，得出一个带有普遍性结论的方法，即从个别事物的性质、特点和关系中概括出一类事物的性质、特点和关系的方法。归纳法的作用其实比我们想象的要大得多，关注新鲜、个别问题的研究，从中寻找事物的规律性，这是科学发现与发明常见的方法。科学归纳法又可分为完全归纳法、不完全归纳法。

1）完全归纳法，又称枚举归纳法。所谓完全归纳法，就是对某一类事物的所有对象都进行考察分析，研究事物的一切特殊情况（通常只有有限多种）后，而概括出该事物共性的逻辑方法。由完全归纳法得出的结论是真实有效的，完全归纳法可以作为其结论的充足理由。实际上，这种方法有不能实现的可能性，因而在应用上受到一定的限制。

2）不完全归纳法，又称普通归纳法，就是通过对某一类事物中的部分对象具有某种属性的考察研究而概括出该类事物共有属性的一种推理方法。不完全归纳法方便实用，但这种方法得出的结论带有或然性，其结论可能为真，也可能为假。因为此种方法未对所有调查对象进行考察，有可能这类对象中有些就不符合这一结论，因而不完全归纳法不能作为结论的充足理由。尽管不完全归纳法带有或然性，但其仍不失为一种认识客观事物的好方法。在毕业论文写作时，从个别的实验、习题、事实中总结出一般性的问题结论，再加以证明就可以写出一篇好论文。应用不完全归纳法可以使科学工作者从个别的、特殊的科学事实中看到真理的萌芽，归纳出一般性的结论从而提出科学的假说。

（2）演绎法

所谓演绎法，就是从大原则开始，从已经了解的最抽象、最高深的原则开始，然后一步步地推演下去。在科学研究中指运用形式逻辑的演绎方法提出问题、创立假说、指导实验、形成理论体系等一系列科学方法的总和。它表现为方法群，是形式逻辑的演绎方法在科研活动各个程序上的具体运用。科学演绎法主要包括三段论基础上的证明方法、公理化方法、假说演绎法三种具体方法。在科研活动中，它是提出问题的主要逻辑手段，是简述科学理论的主要方式，是证明科学结论的基本手段。此外，它还可以正确评价一科学理论在整个所在理论体系中的地位、功能和发展远景。科学演绎法的方法论功能，既取决于演绎法本身所具有的形式特点，即前提与结论有必然联系，又取决于其所有以演绎为前提内容的正确性。因而，使用演绎法应时时注意内容和形式的统一、演绎法和归纳法的统一、理论体系和客观存在的统一。

（3）归纳与演绎的关系

归纳是从特殊到一般，即综合许多具有内在联系的个别事实的共同特点，归纳出一般的原理和结论；演绎则与之相反，是由一般到特殊，即先从一个总的原理或原则出发，再引申到个别事物的解释，并从中推出个别结论。人们对客观世界的认识，是在从个别到一般，又从一般到个别的不断反复过程中实现的。在这个过程中，归纳和演绎是相辅相成的逻辑方法。归纳和演绎既是对立的又是统一的。

人们在科学研究中是从实验观察材料中归纳出一般性的结论，归纳是认识的基础。但是，归纳本身离不开演绎，归纳必须有某种理论的指导，才能有目的地搜集材料，方能按一定方向进行。可以说，演绎规定归纳活动的目的和方向，归纳所依据的经验材料总有一定的局限性，这就有求于演绎进行补充；归纳所得的结论带有偶然性，有赖于演绎来证明其必然性。演绎是理论思维的主要方法，但是演绎本身也离不开归纳，演绎出发点的公理、定律是靠归纳得来的，演绎只能帮助人们掌握客观对象的共性，无法把握它的个性，要做到这一点就必须不断地考察个别事物本身的多样性，并对此进行及时的归纳和分析。演绎的结论还必须再经过归纳来证实和不断丰富，如果新发现的事实与演绎推出的一般结论不符，就要对这个结论作必要的修正。因此，归纳和演绎是同一个认识过程不可分割的两个方面。

归纳和演绎既然是对立统一的两种逻辑方法，在科学研究中，就应该交替运用、彼此对照、相互补充，以取得对客观现实的正确认识。归纳和演绎是对立型的思维方法，在获得真理的过程中离开了一方，另一方就失去了认识的威力。只有归纳和演绎交互作用，并通过实践检验其结论，才能发现科学真理，证实科学真理。

3. 分析与综合

分析是将认识对象的整体分解为不同的属性、部分、方面，分解为不同的阶段、环节或各种不同的因素，并分别加以考察的一种辩证思维方法；综合则与之相反，是将分开来的各个属性、部分、方面，或不同的阶段、环节和因素，重新组合联系起来，从整体上加以考虑的一种辩证思维方法。辩证的分析主要是矛盾分析，即分析对象的各种矛盾，矛盾的各个方面，主要矛盾及矛盾中的各个阶段、各个环节，以便从整体上把握事物的本质、规律和具体特征等；辩证的综合主要是按照对象的各种矛盾，矛盾的各个方面，主要矛盾及矛盾中的各个阶段、各个环节的内在联系，将它们有机地结合起来，组成一个统一的整体，从矛盾的总体上去认识对象的统一性。人们的认识过程，是分析与综合的统一。

这种辩证统一关系表现在分析和综合的相互依存、相互渗透之中：综合必须以分析为基础，没有分析，认识不能深入，只能"见林不见木"，是抽象的、非具体的；只有分析没有综合，认识就会"见木不见林"，陷入枝节之见，不能通观全局，流于片面与表面。这种辩证统一关系还表现在分析和综合的相互转化上：人的认识是一个由现象到本质不断深化的过程，在这个过程中，从现象到本质、从具体到抽象的飞跃是以分析为主的，一旦达到了对事物本质的认识，就要以综合为主。

4. 具体与抽象

(1) 具体

具体就是指客观存在着的或在认识中反映出来事物的整体，是具有多方面属性、特点、关系的统一，即通过对客观事物多样规定性的统一思维，达到理性的具体思维方法和艺术。亦即从具体事物入手的思考方法，而理性具体是反映对事物内在规定性的本质联系，是在感性认识基础上理解到的。

思维的根本目的就在于达到理性的具体。在具体法的运用过程中，一方面要认识到具体法的实质是坚持实践第一的观点，也就是说要坚持从工作的实际出发，做到先获取第一手材料，再进行充分的分析研究，这是一个实践过程，也可能是一个艰苦辛劳的过程。例如，理科工作者在做具体实验时，可能每天需要工作十几小时，连续工作几个月，甚至几年；另一方面，在实践的过程中，一定要一边实践一边思考，避免实践的盲目性，频繁更新实验的材料、方式，尽可能地寻求能反映事物的最普遍、最一般、最基本规定性的材料和方式。

（2）抽象

抽象就是指从具体事物中被抽取出来的、相对独立的各个方面的属性、关系等，即把客观事物的某一方面特性与其他特性分离开来，给予单独考虑的思维方法，亦即通过具体的事物联想到某种思维意识的可能性方法。

由于抽象是对事物的各部分及其各方面所做的单独考察和思维联想，不可避免的带有相对的片面性和孤立性，甚至是暂且不可能的。所以，在抽象分析的基础上，还必须采取由抽象上升到高级的理性、具体认识的方法，把抽象获得的简单概念，结合具体条件，做系统而周密的综合考察，寻找出事物各方面之间的内在联系，达到具有多样性、统一性的综合。抽象是客体的某一种规定性在思维中的再现和发展，又可成为另一级抽象的具体。

（3）具体与抽象的关系

具体和抽象是密不可分的，两者相互对立、相互依存、相互转化。它们是人们思维过程中不可分割的两个阶段，先是由具体到抽象，然后再由抽象上升到高级、理性的具体认识。具体上升到抽象才能创新，抽象回到具体才有意义。例如，数学具有高度的抽象性，但也正因如此，数学才有更广泛的具体应用。

（二）创造性思维方法

创造性思维方法或称创新性思维方法，是一种非逻辑方法，是指根据一定的目的、任务，在大脑中创造出新形象、新设想的高级思维过程。创造性思维不是仅依靠现成的材料进行抽象和概括，而是在现成材料的基础上，进行想象、推理、再创造。从多角度、多层次去认识事物，提出独特的见解和异乎寻常的方法、设想和方案。

创造性思维方法是一种向广阔领域扩张的具有多方向、多角度的立体思维，它不受单一、平面、僵化的传统思维方法的束缚，包含有自由思维、逆向思维、发散思维、集中思维、侧向思维、模糊思维、系统思维和统摄思维的成分，是上述这些思维方式的综合和具体运用。毕业论文的写作，始终伴随着主体能动的辩证思维活动。主体辩证思维方法运用的水平，特别是创造性思维方法运用的水平，通常决定着科学研究的成果与专业论文的质量和价值。主体运用辩证思维方法，特别是创造性思维方法的差异，也就使得科学研究和专业论文写作带有明显的个体性。科学研究和专业论文写作与主体辩证思维方法，尤其是创造性思维方法的不可分割性，主要表现在以下几个方面：

1）科学研究和专业论文是主体创造精神产品的一种精细、复杂的智力劳动，而精神产品正是主体运用辩证思维方法，尤其是创造性思维方法的结晶；

2）科学研究和专业论文写作是主体的一种认识活动，而这种认识活动的成果只能产生于主体思维，尤其是创造性思维过程之中；

3）科学研究和专业论文的写作是记录、总结、储存、传播、交流学术信息的一种社会实践活动，而辩证思维方法，尤其是创造性思维方法可丰富信息存储，增大信息作用的概率；

4）科学研究和专业论文都是提出问题、分析问题、解决问题的过程；而辩证思维方法，尤其是创造性思维方法，作为探索新事物的心理过程，主要就体现在利用已知探求未知、寻求新的答案、解决实际问题的实践中。

辩证思维方法，尤其是创造性思维法能激发主体的求知欲望、探求兴趣和进取精神，从而推动科学研究和专业论文写作获得成功。

创造性思维分为两种类型：发散性思维和收束性思维。

1) 发散性思维又称扩散性思维、辐射性思维、求异性思维。这是一种思维活动，用以寻求多种解决问题的方法。思考一个问题时，没有一定的方向，没有一定的范围，不拘泥于已有和传统的理论、观念、方法和习惯，可以漫无边际地去思考、想象，由已知去探索未知。

2) 收束性思维又称收敛式思维、集中性思维、求同思维。这种思维把发散性思维提出的各种可能性，包括各种方法、设想、方案集中起来，分别地进行比较、鉴别和选择，从中确定一种最佳的方法、设想和方案。

在科学研究和科技写作中，发散性思维与收束性思维是大有用武之地的。比如，在选题和撰写论文时，作者可以运用创造性思维方法，尽量放开思路，进行多层面、多角度、多层次的思考和设想，以便独辟蹊径，寻求新的选题和写作路子。

（三）科研的常规方法

科学研究的具体方法，是指在科学研究中经常用到、行之有效的方法，一般分为自然科学研究的具体方法和社会科学研究的具体方法两大类。在自然科学研究的具体方法中，有的是概括程度较高、适用范围很广的方法，它不仅局限于某一门自然科学，而是对各门自然科学均适用的方法；有的是概括程度较低、适用范围较为狭窄的方法，仅适用于某些学科或专业的研究。

1. 观察法和实验法

科学研究总是从问题开始，问题是主客观矛盾的表现，是科学研究所要探索和解决的课题。科学事实是解决问题、研究课题的实践基础，而获取研究问题的感性材料是科学认识过程中的一个首要环节。观察、实验等经验的方法，是科学研究中的基本实践活动，它们既是搜集科学事实材料的基本途径，又是检验和发展科学理论的实践基础。

（1）观察法——最基本的科研方法

观察法是在自然现象发生的条件下，有目的、有计划、有选择地对自然现象进行考察和描述的一种方法，是获取科学事实的重要途径之一。观察一般包含五个要素：观察的对象，即事实（事件、过程、现象、实物）；观察的主体，即观察者；观察的环境条件；观察工具（感官、仪器）；知识。观察方法的特点：一是观察具有多维性，观察方法要综合利用人们的感官，对客观对象进行多维的感觉和观察；二是观察是在自然发生的条件下进行，在观察过程中人们对自然客体不能进行人为的控制或干预；三是观察方法有明确目的性和计划性。观察者的目的性体现了观察者、观察对象和观察方式三个要素的有机联系，而观察的计划性则是使观察工作有效进行的必要规则。观察法目的性与计划性的统一，是成功的观察所不可缺少的条件。观察法不限于肉眼观察、耳听手记，还可以利用视听工具，如录音机、录像机、摄影机等作为手段。

观察方法的类型，按观察所要达到的主要目的划分，可分为定性观察和定量观察（又称观测）两大类；按照观察方式，可分为直接观察和间接观察两大类。

观察方法的一般原则是，坚持观察的客观性、全面性、系统性和辩证性。同时，观察还需要一定的理论支持。

观察方法在自然科学研究中的作用主要表现在可以搜集感性事实材料，可以直接导致科学发现，是人们检验认识的手段之一。

观察法的步骤是：

1）事先做好充分的准备，制订观察计划。先对观察的现象作一般的了解，然后根据研究的任务和研究对象的特点，确定观察的目的、内容和重点。如果情况复杂或内容多，可采取小组分工观察。最后制订整个观察计划，确定进行观察全过程所需的次数、时间、记录用纸、表格，以及所采用的仪器等，并考虑如何保持被观察对象的常态等。

2）按计划进行实际观察。在进行过程中，既要严格按照计划进行，必要时也可随机应变。要选择最适宜的观察位置，集中注意力，记下重点，不为无关现象扰乱，观察时可借助仪器及时作记录，不要事后回忆。

3）及时整理材料。对大量分散材料利用统计技术进行汇总加工，删去一切错误材料，然后对典型材料进行分析。如有遗漏，及时纠正，对反映特殊情况的材料另作处理。正如贝弗里奇指出的那样，"在研究工作中，养成良好的观察习惯，比拥有大量学术知识更重要"。

(2) 实验法——科学研究的"命根子"

实验法就是根据一定的研究目的，运用必要的物质手段（实验仪器、设备等），在人工控制的条件下，模拟自然现象或自然过程，以便在典型环境中或特定条件下获得科学事实的一种方法。实验方法是在观察方法的基础上发展起来的，与观察方法相比较，实验方法是一种更为完全、深入、重要地收集感性材料的方法。在验证科学假说、检验科学认识方面，更主动、及时、有效。实验方法更易发现新现象、新事实和新规律。实验方法的产生和发展，标志着科学研究方法的进步。

实验方法有三个构成要素，即实验者、实验对象和实验手段。实验方法有如下特点：

1）实验在人为控制或模拟自然条件、干预或控制研究对象的情况下进行；

2）实验方法比观察方法具有更强的计划性和目的性；

3）实验一般均需运用一定的仪器设备；

4）实验的直接目的不是为了生产物质产品，而是为了检验某种科学理论或假说，深化对某一客观对象或客观事物的认识。

实验可从不同角度进行分类。按实验的目的，可分为探索性实验和检验性实验；按实验的步骤，可分为预备性实验、决断性实验和正式实验；按实验中量与质的关系，可分为定性实验、定量实验和结构分析实验；按实验在科学认识中的作用，可分为析因实验、对照实验、中间实验和模拟实验等。

运用实验方法，必须坚持客观性、全面性、系统性、辩证性等基本原则，必须以一定的科学理论或假说为指导，精心设计，谨慎、客观地评价与处理实验结果。

实验法与观察法一起成为人们摄取自然信息、发现科学真理的基本手段。实验法与观察法相比，更有其优越性。正像巴甫洛夫所指出的那样："观察是搜集自然现象所提供的东西，而实验则是从自然现象提取它所需要的东西"。这是因为：第一，实验具有简化和强化自然现象和自然过程的作用，在实验时，实验者可以采取各种措施，排除自然过程中各种偶然的和次要的干扰因素，去掉各种假象的隐蔽作用，把现象的本质从非本质的背景中凸显出来，从而得以正确地把握研究对象；第二，实验能使在自然条件下难以出现或者即使出现也不易观测的现象人为地引发或再现出来，使之处于容易观察的条件之下，从而强化了研究对象的特点。总而言之，实验使人们主动地干预或控制研究对象，使其在研究各种问题的时候，更能发挥其主观能动作用。

2. 调查研究法

调查研究法是研究者采用问卷、访谈、观察、测量等方式对现状进行了解，对事实进行考察，对材料进行收集，从而探索解决问题办法的研究方法。

调查研究法是运用最广泛的一种研究方法，调查通常不受时间、空间的限制，在自然情境中收集数据，效率较高。另外，它不需要控制条件或操纵被调查的对象，其涉及范围广，手段多样化，便于实施，适用于现状研究和描述性研究。

依据不同的角度，调查研究可以有不同的分类。

按研究目标可以划分为描述性调查和探索性调查。描述性调查用以了解事实和现状，或事物发生的过程和全貌，基点是对事物的实际情况作描述，主要回答"是什么"的问题；探索性调查是以解释事物之间或变量之间关系为目的的调查，是通过各种途径解释事物的前因后果，研究关心的是"为什么"的问题。通常探索性调查需要以对事物或变量的描述为基础，从这个意义上说，对同一研究课题，采用探索性调查比描述性调查更深入，更有价值。

按研究范围可以划分为全面调查、典型调查、抽样调查。全面调查即普查，是对某一范围内的所有对象进行调查，换句话说，就是研究总体多大，样本也就多大；典型调查是根据研究目的，在调查范围内选择有代表性的案例进行调查；抽样调查是按抽样的程序，从调查的总体中抽取部分样本进行的研究，并以样本结果估计总体特征的调查。通常抽样调查比典型调查有较好的代表性，在教育调查中广泛采用抽样调查。

按研究设计可以将调查划分为横向调查和纵向调查。横向调查指在某一时间，一次性地抽取样本，集中收集资料的调查；纵向调查又称追踪调查，指随时间推移多次对抽取样本收集资料的调查。相比较而言，纵向调查精确程度较高，但数据收集时间较长。而横向调查收集数据时间较短，一次性解决问题。因此更多的人乐于采用横向调查。有时可以将横向调查和纵向调查合并到一个研究设计中，这样既可以把数据放在一个特定的时间内进行比较，也可以在不同的数据收集时间之间进行比较。

按研究途径可以划分为书面调查和口头调查。书面调查常见的有问卷调查、测量调查和调查表等形式，需要被调查者有一定的文字表达能力；口头调查主要有访谈调查、开座谈会和电话访谈等形式。

当然，以上各种调查方式在实际调查过程中强调的侧重点不一样，最后调查结果表述的形式也会不一样，因此应根据研究需要选择具体的调查方式。

3. 数学方法——科学研究中的撒手锏

早在近代科学的黎明时期，德国数学家莱布尼茨就指出：数学的本质不在于它的对象，而在于它的方法。数学是研究客观世界的空间形式和数量关系的科学，是辩证思维的辅助工具和表现形式。所谓数学方法，就是用数学语言表述客观事物的状态、关系和过程，并加以推导、演算和分析，以形成对问题的解释、判断和预言的方法。在现代科学中，运用数学方法的程度，已成为衡量一个学科发展程度和水平的标准。正如马克思所说："一门科学只有成功地运用了数学时，才达到了完善的地步"。

数学成为科学的通用语言，数学方法则成为常用的科学研究方法。数学方法已广泛应用于各门学科，成为各门学科进行研究、推演、描述必不可少的手段。

由于数学方法的应用，导致科学的分化和整合极大加剧，一些新学科不断产生。例如，数理语言学、计量政治学、数理社会学、统计法学等。

数学方法中最常用的是数学模型方法，它是通过建立和研究客观对象的数学模型来揭示对象本质特征和变化规律的方法。从广义上说，一切数学概念、数学理论体系、各种数学公式及公式系列构成的算法系统等，均可称之为数学模型；从狭义上看，数学模型则专指那些反映特定问题或特定事物的数学关系结构。数学模型不是客观实体本身，不可能描述实体的一切特征和运动规律，只能反映实体的主要特征。因此，数学模型有利于研究者对实际问题的研究，在所研究的主题范围内能更普遍、更深刻地描述实体的特征和规律。

4. 模型方法——科学工程的制胜法宝

模型可以认为是实际系统的代替物。通过建立模型实现研究目标的研究方法称为模型方法。20 世纪 50 年代以来，随着现代科学技术的飞速发展和计算机的广泛应用，各种模型不仅在自然科学和工程技术的各个领域里普遍应用，而且在社会科学领域里也取得许多重大的成果，成为人们进行科学研究、认识客观世界的重要手段。模型应反映出系统的主要组成部分和各部分的相互作用，以及在运用条件下的因果作用和反作用的关系和相互关系。

根据模型，我们可用较少的风险、时间和费用来对实际系统做研究和实验，更好地洞察系统的行为。例如，导弹、船舶、电站、桥梁、堤坝等，造价高昂，直接进行实验在经济上付出的代价太高或者会扰乱正常的生产作业时，用模型实验则具有经济、可靠、可重复性等优点。模型方法具有三个特征：

1) 它是现实世界一部分的抽象或模仿；

2) 它是由那些与分析问题有关的因素构成；

3) 它表明了有关因素间的相互关系。

模型要兼顾到其现实性和易处理性。通过模型可对系统进行了解、观测、计量、变换、试验，研究其中的重要因素及其相互关系，从而达到掌握规律的目的。当被研究的系统十分复杂且难于接近时，模型就显得尤为重要。

一般来说，模型可分为概念模型、思维模型、字句模型、描述模型、符号模型、数字模型、类比模型、形象模型和仿真模型。

概念模型是通过我们的经验、知识和直觉形成的。它们在形式上可以是思维的、字句的或描述的。当人们试图系统地想象某一系统时，就用到这种模型；思维模型通常不好定义，不容易交流（传送）；字句模型在结构上比前者好些，但仍难于传送；描述模型表示了高度的概念化，并可以传送；符号模型用符号来代表系统的各种因素和它们间的相互关系，这种模型是抽象模型，它通常采取图示或数学形式；数学模型采用数学表示式的形式，其优点是准确、简洁和易于操纵；类比模型和实际系统的作用相同，这种模型利用一组参数来表示实际系统的另一组参数；形象模型是把现实东西的尺寸进行改变（如放大或缩小）后的表示，这种模型有物理模型和图像模型：物理模型是以具体的、明确的材料构成，图像模型是客体的图像。形象模型是描述，而不是解释；仿真模型是对系统用计算机进行仿真时所专用的模型。

5. 计算方法——新时代科研的助推器

计算机的高速计算使得过去无法求解的问题成为可能，借助计算机，以计算为基础的方法已成为一种科研方法，并极大地扩展了数学方法的应用范围。作为一种最新的科学研究方法，计算方法使科学研究获得了强有力的工具。有许多问题虽然可以建立数学模型，但是由于参数多、模型太复杂而不可能由人工进行计算；有些问题虽可以计算，但由于计算量太大而没有实用价值，如地震的预测、天气预报、高速运行器的控制等。例如，一次地震预报，收集的数据多达几百万个，若人工处理需要几个月，也就谈不上"预报"了，而用计算机，只需几个小时就可以完成，并可将预报的结果发送到任何地方。计算方法还是一种有力的论证工具，是人工智能的支柱。在科学研究中，电子计算机不仅用来检索和查阅科技文献、收集有效信息，而且用来处理和加工信息，从而大大地提高了科学研究和论文写作的速度、效能和质量。

计算方法还成为新学科的生长点，例如，计算力学、计算物理、计算化学、计算几何等，就是随着计算机与计算方法的发展而产生的。

三、研究方法的选择

虽然具体的研究方法是工具，无所谓好坏之分，只有适用与否的问题，但从实际操作来看，针对某个具体研究内容，方法还是有好坏之分的。不同的方法适用于不同的情境，选择研究方法就是从这个层面上说的。

（一）影响研究方法选择的因素

研究者在选取适当的研究方法时会受到各种主客观因素的影响。在众多研究方法中，选择的原因，主要从以下四个因素加以考虑。

1. 研究的问题

研究问题就是一个被提及的观点或想法。研究者所选择的研究方法一定要与研究的问题相匹配。例如，研究的问题在一定的样本或人群中从未被提及，或现有理论无法适用于研究的特定样本或群体，此时，可以考虑使用定性研究方法。因为定性研究方法具有开拓性，并且在研究者不知研究中所要检测的重要变量时，其特别有用。

2. 个人经历

研究方法的选择通常也取决于研究者个人的受教育程度、经历和偏好。如果研究者擅长技术、科学写作、统计学及计算机程序，或者在这些方面接受过长期训练，同时又熟读了各种有关定量研究的书籍、期刊，那么就很有可能选择定量研究方法。由于定量研究作为传统的研究模式，严格的研究程序和规则已被广泛使用，这意味着偏好高度系统化程序的研究者会倾向于使用此种研究方法。

3. 研究方法的可行性

研究方法的可行性意味着研究者必须有足够的时间、精力与经费采用该研究方法，并且该研究方法能从研究者所在组织的内部和外部获得必要的支持与合作。

4. 受众

最后，研究者要关注听取他们研究报告的对象受众。这些人可能是导师、期刊编辑、期刊读者、学术委员会成员或者学界同仁。这些受众在研究方面的个人经验将影响他们对一份研究的理解和评价。

（二）研究方法的有效性

有效性是评价任意一种研究方法的重要标准，这种有效性有两层基本含义。其一，是指某一种研究方法不只适用于某个单一领域，在其他领域中也能发挥其功能，能够结合其他研究领域的情况进行具体运用；其二，是指研究者应该善于选择对自己所研课题有效的研究方法，并具备与之相适应的知识与技巧。为保证研究方法的有效性，研究者应具备以下五种主要知识和技巧：

1）选择适当的定性或定量分析工具进行行为、价值和规范研究。

2）利用多种研究方法。

3）科学对待研究工作中的各种约束条件，如价值观、时间、资源、知识水平、工具和技术等。

4）既理解理论和实践之间的区别，同时又能将其结合起来应用于研究中。

5）了解研究过程中需要的"隐含"知识。如要解决在生产、配置活动中的多阶段决策，需要的模型或技术多为动态规划，研究者要熟悉计算机应用和概率论等多方面的知识。

第三节 毕业论文的观点及其产生的途径、方法

观点是一篇毕业论文的灵魂和价值所在，产生观点是研究活动和毕业论文写作的核心与实质性工作。因此，我们应当高度重视并下大气力解决好这个问题。

一、观点的含义和要求

（一）观点的含义

所谓观点，即平常所说的论点，又称论断，即作者在文章中对所论述的问题做出的判断、看法、见解、主张。论点是论文的灵魂，是论证的核心，是整篇文章所要论述的对象。过去称论点为"道"，讲究"文以载道"，视"道"为全文的统帅。在论文写作中，论点则是理论研究成果的集中表现；论文的写作目的，就在于充分表达这个成果；而理论成果的产生，关键在于如何从材料的分析研究中得出结论。这个结论，在论文中，则必须以论点的方式得以充分的展现。

论文的中心思想，或作者在文章中阐述的基本认识，称为中心论点，即在论文中起统帅作用的观点。而从不同角度、不同层次分析、证明中心论点的观点，称为分论点。对分论点也要加以论证，凡是经过论证确认为正确的分论点，对于中心论点来说，其又可成为强有力的论据，是中心论点强有力的支撑点，它们紧紧地为中心论点服务。如果分论点仍需要详细论证，那么，分论点还可以再设小分论点，作为分论点的论据而为之服务。

（二）观点的要求

论文观点必须符合这样几个标准：在科学性和理论性基础上的正确性；具有立场上的鲜明性；在所研究的领域中具有创造性的见解，即新颖性。因此，我们要求论文的观点必须具有正确性、鲜明性、新颖性，并且此"三性"的内容和表达方式还必须符合形式逻辑的要求，即具有逻辑性。

1. 正确性

观点的正确性就是要准确地反映事物运动的客观规律，反映事物固有的内部联系、本质特征和必然的发展趋势。

首先，正确性要求研究者尊重事实，不凭个人好恶去主观臆断，全面地、客观地把握事物的运动轨迹，使其观点尽可能地贴近真理。

其次，正确性还要求研究者将各个社会系统的运行规律和现阶段社会的政治、经济、文

化现象联系起来分析研究，探寻社会主义建设的一般规律。进而结合国情，反映出我国现代化建设事业各阶段的特点，特别是社会主义初级阶段的特点，包括改革开放以来，现行体制的规律、特点及优劣，以便正确表述社会主义的建设规律。

再次，正确性还表现在理论联系实际。论文的论题一般产生在社会实践中，其材料也来源于社会实践，论文的写作就是为了解决社会实践中遇到的实际问题。即使宏观方面的理论研究，也是为了指导实践，也应该适应实践的新情况和要求。完全脱离实际的理论是毫无价值的，也是不可能存在的。

此外，观点的正确性要求作者反对错误的和片面的观点。观点的正确与否，同作者的思想水平和认识方法有密切的关系，也同作者的理论功底、实践经验和治学态度分不开，这就要求作者从这方面狠下工夫，做到根深叶茂，避免浮躁、轻率的通病。

2. 鲜明性

观点鲜明指的是作者立场坚定、态度明确、倾向明显，毫不含糊地表明自己的主张、观点、见解、意见，旗帜鲜明地表达自己赞成什么、反对什么、主张怎样、不主张怎样、支持什么、批判什么，决不吞吞吐吐、模棱两可、似是而非。

从表达形式上说，首先，作者要用一个判断形式简明扼要地表达观点。

其次，要把论点设在文章醒目的地方，集中、完整地表述出来，防止东一句西一句，使人不得要领。文章一般是把总观点、中心论点放在文章的开头、中间或结尾。在开头提出的，称为开门见山，或开篇点题；放在文章中间的，通常是论述了问题研究的意义之后，在怎样解决时提出来，或在分析了现状之后，在"怎么办"中提出来；放在结尾的中心论点用的是水到渠成的方式，即前文已充分论证了支持中心论点的各分论点，最后画龙点睛。观点的鲜明，还要求抓住矛盾或矛盾的主要方面，确定问题的实质和关键，使论点的内涵、外延十分明确，符合逻辑上的规定性。

此外，一篇论文的主要观点只能有一个，不能同时论及两个或几个中心论点。如果文章中同时出现几个中心论点，就不能确立谁为中心，造成相互干扰、主次不分的错误。

3. 新颖性

所谓新颖，指作者的观点是新鲜的、独到的，能够深入揭示事物本质并给人以深刻启迪，而不是人云亦云、老生常谈、泛泛而论、无病呻吟或故作高深。作为理论研究文章和毕业论文，应该反映出作者对所研究课题的新见解、新成果，并且具有切实可行的实际意义或科学价值，这是立论的出发点和基本原则。

4. 逻辑性

在毕业论文写作活动中，首先要遵循普通逻辑的基本规律：同一律、矛盾律、排中律。同一律指在同一个思维过程中，任何思想与其自身等同，它要求一个思想所反映的对象是同一的，不能犯"偷换概念""偷换论题"的错误；矛盾律指在同一思维过程中，有关同一对象的两个互相矛盾或对立相反的思想，不能同时是真的，它要求一个思维过程要做到首尾一致，不能犯"自相矛盾"的错误；排中律指在同一思维过程中，对同一对象两个矛盾的思想不能同时是假的，它要求一个思维过程的思想必须明确，不能犯"模棱两可"的错误。遵循了这些逻辑规律，思维的对象才能具有确定性。

根据逻辑的确定性要求，在研究活动和论文写作的全过程中，作者运用概念进行判断和推理，要紧紧围绕一个问题，在研究思路中反映此问题，并针对该问题，确定研究的具体方向，拟定相应措施，一切围绕这个方向去规范研究行为，否则，就会漫无中心。此外，不能违犯矛盾律和排中律，把相悖的问题夹杂在一起，同时予以肯定。

二、产生观点的途径

本书上一节所介绍的研究方法，都是通过研究来产生观点的基本途径。下面再从论文写作的角度作补充性介绍。

(一) 通过精选材料产生观点

要真正占有材料，并能站在课题全局的高度上驾驭材料，首先要精选材料，从中产生观点。古人讲究"通"与"变"，主张在博览的同时精读，在精读的同时消化吸收，在消化的同时达到创新，说的就是在精选材料时，博采众长，从各个角度吸收养分，把握材料的内在联系和本质，成为一家之言。

精选材料应注意以下几个方面的问题：

第一，吸收思想精华，探求深层意蕴。即把与形成观点有关的材料，包括论点、论据等挑选出来，作深入的分析研究，探求其深层含意，并从新的角度挖掘，以阐发出新的见解。

第二，选择独到的材料，熔炼出新的观点。即把各家在阐述己见时所用的富有不同个性特点的典型材料加以熔炼，使其独创的思想得到突出的展现，从而形成自己更加深刻的见解。

第三，正视材料的难点疑窦，多角度辨析以求突破。即通过廓清材料的疑难，认识其中的深奥，使研究达到新的层次。

第四，明辨争论焦点，明了材料的因果得失联系。即综合各家争论的焦点，寻找出击点。这就要求细致列出各家观点、论据材料、论证角度，深入全面地比较、权衡，明确各家的优劣、虚实、成败、因果，从而形成自己的见解。

第五，发掘材料的疏忽欠缺，以此作为突破口。即把那些未作深入分析、论证和中肯回答的问题，或结论不全、论证平淡、论证角度不对的问题，甚至是受主客观条件的种种限制而存在不足、缺漏的材料，作为自己探索的目标，对其进行归拢、梳理、补正，以求得问题的圆满解答。

(二) 运用创造性思维产生观点

运用创造性思维的方法，对所占有的材料进行分析、综合、推理，可产生出新观点。创造性思维，就是对精选的材料，根据一定的目标、任务，进行再抽象、想象、推理，通过多维面、多角度、多层次的认识，提出独到的见解、设想、方法和方案。运用创造性思维产生观点的具体方法有以下四种。

1. 运用发散性思维和收束性思维

发散性思维又称扩散性思维、辐射性思维、多角度思维，它从各个侧面、各个角度进行思维，以求得多种解决问题的方法和途径。它不守定一个方向，不受范围限制，不拘泥于成说，从已知探求未知。收束性思维又称收敛式思维、集中性思维，它把发散性思维所提出的各种可能性；包括各种方法、设想、方案集中起来，分别比较、鉴别和选择，从中确定最佳最优者。这两种思维在选题、确立论点、结构篇章和撰拟文稿时，有助于放开思想，多维面、多角度、多层次、全方位地思考和设想，以求寻得门径，获得最理想的课题、论点和写作方法。

2. 运用求同思维和求异思维

求同思维是依据相同的要素、站在相同的角度、从相同的方面考虑问题，或遵从他人的思维导向而引出解决问题的办法，其体现了事物发展的延伸性、继承性和统一性；求异思维是站在与已有经验、框架不同的角度，用逆推法得出与已有程式不同甚至是相反结论的思维方法。

在确立论点的过程中，可以运用求同思维和求异思维产生新观点。一般来说，任何现有的理论观点都有一定的局限性，都不可能是绝对真理，因其受时代、作者、资料等各种限制，不可能准确地把握未来、全面涉及各个领域。因此，我们就可以在首先肯定原作者基本观点的前提下，发现其中的不足之处，找出纰漏、偏颇和尚未涉及的问题，用这种同中求异的方法，就能挖掘出补充性的观点，丰富完善前人之说。对同一个问题，变换角度，或上升一个层次去认识，用求异思维的方法，便可以得到深刻的见解或全新的结论。

3. 运用顺向思维和逆向思维

顺向思维是按事物的发生、成长、发展、壮大、衰落和死亡的历史过程进行思考的一种思维方法，其最大特征就是时序性，即按照时间的先后顺序来考察事物的过去、现在与未来。这样，可以明晰事物发展的过程性和不可逆性，容易找出来龙去脉，也便于对过去与现状作比较，以推断其将来，把握事物的发展趋势；逆向思维则是由结果推及原因、由已知探索未知的思维方法，即人们常说的"反思"。它紧紧抓住互为因果的许多具有可逆性的现象，以甲与乙的这种关系，反向推出乙与甲的另一种关系，这是唯物辩证法的对立统一规律和否定之否定规律在思维过程中的应用。

在确立论点的过程中，可以用顺向思维发现某一问题在时间上的错误，或与过程上的乖谬和顺序上的矛盾，以此作为研究对象，推出新的观点；也可以利用逆向思维，推出对立面角度上的论题，包括否定原材料的思维方向。

4. 运用侧向思维与多向思维

侧向思维是从外部信息的特征中寻求解决问题途径的思维方法，即对于某个问题，不是从正面去研究它，而是从侧面接触与解决。它不是从问题本身领域考虑，而是将问题本身领域与其他领域交叉起来，从其他领域得到启发，触类旁通，举一反三；多向思维则是从多方面来考虑同一问题的思维方法，即对一个问题，不只停留在一个方面，不局限于一种模式，而是从上下、左右、前后、因果等多个层次、多个角度、多个方面进行分析，以普遍联系为法则，开拓新的思维方向、思维角度、思维领域。

在确立论点时，可以利用侧向思维，从其他领域引入所研究的领域，如把系统方法引入体制改革的探讨，把政治学引入经济学科问题的探讨，把精确与模糊引入总结文种的写作，从而确定观点；还可以利用多向思维，从一个问题的基本框架、主要因素、主体导向、外在形式、次要因素、涉及面、辐射领域、涵盖内容等多个方面进行思考，从而发现新问题，形成新观点。

（三）通过寻求因果关系提炼出观点

"因"指原因，是引起一定现象的因素；"果"指结果，是由于原因作用而产生的现象。因果联系，是客观事物之间一种极为普遍的联系，任何事物都是由一定原因产生的结果，又是产生另一结果的原因，

没有无结果的原因，也没有无原因的结果。自然现象和社会现象总是按一定的规律性和

必然性重复着、发展着。由于事物间的普遍联系和相互制约，因果关系表现得极为复杂，有的一因多果，有的一果多因，有的多果多因，有的互为因果。

寻求因果关系的逻辑方法，就是从事物的发展过程中揭示事物之间先后相继、相互制约的联系。因果关系具有固定的特性，一是具有时序的先后，总是原因在前，结果在后，因此，必须从先行于该事物的有关现象中去寻找原因；二是在同样的条件下，相同的原因总引起相同的结果，反之，同样的结果总源于同一原因。据此，英国哲学家穆勒在18世纪总结了五种确定事物间因果关系的逻辑方法，简单介绍如下。

1. 求同法

求同法又称契合法，是异中求同，也就是说，如果某一现象在不同的场合发生，这些场合只有一种情况是共同的，那么这个共同的情况可能就是该现象发生的全部或部分原因。

求同法的步骤是：先找出现象在不同场合发生的一切可能原因，即先行情况；然后将不同场合中的先行情况加以比较，找出哪些是不同的，哪些是相同的，不同的情况不是该现象的原因，可以不予注意；最后根据不同场合找出的共同情况作出结论，即这个共同情况就是该现象发生的原因。

运用求同法，必须对现象产生的可能原因有所了解。现象发生在不同场合都是由同一原因引起的，为此应尽量搜集被研究现象出现于各种不同场合的情况资料，越多越能了解其先行情况，并找出其共同情况，所得的结论就越可靠。然而事实上，由于受主客观条件的限制，不可能对一个复杂现象出现的全部不同场合搜集殆尽：同一个结果可以由同一原因产生，也可由不同原因产生，不同场合的共同情况不一定就是被研究现象的原因；并且出现被研究现象的不同场合的共同情况可以不只一个。因此，求同法所得到的结论，往往具有或然性，还需通过实践或其他方式进一步检验。

2. 求异法

求异法又称差异法，是同中求异，即若某一对象在一种场合下发生，而在另一种场合下不发生，这两种不同的场合所有的其他情况都相同，只有一种情况不同，那么这种不同的情况便是该对象在某场合发生的原因或部分原因。

求异法是指在两种不同的场合中，某一现象是否发生，决定于一种不同的情况，所以其结论是可靠的。如果出现了两个和两个以上不同的情况，就应对其进行反复的试验和分析，排除那些与被研究对象没有因果联系的不同情况，最后确定某种情况是产生被研究现象的原因。

3. 求同求异法

求同求异法又称契合差异法。它既求同又求异，是求同法和求异法的综合使用。即先通过求同法确定某一对象同场合的共同情况，再通过求同法确定由于不具有该情况某一对象不出现的各种场合，从而通过差异法可得出结论。

由于求异法的运用是建立在两次求同法运用的基础上，所以求同求异法得出的结论也带有或然性。

4. 共变法

共变法指的是如果某一现象变化之后，另一现象也随之发生变化，那么第一个现象就是第二个现象的原因。

共变法是在变化中求因，不仅能判明现象间的因果联系，而且能显示出因果之间的数量关系；不仅能作为判明现象因果关系的方法，而且可作为判明两种现象同出一因的辅助方法。在运用共变法时，一要注意在先行情况中，某一现象发生变化时，其他情况是否发生变化，如果其他情况未发生变化，得出的结论就比较可靠；如果其他情况有发生变化，或客观上是"一果多因"，那么得出的结论就具有或然性。二要注意共变现象适度，如果一个现象的变化超出共变的量，那么两个现象之间不仅不能持续共变反而适得其反，达不到实验目的。

5. 剩余法

剩余法指的是已知某一复杂现象是由另一复杂原因引起的，把其中确有因果联系的部分排除，则其余部分亦必互为因果。

剩余法是用排除手段由余果推出余因，并且必须以前几个方面所推出的结果为基础，所以其只能用来研究复杂现象的原因，其结论也以前提为标准，前提真实，结论则可靠，前提不可靠，结论则只有或然性。

（四）根据论文的不同类型确立观点

由于论文的种类不同，确立观点时也应有不同的侧重点。

第一，按照科学研究的结论确立论点。对于研究的课题，当研究基本结束后，将会得到一个较为明确的结论，可以把这个结论当作中心论点；有时一个课题研究可能得出系列结论，即若干个相互关联的结论，需要择其中能作为中心论点者，分别写成若干篇论文；但若有些研究的目的，只是为了获得某种结果，不能形成结论，就只能写成研究报告了；还有一种情况，就是当研究结论与自己的预测有矛盾时，中心论点的确立则复杂了，需要冷静、耐心地分析研究过程及研究结论，重新判断，在确认结论正确的基础上，再确立中心论点。

第二，按调查的结果确立论点。调查、考察通常都是带有问题去进行的，若有了结果或结论，就可以此为论点，写成论文。

第三，按实验的结果确立论点。社会科学实验是搜集材料的方法之一，它以实行某项措施或观察此项措施为内容，选择一组或几组研究对象进行观察。但实验的结果不是结论，还要对其进行分析，从中提炼出中心论点，作为结论，写成论文。

第四，从搜集的文献资料出发确立论点。有许多情况下，不是从科研课题中、从实验中的结论或结果确立论点，而是从众多的文献资料出发，通过推理、分析、综合，或概括加工，使之开拓或深化，从中获得一些能揭示事物本质属性，或能反映事物变化规律，或具有创新意义的见解和判断，然后以此作为中心论点来撰写论文。

三、提出创见性观点的方法

第一，依据新的实践经验和资料，做出新的概括，提出新的范畴、观点、见解、原理和思维体系，即所谓的具有原创性，这是理论创新的最高境界。

第二，前人或他人已有一些观点，但却较为零碎、散乱，没有形成体系。对此，若能针对新的实践，据以形成新的体系，乃至开拓出新的领域，这也是一种创新。

第三，有些思想观点前人已提出和说明过了，但不够全面，或还存在某些问题、缺漏、偏颇，或与现实有不符之处。若能对其加以补充、修正、补足，且是正确的，这也是一种创新的方式。

第四，前人的观点本来是正确的，但后来被人曲解且产生了较大影响，现需要加以澄清，以恢复其本来面目。

第五，前人曾经提出的科学范畴、原理被遗忘、湮没、埋没了，今天将其重新发掘出来，加以凸显。

第六，对原有的成说给予新的解释和阐发，赋予这种旧躯壳以更新的内涵，使其放射出时代的光芒，在新的形势下发挥新的作用。

第七，对错误的观点和认识进行批判，有破有立，在否定错误观点的同时，树立起正确的新观点和新认识。破字当头，立在其中，这也是理论研究的创新。

思　考　题

1. 研究的原则是什么？
2. 研究的程序一般可以分为哪几个阶段？
3. 什么是质的研究方法？什么是量的研究方法？它们的区别是什么？
4. 选择研究方法时，需要注意哪些因素？
5. 科研的常规方法有哪些？
6. 从论文写作的角度讲，产生观点的途径有哪些？

第五章 毕业论文的结构

第一节 概　述

结构居于文章表现形式之首。因此，在写作前必须先设计文章的结构，包括分为几大部分，各部分分别包含哪些内容，相互如何衔接，层次和段落如何划分，头怎么开，尾怎么结等。在一篇论文中，主题只能解决"言之有理"的问题；材料只能解决"言之有物"的问题；而结构则能够解决"言之有序"的问题。结构的好坏，将直接影响到论文的表达效果。只有通过一定的结构形式将纷繁众多的材料按照主题表达的需要，加以精心组织、苦心经营，对结构进行合理的筹划，对层次、段落、开头、结尾、过渡和照应作出恰当的安排，才能使毕业论文成为一个有机的整体，使论文内容的表达收到事半功倍的效果，实现内容与形式的完美结合。

一、结构的含义及作用

（一）结构的含义

所谓结构，是指论文的组织构造。具体地说，就是依据主题要求和表述内容的需要，按照事物的内在联系和发展变化的客观规律，对论文各个部分的总体布局和各种材料进行的具体安排，包括层次的设置、段落的衔接、材料的安排、内容的过渡，以及如何开头、怎样结尾等。

毕业论文不是材料的简单堆砌。如果不通过设计结构将各类材料按照表达主题的需要加以科学地穿插和编排，那么即使材料再生动，也不可能成为一篇好论文。正因如此，有人将主题比作文章的"灵魂"，将材料比作文章的"血肉"，而把结构比作文章的"骨骼"。只有"骨骼"健壮，"血肉"才能有所依附，"灵魂"也才能有所寄托。因此，论文作者应精心设计结构：动笔之前潜心构思，匠心独用；写作之中苦心经营，悉心完善。

（二）结构的作用

1. 结构是表达论文内容和主题的重要因素

根据表现主题的需要，对材料进行排队归类、编织穿插，确定论文分哪几个部分，每一部分用哪些材料，材料的先后顺序、详略程度是怎样的，各部分之间如何有机联系，这些问题都属于安排结构。采用什么样的结构，必须从内容本身的要求出发。合理的论文结构有利于更好地表达思想、阐述观点；合理的论文结构有利于更充分地利用资料，增强论文的说服力；合理的论文结构有利于增强论文的可读性，利于思想的交流和文化的传播。

2. 结构是论文的框架、骨骼，也是论文的设计蓝图

毕业论文只有具备了设计蓝图，才能真正实施主题、表现内容；只有具备了骨骼和框架，主题和内容才能有所依附和寄托。因此精心地安排结构、谋篇布局是写好毕业论文的一个关键步骤。

同一主题、同一内容的学位论文，有人写得有条有理、头头是道，有人则写得杂乱无章、颠三倒四。原因很简单，写得好的是因为其精心地安排了材料的次序，主次分明、条理

清楚地建构了论文。而写得不好的，一般都是没有很好地考虑结构，没有理清思路，没有安排组织好材料，没有主次，没有条理。所以，有了主题材料后，只有把段落层次、过渡照应、开头结尾组织安排好后，才能真正进入撰写阶段，就如同设计蓝图具备后才能开始施工一样。

二、结构的原则和要求

（一）结构的原则

所谓结构原则，就是在安排论文的结构时应该遵循的理论依据，主要包括以下三个方面。

1. 顺理成章，依理定形

论文所采用的基本推理形式，决定了其内在的结构形式。例如，探讨某一事物产生及发展原因的论文，反映在文章结构上，必然涉及因果关系，或是由结果推及原因，或是由原因得出结果，缺一不可。

论文的结构形式只有与其所论述的内容紧密联系、相互协调，才能做到顺理成章、依理定形。论文是客观事物的反映，而客观事物内部的联系是异常紧密的，论文只有通过自身的结构形式准确地反映这种紧密的内部联系，才能做到在结构上任其自然，顺理成章，行止自如。

2. 表现主题，首尾贯一

结构的一个重要任务就是有效地表现主题。主题是一个完整的思想。要写好论文，就要抓住主题，紧扣主题；要首尾贯一，中途不可转换论题，不可停滞，不可跳跃；开头提出的问题，中间要有分析，结尾要有回答，做到前有所呼，后有所应，瞻前顾后，首尾照应。

在保证主题表现连续性的同时，还要注意完整协调、次序展开。主题是一个完整的思想，因此，要求论文的结构也必须完整，完整是指各组成部分的要素齐全，没有残缺；主题也是一个统一的思想，因此，要求论文的结构也必须协调，协调是指各组成部分该详则详，该略则略，该长则长，该短则短。对于毕业论文来说，引言一般简明扼要，结论应高度概括，而主体部分必须充实丰满，篇幅较长。

3. 接榫细密，转折自然

古人作文讲究起、承、转、合，其中的承、转就是指接榫和转折。要使文脉贯通，上下浑然一体，没有断裂痕迹，就必须注意接榫和转折。

论文的层次与层次、段落与段落的承转之处，犹如木制家具的接榫一样，一旦某个接榫出毛病，就会造成内容上的脱节。要使论文的接榫细密，就必须采用过渡的方法。论文中的过渡有段落过渡、句子过渡和词语过渡。在论文的接榫处，有的需要用议论作纽带，有的需要用例子来穿插。如果省略了上述这些必要的承接，论文的脉络就会断裂，而且由于没有必要的过渡使人感到突兀。

接榫是指两层意思的承接，而转折是指两层意思的转换。在转折之前要先蓄势，要"少驻"，不能松弛滑下、困顿无力，而是环环紧扣、步步扎实。只有这样，才能转得自然、顺畅。毕业论文的转折较为单纯，一般采用明转的方式。对于毕业论文来说，只要文脉贯通，转折自然、顺畅，即为成功的转折。

（二）论文结构的要求

1. 服从主题，围绕中心

论文结构要服从主题的需要，围绕中心思想展开论述。由于标题具有概括并表现主题或中心思想的作用，论文内容的安排一般是根据标题作出的，论文标题确定以后，论文的内容或论述的中心也随之确定。因此，围绕标题也就是围绕中心，要用确定的标题检查论文的内容，删除那些与标题不相关的内容。确定论文的标题通常有两个依据：一是依据论文的内容；二是依据论文的中心思想。不管是论文的内容还是中心思想，都是论文主题的反映，因此，论文的结构不论采用何种方式，都要服从主题需要，为表现主题服务。

2. 讲究层次的逻辑性，严格理顺段落层次关系

层次的逻辑性和顺序性，是论文在结构上的突出特点。论文不同于新闻和文学作品，可以用复杂多变的结构形式来表现主题。客观事物发展的规律性，决定了论文结构严密的逻辑性。论文通过逻辑推理来论证中心论点，是由其基本特性所决定的。结构是作者思维过程的外在表现，因而只能按照逻辑推理进行安排，而不能带有其他的随意性。有时各部分的安排在逻辑上虽无顺序要求，但由于内容的特殊性，要求层次、段落必须有固定的顺序，不能颠倒移动。

3. 既遵循传统模式，又灵活安排结构

人们在长期的科研与写作实践中，论文已形成了某些约定俗成的固定格式，而且这些格式已逐渐发展成国际化。相对固定的格式，用于作为科研成果载体的理论论文，更加明确地突出了论文的内容，省去作者和读者在写作格式上花费过多的精力，可以更集中精力于撰写和阅读论文上。

但是，客观事物是极其复杂的，论文的内容也异常丰富，论文作者的爱好、专长更是千人千面，因人而异。既然客观事实没有固定的程式，毕业论文的结构也不能过于刻板、墨守成规，写作格式应在固定中有所变化，在严谨中有所灵活。由于论文具有学科的区别，其内容、特点也各不相同。加上论文的类型多种多样，有专论、综述、理论型、调研实证型，这些不同学科、不同类型的论文在表达科研成果的角度、容量和表现方式上也各有不同。因而论文的结构也应有所变化，写法也应灵活多样、千姿百态。

论文相对固定的格式只是一个大的框架，对整篇文章来说，在格式内仍有如何谋篇布局的问题。在撰写论文时，应根据特定的写作目的和具体内容，进行精心构思，合理安排，以求结构能够反映文章的内容特点和作者个性，力求每篇论文的结构都有其特色，不落前人的窠臼，富于变化，引人入胜。

4. 做到纲目分明、图文协调相称

毕业论文不像一般议论文或其他文体，洋洋万言而无小标题和序号。由于它是通过分论点和论据，对复杂事物和现象的规律进行有序、鲜明的揭示，所以必须纲目分明，让读者容易把握作者的思路，即分析问题、解决问题的步骤。如果没有必要的纲目或者纲目混乱不清，难免会"以其昏昏，使人昭昭"。为了证明观点、说明问题所使用的人工语言，即图表、画像，也必须与文字搭配和谐，给人以协调的感觉。

三、论文结构的要素

论文的基本成分或基本部分叫论文结构的要素。论文结构的要素一般指层次、段落、绪论（引论）、正文（本论）、结尾（结论），以及表达交代、过渡、照应、衔接、转折等起着"起承转合"作用的方方面面。下面详细介绍一下论文结构的要素。

1. 层次

层次是指论文思想内容的表现次序。它是对论文内容先写什么、后写什么所作的次序安

排，是人们认识和表达问题的思维过程在论文中的反映。层次是根据论文的内容进行划分的，一个层次即一个意思。古今中外的所有文章，都包含层次。安排层次就是对论文的结构进行总体布局。

层次的安排，较为常见的有三种顺序、两种形式。

三种顺序：一是时间顺序，即按时间发生的先后来排列材料，安排层次；二是空间顺序，即按照所要反映事物的空间位置逐项撰写，或由上至下、或从左到右、或自内向外地分别进行描述；三是推理顺序，即按分析问题的步骤和理论推导的顺序来安排层次。

两种形式：一是列举式，即将论述的问题及材料，按性质和功能进行归类，并一一列出表达。一般用于介绍实验材料和表达实验结果的场合；二是分总式，即先提出问题，再将问题分为几个方面逐一分析，最后加以总结。这种提出问题—分析问题—解决问题的层次安排法，在学术类毕业论文中使用较多。

层次是文章各层意思的顺序及其逻辑联系的表现，是事物发展的阶段性和人的思维进程在文章中的反映。一篇文章，就是由各种大小层叠的层次组织起来的。整篇文章是由几个大层组成的，每一大层又由若干小层组成，每层只承担或大或小的一部分思想内容的表达。层与层之间，既有着各种各样的有机联系，又有着明确的分工，每层都有相对独立的界限。同时，层次的安排还讲究有序，层次要表现出思维的进程和问题各个方面的内在联系。因此，确定论文的层次，必须表现出论证、推理中的逻辑过程和步骤，根据总、分论点，以及论点与材料的关系，确定层次之间的并列、从属、总分、因果等各种联系，让每一层既是一个独立的环节，又是环环相扣的逻辑链条中的有机一环。

安排层次，一般用"一、二、三"，"（一）（二）（三）"，"1、2、3"，"（1）（2）（3）"，"第一、第二、第三"，"首先、其次、最后"等表明序次的文字冠于每层之首，以示次序的先后及隶属与主次的关系。

2. 段落

段落，指自然段，是文章结构的基本单位，具有移行缩格的外部标志。它既可以是文章内容的组成部分，又可以作为过渡段，在上下段之间起连接作用。

每个段落均有一个中心思想，称为段旨。段旨通常在段首，有时也处于段尾。无论处于段首还是段尾，其位置都十分醒目，能引起读者的注意。从功能上说，处于段首，可以领起下文；处于段尾，可以归纳整个段落。段旨在段中的则十分少见。

划分段落须遵循如下四个原则。

一是单一性，指一个段落只能有一个中心意思（或称段旨），即此段的分论点，不允许包含几个中心意思或几个分论点。否则，在一段之内，就会头绪纷繁、意思纠缠不清。写作时，尽可能把中心句放在明显的位置。通常置于段首，比较醒目；有时也置于段尾，显示顺理成章地得出结论，让读者了解逻辑推理的过程。

二是完整性，指一个中心意思在一个段落中表达完整。因为段落是论文中相对独立的部分，不管段落的长短，均不能把原来完整的意思拆散，和下一段相混，以免造成论文的支离破碎，杂乱无章。

三是逻辑性，指段落表述的先后次序，要符合论文的逻辑推理。段落是层次的组成部分，一个层次常包含若干个段落，每个段落的地位、次序，必须根据层次的需要来安排。段落的意思要服从于层次、表现层次，不能脱离层次和违背层次。段落之间，必须衔接自然，连接贯通，上段为下段打下基础，下段应是上段的必然发展。只有段与段联系紧密，才能体现论文内在的逻辑关系。

四是匀称性，是指段落要长短适度，轻重相宜。要从内容和表达的需要出发，宜长则长，应短则短，合理安排主次轻重，做到既照顾内容表达所需，又注意篇章结构之美。

段落一般不宜过长。因为段落过长，不仅会使读者望而生畏，而且会使中心句容易被读者忽略，或者被埋没在大量的论证材料之中，使读者不易掌握该段的中心和要领。各个段落的内容分量、字数多寡要适当安排。一般开头段和结尾都较短，而展开中心论点的主要段落会较长，但通常段落的线性长度以不超过印刷该文的版心宽度为宜。

3. 绪论

绪论又称引论、引言，在短文中称为引子，主要任务是提出全文要论证的主要问题。引论可以从正面直接提出论题，称为开门见山；也可交代写作动机或写作背景；还可以比喻或讲故事的方式引出论题。

一般来说，论文常见的开头方式有以下六种：

一是揭示主题，又称开门见山，就是在文章开始就把中心论点和盘托出，直截了当地表明作者的观点，然后再逐步阐述。

二是陈述，一种以交代写作动机和目的的开头方式。一开篇，就使读者了解课题的研究目的、对象和意义，明了作者的写作意图，能够促使读者更好地理解文章的内容。

三是提要全文，即用极为简练的文字将全文作概括性的介绍，使读者从开头的提要就可以大体了解全文的基本观点、内容，抓住阅读的要点，从而对全篇有扼要、概括的认识。

四是因题设问，即作者自己提出问题，引起读者的思索与兴趣，然后再全面阐述、回答所提的问题。这种方法可以启发读者的思路，起引导作用。容易吸引读者，也使论文跌宕曲折，富于趣味和亲切感。

五是援引常例，即开头介绍一个相关的事例和现象，然后转入课题的论述。这种具有形象性、生动性的开头法，引起读者的联想和回味，十分自然又妙趣横生。

六是回顾历史，以简单概括地介绍历史状况的开头方法，使读者了解过去研究的历史、成就、基本观点及存在的问题，从而对课题研究的目的、意义、重点和未来发展有更深刻的认识，为本论的论述奠定了基础。

4. 正文

正文又称本论，是论文结构的主体，是全文的精华所在。在这一部分论述的主要内容有：研究成果的性质、意义和价值，特别要详细地阐述作者独特并有创新的观点和见解，并且要用大量、充分的材料通过逻辑推理加以论证。在表达方式上，既可以正面立论，也可以反驳不同观点，或者解决疑问问题。在篇幅上，此部分内容较多，篇幅较长，一般约占全文的 3/4 甚至更多一些。正文的主要任务就是对引论中提出的问题或观点进行具体深入的分析、论证或反驳，通过一定方式把论点和论据有机地结合在一起，形成一个具有严密逻辑性的论证体系和结构形态。这一部分是安排结构时应特别注意的，它既不是论据材料的堆砌罗列，也不是几条干巴巴的筋骨和几句概括平淡的话，它需要有事实、有分析、有理论，要真正"论"起来，力求丰满、充实、明白、透彻，内部逻辑联系严密。

5. 结论

这一部分体现了论文结构的完整性和作者思维的概括性特征。论文的结论，一般具有以下几个作用：或是对上文内容进行归纳综合；或者以上文为根据提出结论性意见；或是针对所提出的问题指出解决的办法；或是发出号召；或是声明写作目的以有利于读者理解文章；或是留有余地以便让读者思考。也有一些论文，边分析问题边作结论，最后就不再单独列出结论部分；还有些论文属于问题研究、对策研究，其结论的部分是提出解决问题的办法和具体对策，篇幅较长，分量较重，是文章主体的重要部分。但一般来说，论文有一个较好的结论部分，不仅能画龙点睛、锦上添花，而且还可以起到升华文意、强调论点的效果。一般来说，论文的结论通常安排在文章最后。常见的结尾方式有以下五种：

一是总结全篇。即对正文阐述的内容再作概括总结，进一步提炼论文的主旨，使读者对中心论点有更全面、更明确的认识。

二是深化论点。好的结尾不但能总结论点，而且能进一步深化论点，提高到哲学的高度来认识，从而更深刻地揭示问题的本质，给人以深刻的启示。

三是提出问题。对于作者不能或不准备解决，但又无法回避的问题，在结尾作简要介绍，以引起思考，引发探索，指出进一步研究的方向，使研究向更深入的方向发展。

四是指出价值和前景。在毕业论文的结尾，指出该原理、发现和成果的理论意义和实用价值，对论文中心论点作进一步的补充和说明。

五是一般毕业论文中最常用的一种，即在结论部分提出一系列解决问题的建议和措施。

6. 过渡

层与层之间、段与段之间在内容上有较大跳跃，仅依靠先后顺序的排列无法使其紧密地联成整体，就可以用过渡的办法把思路连接起来。过渡，就是连接层、段落的词、短语，句子或段落。

论文中需要过渡的主要是内容与内容之间的承上启下；其次是由总到分、由分到总，或由具体到概括、由概括到具体等思维步骤有了转折的时候；再次是陈述事实之间、展开思维时空或思想深入时，均需过渡。

论文常用的过渡方法有以下五种：

一是过渡段。专门用一个较短的、独立的自然段，作为两大部分或两大意义之间的过渡，把前面的意义转到后面的意义上来。过渡段可由陈述句、判断句、设问句充当或组成；

二是过渡句。在上一自然段结尾或下一自然段开头处，使用承上启下的过渡句完成过渡；

三是过渡词。用一些关联词语来进行句子之间、句与句之间、段与段之间的承接、连续或过渡。这些过渡词有表示顺接的，如"因此"、"所以"表示因果，"总之"、"综上所述"、"由此可见"、"总而言之"表示承接；有些是表示转折的，如"然而"、"可是"、"但是"、"尽管如此"等。

四是用序号或类序号词。在段首标上一、二、三之类的序号，或用"首先"、"其次"、"再次"、"此外"等连接词，使层次分明、条理清楚，读者一目了然。目前，国家对毕业论文已颁布了序号表达规范，如1、1.1，1.1.1等，对于文本检索也较为便利。

五是用小标题。在两个层次之间加上一个小标题，也是从一个层次过渡到另一个层次的方法。一般是由于两个层次之间转折较大，字面意思不连贯，而意义或逻辑上有关联，运用小标题就可以衔接起来。

7. 照应

即论文前后彼此照顾和相互呼应，也是论文在结构上、意义上互相联系的一种手段，使论文内容前后关照呼应，浑然一体。照应的作用在于：一是使论文结构严谨；二是让读者了解论文的脉络和层次之间的内在联系。与过渡相比，过渡是从上文转到下文，照应则是由下文回到上文。

常见的照应方法有以下三种。

一是首尾照应，即开头和结尾照应。自然科学论文中通常是在开头部分提出问题，经过正文部分的分析、论证，最后在结尾部分作出回答。社会科学论文也常用此法，首先提出要议论的问题，经过论证，然后在篇末归纳、综合得出结论。

二是前后照应，即上文与下文内容照应。前面提出问题，后面作出回答；前面作某些铺垫，后面接着论证分析。例如，在递进式结构的前后层次之间，并列式结构的横向之间，总分式结构的综述与分述之间，论文的"引言"、"正文"和"结论"之间，其相关之处均应前后有所照应。前后照应并不是内容或语句的前后重复，而是前面有伏笔、中间有展开、后面有照应，形成结构、内容上的有机联系。

三是照应标题，即正文与标题照应。在论文正文的阐述、论证中，要注意适当点题，以突出中心论点的作用。尤其是标题含义比较含蓄、深刻，正文就更要对标题作出交代，加以点破，使标题与正文相照应。

论文写得是否结构严谨、富有文采，照应是不可缺少的因素之一，但并非每一处都要照应。比如，自然科学论文有小标题和序号划分层次，层次之间的衔接和转换形式比较固定；社会科学论文中有的前后层次不够自然明白，这些尤需设伏笔、作照应。不恰当的照应反而成为文章的累赘，影响行文的简洁和全篇的和谐。

8. 详写与略写

详写与略写是对文章主次、详略的剪裁，应该做到主次分明、详略得当。处理详略应以下面三个方面为标准。

一是依据中心论点的需要确定详略。一般说来，凡与中心论点关系紧密的材料，即为主要材料，也是论文的主要内容，取之宜丰、下笔当详，要写得具体、细致、充实；与中心论点关系不够密切的材料，则是次要材料，也是论文的次要内容，取之当简、着笔从略，概括与略写即可；与中心论点没有关系或关系甚远的材料，则应毫不吝惜地舍弃，留之无用，反而有害。例如，在论证性论文中，证明论点的论据和论证就应详写。这些论据包括已确立的理论、调查、考察的结果，以及实验数据、已有定论的历史资料等，只有将这些论据给予充分地阐述和论证，中心论点才能站得住、有说服力。

二是依据独到见解而定详略。论文作为研究成果的载体，其生命在于提出了反映新思想、新理论、新对策的独到见解。这也是论文的价值所在，读者最为关注的正是这部分内容。因此，这部分内容应该详写，供读者借鉴和参考，向社会提供具有可操作性和普适性的研究成果。

三是依读者需要而定详略。论文的详写与略写，还要依据读者对象而确定。对于读者已经了解的内容，无论其多么重要，都应略写；读者生疏而不了解的内容，如属必要，尽管是次要材料，也应适当着笔，不然读者就不明白、不理解。因此，撰写论文时，要认真考虑和研究读者的特点和水平，比如，专业工作者和普通读者是大不相同的。只有了解读者，分析读者、尊重读者、才能增强针对性，避免盲目性。

此外，值得进一步说明的是，毕业论文有比较固定的框架，即绪论、本论、结论。这三者有其内部逻辑结构。

四、论文结构的基本类型

有了论点，明确了毕业论文的类型样式，接下来最重要的就是思考安排论文的层次结构。毕业论文要言之有理，就须言之有序。有序是对论文结构的起码要求。序即次序、层次、条理。有序就是要求论文在反映客观事物时，按事物发展的内在规律，将内容有先有后、有头有尾、有步骤、有层次地加以体现。换句话说，有序就是有层次或层次清晰。

（一）论文结构的基本类型

论文的结构形式多种多样，但也有其相对稳定的基本类型。利用基本类型来撰写毕业论文，不仅便于组织材料和表达观点，也有利于读者阅读。毕业论文结构的基本类型就是指序论、本论和结论三段式结构。

1. 序论

序论部分一般用来说明研究课题的目的、意义及所使用的方法。有时还需作一些历史的回顾：关于这个课题，前人作过哪些研究，本人将有什么补充、纠正或发展。如果是篇幅较长的论文，还可对本论和结论的内容作一些简单的介绍或提示。总之，序论部分的核心是提出问题。这一部分要求写的简明扼要。

2. 本论

本论是论文的主体部分。它要求详尽地阐述个人的研究成果，特别是作者提出的新的、具有创造性的看法和观点。在这一部分，要根据论题的性质，或正面立论，或批驳不同看法，或解决疑难问题，须周详地论证论文的全部思想和新见解。

本论的内容安排，有直线推论和并列分论两种。直线推论即提出一个论点后，一步一步展开论述，遵循一个逻辑线索，论点由一点转移到另一点；并列分论，则是把基本论点的几个分论论点并列起来，逐一论述，分论点之间的关系，是并列关系；此外，还有将二者结合起来的混合型。在实际写作中，运用较多的是混合型，即直线推论中包含着并列分论，并列分论中包含着直线推论，二者多重交叉结合。撰写毕业论文，要全力以赴把本论写好。

3. 结论

结论是围绕本论所作的结语。它是对本论分析论证的内容加以综合概括，引出基本论点或结论，使课题得到解决。有时，也要对该课题研究中遗留的问题及其解决途径作一些说明和展望。结论要求写得简要具体，使读者明确了解作者独到见解之所在。需要注意的是，结论是对本论的强调，而不是本论论点的重复；是全文的总结和概括，也是进一步的提高。

撰写毕业论文，要充分利用基本型，但又不可把其视为一成不变的公式，一概套用。文章的结构形式最终取决于内容，应在论文内容的逻辑关系上多下工夫，使文章形式富于逻辑性、条理性、系统性。

（二）按论点的体系特点，划分论文结构

1. 总分式结构

总分式结构就是整篇文章的层次结构呈现有总有分的状态，也就是说，总论点在各层次的分论点当中体现，或各层次的分论点由总论点统领。总分式结构的类型很多，一是先总后分，又称"首括式"；二是先分后总，又称"尾括式"；三是先总后分又总式，又称"双括

式"；四是边分析边作结论式，即"分—总—分—总"。进行总分式结构安排时应注意，分论点顺序不能前后调换。

2. 递进式结构

递进式是指围绕中心论点，由表及里、由此及彼、层层剥笋、步步深入、顺理成章地导出结论的结构方式；或者在论证各分论点与中心论点的关系时，逐步逼近靠拢，前面的论述为后面的论述打基础，后面的论述再推向深入。撰写毕业论文时，如果对问题的把握较好，可以采用这种层层深入的结构，给人以不可置辩的力量。进行递进式结构安排时应注意，先后顺序是不能前后调换的，一旦调换了位置，就无法准确地表达研究问题的思想。

3. 并列式结构

并列式结构是指围绕一个中心论点，采用并列式的分论点，把选取的材料并列安排的结构形式。这种结构在内容上又可分为两种：同向并列与反向并列。同向并列是指层次内容都站在正面或都站在反面来阐述；反向并列是指各层次内容一正一反，形成一种强烈的对比。并列式结构各部分无明显的前后逻辑制约关系，适宜较为复杂、又容易列项或有诸多相对独立的问题。

对篇幅较长的毕业论文来说，这种并列的形式，易于组织文章的结构，只要构思时能够根据不同论点的主次加以排列，就能使文章有一个清楚的脉络，并且位置调整起来也简单方便。

4. 综合式结构

把上述几种方式结合起来安排层次结构，就可以形成综合式结构。一篇论文通常要论及诸多事物，牵涉诸多事物，牵涉诸多方面，同时每一事物又是复杂的，又有很多方面。因此，论文难以用单一的结构来表达内容。这就有必要采用综合式的结构，来安排材料、展现各种思维方式和各类资料的作用。

5. 论证式结构

论证式是扣住中心论点和论据之间的逻辑关系，从而结构论文的一种方式，它包含着使用逻辑所有推理形式的多种结构式样，如三段论式、归纳论证式、演绎论证式、因果论证式等。

无论采用什么样的结构模式，都要从论文本身的内容出发，形式要服从内容需要，这样才能使形式满足内容的要求，更好地体现论文的主旨。

第二节　前　置　部　分

毕业论文一般按一定的格式结构进行编写。毕业论文的格式结构一般由前置部分、主体部分、参考文献与附录组成。毕业论文的前置部分包括标题、摘要、关键词和目录。

一、标题

标题，是毕业论文的必要组成部分，是作者以最恰当、最简明的词语反映论文中最重要内容的逻辑组合。标题是毕业论文主旨的体现，具有高度的概括性和明确性，对读者具有启迪、提示和吸引的作用，是读者把握全文内容核心的第一要件。所以，论文标题对整篇论文具有举足轻重的作用，学生必须用心斟酌选定。

（一）标题的类型

1. 从功能角度划分

从功能的角度划分，毕业设计与论文的标题可分为三类：总标题、副标题和分标题。

（1）总标题

总标题即论文的题目，以表现论文主旨为出发点，是论文总体内容的体现；副标题是对总标题的补充和解说，一般在总标题不能完全表达论文主题时采用；分标题则是论文层次的凸现、逻辑的反映和结构的体现，同时也是论文的层次段落标题。

总标题主要有如下四种常见的类型。

1）中心表述型。这类标题是论文中心内容的高度概括。作者用此类标题目的就是用标题来反映学位论文的内容或主旨。在学位论文中使用中心表述型的标题比较常见。

2）判断确定型。这类标题主要是用判断性的语言或者结论性语言来表达论文的中心论点，是对事物的价值判断，或者就某一事物展开讨论，最后作出价值判断过程的结果描绘。

3）提问隐含型。这类毕业论文标题采用疑问形式，或是一般疑问，或是反问，或是有选择性地提问。作者采用此类标题的目的是把自己的看法或要论述的内容蕴涵在标题之中。常用"怎样"、"如何"、"为什么"等词语或格式作为标志。

4）范围限定型。这类标题对论文的全文内容给予限定，研究对象比较具体、狭窄，但是引申的观点又必须具有较强的概括性和较广的适应性。这种从小处着眼，大处着手的标题，便于科学思维和科学研究的拓展。

（2）副标题

副标题是指对正标题进行补充、说明或加以限制的标题。当遇到下列情况之一时，可以使用副标题：一是正标题语意未尽，确有必要补充说明其特定内容的；二是系列报道文章、研究课题分阶段所得到的成果，确有必要对其特定的内容进行区别的；三是其他有必要进行引申和说明的。副标题的位置一般位于正标题之后，提行，文字前加破折号。

（3）分标题

分标题亦称"层次标题"、"小标题"，是指毕业论文中除主副标题外的所有的标题，各层次标题是对主标题的细化，是推理、论证主标题的依据。根据论文内容分别设置不同的层次标题，毕业论文通常将其分为章、节、目、条等层次标题。论文的层次标题是对各自所处层次内容的概括，在词语的表达上要求简明得体。

层次标题是论文写作中普遍采用的形式。因此，在拟定层次标题时，必须注意：一方面，同一层次的标题应表示同一层次的内容，同一层次的标题在结构、意义、语气方面尽量做到一致，最好采用排比的形式；另一方面，不同层次的标题，其上一层次标题与下一层次标题之间有统领与被统领的关系，即上一层次标题是下一层次标题的出发点和目的，下一层次标题是上一层次标题的细化和依据。

2. 从表现形式划分

从表现形式上看，毕业论文的标题可分为问题式、叙述式、比较式和对比式等。

问题式是以提问的形式来做标题，其特点是向读者提出问题，以触发读者的好奇心；叙述式是将论文的主旨直接说出来，并可分为肯定叙述和否定叙述两种；比较式标题是将较好的与最好的进行对比来说明论文主题，从而吸引读者；对比式标题的特点，是把两种或两种以上的研究对象放在一起进行对比，形成反差，从而吸引读者去看原文。

（二）标题的形成过程

一般来说，在论题确定的同时，就应确定论文的主题和拟定论文标题，这样才能做到在论述过程中紧扣标题来写，使论文的重点更加突出。

标题与主题之间的关系既十分密切，又互相区别。这种密切的关系主要表现在：标题为主题服务，主题通过标题得到明确的反映。标题对于揭示和表现主题来说具有十分重要的作用，但是标题与主题不能画等号。标题与主题的区别在于：主题就是作者在论文中表现出来的基本论点或中心论点，在动笔前作者必须确定主题，并且确定后不得改动；而标题只是论文的名字，它可以在动笔前确定，也可以在论文写成后再确定，或在论文写成后对原先确定的标题进行修改。

对于没有科研背景的毕业论文来说，标题的形成过程有两种情况：一是在大量搜集、阅读材料，以及确定选题的基础上，形成标题，这是自主选题论文标题形成的大致过程；二是先确定选题，并在选题的基础上拟定标题，再根据论文的标题去搜集材料，这是先确定选题从而形成论文标题的过程。

但不管采用何种形式拟定论文标题，都要经过多次修改才能最终确定下来，有时甚至在写作过程中或写出论文后，由于作者不太满意原来拟定的标题，又会重新另拟新标题。为了使所拟的标题更切题，更能概括论文内容，作者一般先拟定试用标题，待论文完成后再重新思考确定标题。也有作者同时拟定多个标题，再根据论文所要表达的内容加以比较确定。如果标题不能完全概括论文的主题，可以考虑采用增加副标题的方式。副标题可对正标题加以解释、补充或限定，使标题的重点更加突出，含义更加明确。但由于副标题会大大增加标题的总字数，不到万不得已，毕业论文最好不采用副标题。

（三）标题的写作要求

对于标题的写作有以下三点要求。

1. 准确无误

准确无误是指对论文中心内容、主要观点和主要结论要表达的清楚明白，避免使用含义笼统及一般化的词语。因此，准确无误既包括标题内容方面的要求，也包括遣词方面的要求。

就内容方面来说，题名要准确地表达论文的主题思想，恰如其分地反映研究的范围和要达到的深度。常见的毛病主要有以下三种：一是标题与所反映的内容名不符实，大多是题名所反映的面很大很宽，而实际内容却仅是某一较窄的研究领域；二是标题缺乏特色，不足以反映论文内容的特点；三是标题拔高，文辞太华丽，没有把握分寸，容易使读者产生误解和歧义。

就遣词方面来说，标题的语意应十分明确，不应隐晦难懂，能够明确表达论文的主题思想和中心内容，没有任何逻辑错误，尽量不用或少用比喻、夸张等描绘性修辞手法。也就是说，选词必须准确，切忌模棱两可，似是而非，令人费解。

2. 简短精练

简短精练的标题便于读者记忆和引用。标题的长度，国家标准规定不宜超过 20 个汉字。在保证能准确反映最主要内容和基本观点的前提下，标题的字数是越少越好。因此，在拟写标题时，要一字一推敲，惜墨如金，意惟其多，字惟其少，做到多一字无必要，少一字嫌不足。

标题冗长繁琐、重点不突出，容易使读者印象模糊，难以记忆和引证。精炼标题的方法有：一是将多余的或可有可无的词语删去；二是将标题中连用的同义词或近义词删去，留其中之一；三是当标题无法简化时，用副标题来简化主标题的字数。

没有特定定语成分的"研究"、"调查"、"报告"等，在题名中被视为废词，通常应予删除。"……的几个问题""几点设想""几点措施"等诸如此类的标题，不仅累赘，而且容易雷同，应尽量避免使用。

3. 严谨规范

严谨规范是指要选用本学科领域中最易概括、词义单一、通俗易懂、便于记忆和引用的、规范的术语。在标题的用词方面，应尽量避免使用数学公式和化学结构式，不得使用非公知公用、同行不熟悉的外来语、缩写词、简称、符号、代号和商品名称等。在题名的修饰方面，避免使用繁琐冗长的形容词和不必要的虚词，不可用艺术加工、文学语言或广告式的华丽辞藻来书写毕业论文题名。在标题的结构方面，切忌用复杂的主、谓、宾式完整的语句，最好不用动宾结构，而是用以名词或名词性词组为中心的偏正词组。同时，标题中尽量不出现标点符号，并列关系用空一字表示，各级标题之后均不加标点符号。

为了使标题严谨规范，还要避免"的"字的多用或漏用，并要在标题中删去多余的词语，但也不能随便省略词语。标题中某处该不该用"的"字，既要受到语法规则的制约，又要用修辞规则的约束。总的原则为：如果用"的"后修辞效果不好，不用"的"也通顺，则不用"的"；如果不用"的"字不通顺，那就必须用"的"。

二、摘要

摘要又称概要、内容提要，是以提供论文内容梗概为目的，不加评论和补充解释，简明、确切地记述论文重要内容的短文，是全篇论文实质性内容的高度概括和浓缩。摘要是一种特殊的文体，它既可以是论文的一部分，也可以是一篇脱离原文而独立存在的短文。摘要与相应的毕业论文拥有等量信息，具有独立性、简明性和完整性，即不阅读全文，只阅读摘要，就能获得必要的信息。所以，一篇完整的论文均要求写随文摘要。作为毕业论文的重要组成部分，摘要虽然紧随论文题目之后，居于论文的首位，但是一般要等到论文主体部分完稿后才能撰写。

（一）摘要的作用

摘要具有导读和评判的作用。

1. 导读作用

现代科技信息量越来越大，摘要是解决读者既要尽可能掌握浩瀚的信息海洋，又要面对自身精力有限这一对矛盾的有效手段。摘要体现了论文的梗概和精华，读者可据此尽快了解论文的主要内容，判定是否有必要阅读全文，以补充标题的不足。因此，摘要承担着吸引读者和介绍论文主要内容的功能。

2. 评判作用

读者通过阅读摘要，就可以了解论文的研究方法、研究结果，以及与同类论文的不同（创新）之处，从而评判出论文的学术水平和学术价值。

毕业论文是学生毕业前的一次综合性、实践性的大型作业，毕业论文摘要是教师尽快了解和评价学生毕业论文主要内容的重要渠道。同时，毕业论文摘要也是培养和考核学生对论文主要内容概括和提炼能力的重要渠道。

（二）摘要的构成要素

摘要的具体内容随不同的论题而有所不同，但一般都是由研究目的、研究方法、研究结果、结论四部分组成。其中，研究结果、结论是重点，是摘要必不可少的。

1. 研究目的

研究目的着重陈述和说明研究的前提条件、主要目的，以及研究所涉及的主题范围或要解决的问题，说明为什么做此研究。

除非可根据毕业论文题名而使读者明确其研究目的，或者从摘要的其他部分能推知其目的，否则都应在摘要中阐明研究工作的目的、主题范围和作者的写作意图。在研究目的这一要素中，可包含研究背景，即本人出于何种考虑，为了解决什么问题，在何种条件和情况下进行研究的。

2. 研究方法

研究方法是介绍和说明研究的途径，以及所采用的技术手段或方法，包括理论、假设条件或边界条件、采用的模型、实验范围及其所使用的主要仪器设备等，说明如何做。

对新技术则应描述其基本原理、应用范围、技术精度和允许误差等，但摘要对技术手段和方法的介绍应适可而止。

3. 研究结果

研究成果主要介绍研究的结果，说明做的结果如何，所获得的研究结果可以是理论性结果，也可以是搜集的数据、关系式及观察到的效应等，如观察结果、检测结果、调查结果、统计分析结果及论证结果。对数据要分清是原始数据还是推导数据；对实验结果要分清是单次还是重复测试结果，并指明其精度、可靠性及应用范围。如果研究成果多且全部写出有困难，则应列出新的且已被证实的结果、有长远意义的成果、重大发现、作者认为与实际问题有关的结果等。

4. 结论

结论是介绍结果的分析、比较、评价、应用，说明由此得出的结论、提出的问题，说明今后的课题、假设、启发、建议和预测等。

结论应阐述成果蕴涵的意义，要特别注意结论与研究目的的联系。结论中还可包括一些推荐、建议、评价、应用、新关系式或持异议的假设等。要注意结论与结果的区分：结果是发现了什么，而结论是说明了什么。结果和结论是摘要的重点，摘要不可缺少主要结果和结论。

（三）摘要的分类

按照摘要的功能划分，可将摘要分为报道性摘要、指示性摘要、混合性摘要三类。

1. 报道性摘要

报道性摘要，亦称为"资料性摘要"、"情报性摘要"。创新内容较多的论文一般采用报道性摘要。它重点报道论文的主要发现和研究成果，尽可能多的向读者展示原文中的全部创新内容，并提供尽可能多的定量和定性信息，包括问题的提出、解决的方法，以及所得的结论或结果、与他人成果的比较等。报道性摘要的核心内容是研究所获得的主要结论及其价值。若论文标题对研究工作的目的和范围表达得比较明确，则报道性摘要的研究目的部分可以不写。

报道性摘要主要用于实验研究和专题研究类论文。如新材料的研制、新设备的发明、新工艺的采用，以及新理论的探讨等，均可写成报道性摘要。报道性摘要能完整地反映论文的内容，因此可在一定程度上代替原文独立使用。报道性摘要的篇幅以 300 字左右为宜，在三类摘要中的篇幅最长。下面是一篇报道性摘要。

标题：基于小波的扰动流场下细胞形态图像

摘要：研制带后向台阶的流动腔实验装置，将内皮细胞成功地种植到流动腔底部，并在扰动流场作用下加以培养；应用基于多分辨率分析的二维小波图像压缩及图像降噪与压缩方法，对图像进行了有效的降噪与压缩。流动腔内位于第1，2，3位置的细胞在扰动流场的剪切应力作用12h后，摄取其图像并进行了灰度直方图分析。分析表明，细胞形态与其所受的剪切应力有密切的关系，即细胞沿剪应力的方向发生拉伸现象，剪应力的幅值越大，拉伸越显著。反映在直方图上，细胞承受剪应力的增加导致其图像的直方图中心向灰度值低端移动，研究结果对流动腔实验装置的集成化、微型化和图像的实时处理与显示具有一定的价值。

2. 指示性摘要

指示性摘要，亦称"概述性摘要"、"简介性摘要"。创新内容较少的论文一般采用指示性摘要。指示性摘要仅指出是什么论文或论述的是什么问题，一般不涉及研究方法和论据，也没有结论，是论文要点的简略介绍。从某种意义上说，指示性摘要的目的是点题。如介绍论文的性质、主要的论点、探讨的范围，以及研究工作的对象等。指示性摘要主要用于专题论述、简报、问题讨论，以及综述性和技术性论文，在表达形式上，一般采用"讨论了……"、"分析了……"、"介绍了……"、"概述了……"等。指示性摘要的篇幅一般在50～100字，在三类摘要中的篇幅最短。下面是一篇指示性摘要。

标题：论我国当前电源结构的优化

摘要：煤电对我国生态环境造成负面影响。在讨论新型电源开发和利用的基础上，分析了优化电源结构的紧迫性和可行性，并提出了若干对策和建议。

3. 混合性摘要

混合性摘要又称为"报道—指示性摘要"、"情报叙述性摘要"，是介于上述两种摘要之间的一种摘要形式。它以报道性摘要的形式表述毕业论文中信息价值较高的部分，而以指示性摘要的形式表述其余部分，适用于既有主题偏于单一的专题性部分，又有某一领域综合性内容部分的毕业论文形式，一般200字左右为宜。下面是一篇混合性摘要。

标题：DY－2000分布式数据采集系统的应用

摘要：结合崇明电力公司对3台机组常规仪表采用DY－2000分布式数据采集系统成功改造的实例，介绍了DY－2000分布式数据采集系统的技术特点、系统构成及注意事项。改造结果不仅取消了大量BTC盘上的分立式表计，减轻了热工专业的劳动强度，而且给运行人员的监盘和操作提供了方便。同时，利用DY－2000系统数据共享的特点，为公司MIS系统提供实时数据，有利于各级领导掌握设备状态，提高和改善企业的管理水平。

（四）摘要的写作要求

1. 要素齐全

摘要编写应要素齐全，具备独立性与自明性，应客观、如实地反映论文内容，不要对论文内容作诠释和评论，尤其不要对论文作自我评价，不要使用评判式的自我炫耀和标榜的语句。

在写作摘要时，不能机械地理解摘要的要素齐全，应按论文的具体内容灵活运用，切忌生搬硬套。摘要并非千篇一律地由上述四部分构成要素组成，缺一不可。例如，指示性摘要大多不涉及具体的研究方法，也不需要对结果和结论进行表述；在论文的题目已清楚地表达了研究的目的或范围时，报道性摘要的研究目的可一笔带过，甚至可以不写。

2. 言简意赅

摘要应着重反映新内容和作者特别强调的观点，集中反映所做的工作、获得的成果和作者的观点，无须自我评价，不应对自己论文的成果进行渲染与夸张，不得简单地重复题名中已有的信息，要排除在本学科领域已成常识的内容，切忌把应在引言中出现的内容写入摘要或者罗列层次标题来拼凑摘要。摘要书写要合乎语法，语义要确切简明，慎用长句，句型应力求简单。每句话要表意明白，无空泛、笼统、含混之词，但摘要毕竟是一篇完整的短文，电报式的写法亦不足取。要尽量采用规范化的专业术语和名词（包括地名、机构名和人名）。尚未规范化的词要在论文中加以解释，商品名应加注学名，缩略语、略称、代号在首次出现处应加以说明。

3. 结构严谨

摘要表达要结构严谨。摘要先写什么，后写什么，要按逻辑顺序来安排，保持上下文的逻辑关系，尽量同作者的文体保持一致，以方便读者快速查阅。句子之间要上下连贯，相互呼应。

4. 格式规范

摘要的格式一般不分段落，通常用文本文字来书写。无论是论文的目的、任务等涉及主题范围的，还是研究的方法、原理，研究的结果与结论，均应在一个段落中表现。摘要应采用第三人称的写法，不得使用"本人"、"作者"、"笔者"、"本文"、"我们"、"我们课题组"等作为主语；采用省略主语的句型，如"对……进行了研究"、"报告了……现状"、"进行了……调查"等记述方法；摘要一般不用数学公式和化学结构式，不要使用不必要的复杂符号，不应出现插图、表格及参考文献序号，以便于摘要被其他载体引用和传播，从而扩大影响范围。

5. 繁简适当

摘要的繁简要根据论文的内容、类型、学科领域、信息量、篇幅、语种，获得的难易程度和实际需要确定，其中论文内容是决定性因素。摘要过于简单，信息量不足，就不能反映论文的主要内容。摘要过于繁杂，超过四部分构成要素，就不能有效发挥摘要的作用。毕业论文中文摘要的字数，一般限制其为总字数的 2%～5%，约 200 字。

毕业论文写作时应注意的其他要求，如应采用国家颁布的法定计量单位、正确使用语言文字和标点符号等，也同样适用于毕业论文摘要的编写。

目前摘要编写中的主要问题有：要素不全，或缺目的、或缺方法；出现引文，无独立性与自明性；繁简失当。

不合理的摘要示例：

摘要：本研究采用分子生物学方法，对 26 个广西茶树品种和 7 个对照品种进行选择性扩增，获得了较清晰的 DNA 指纹图谱。作者还采用 DPS 2000 软件进行聚类分析，并讨论了广西地方茶树群体品种的遗传多样性。研究结果为广西地区茶树育种研究奠定了分子生物学基础。

分析评价：这是一则比较典型且常见的不合格摘要，其主要问题如下：

（1）"本研究"没有必要，毕业论文摘要中出现这类词是累赘和幼稚的表现；

（2）该摘要只提到了论文的主题是对 26 个广西茶树品种和 7 个对照品种进行了分子生

物学的研究，但并没有给出必要的实质性研究信息，如研究方法和结果的具体数据等，所以没能做到摘要的"自明性"和让读者仅从摘要就可以基本了解论文主要内容的目的。

（3）最后一句"研究结果为广西地区茶树育种研究奠定了分子生物学基础"，明显夸大了其研究工作的意义，有以偏概全、自我吹嘘之嫌。

修改好的摘要：采用 AFLP 技术，选用多态性高分辨能力强的 5 对引物对 26 个广西茶树群体品种和 7 个对照品种进行选择性扩增，获得了较清晰的 DNA 指纹图谱。5 对引物共扩增出 367 条带，平均每对引物扩增 75 条带，多态性条带 339 条，占总带数的 92.4%。对该测定结果的聚类分析得出，31 份供试材料中以 K1 种和 D2 种的遗传距离最近（0.12752），J3 种和 D3 种之间的遗传距离最远（0.5），表明广西地方茶树群体品种遗传多样性比较丰富。

较好的摘要示例：

标题：设施繁育茶苗适宜光照强度研究

摘要：研究了不同光照条件（光强分别为自然光的 8%、15%、35%、42%、50% 及 75%）对茶树扦插苗光合作用、叶绿素含量和生长量的影响。结果表明：茶树扦插苗的光合速率（P_n）、最大光合速率（P_{nmax}）、表观量子效率（AQY）均在自然光强的 75% 时达到最大值；叶绿素含量随光强的增加而降低，叶绿素 $\frac{a}{b}$ 则随光强增加而增加；新生物量与最大光合速率一致，在自然光强的 75% 时达到最大值；其植株生根率、出现愈伤组织的比率、根条比及根生物量比（RMR）随光强的增加而增加；死亡率、SLA 及 LAR 随光强的增加而降低。此结果提示，适当提高大棚透光率及在阴天对大棚中的茶苗进行加光处理，对快速繁育茶苗有利。

（五）摘要的编写

摘要的编写应从摘要四要素着手。

1. 研究目的

对于论文的研究目的，可从论文的引言中找出其目的和意义，找出研究工作的背景材料，包括题目的历史状况与现状、国内与国外情况、从事的研究人员的状况等。

2. 研究方法

研究方法主要在引言和实验方法中寻找。一般引言在叙述完研究目的、背景、所要解决的问题后，会进而阐述研究方法、工作路线与工作步骤。在编写研究方法时，还要注意所采用的是传统经典方法，还是在研究方法上也有所改进、创新，进而注意其创新的程度。

3. 研究结果

研究结果是摘要中最重要的内容。一般在论文的结果或者是结果与讨论中报道。在编写这部分内容时，可将它分为三种，一种是最重要的材料——新思想、新假说、新发现、新设备、新结构、新工艺、新材料、新性能等。这种创新内容是摘要最需要报道的内容；其次是那些基本上不是创新的材料，但却补充说明设备、方法等的实验数据，也是有价值的数据；最后是那些可以压缩的，甚至可以删除的，无损于其内容价值的实际材料。在编写时，对于最重要的材料，宜作最全面、最详细的叙述。对于第二类材料宜作较大程度的压缩，但应保留其中最重要的实用材料，如数据、公式等。

4. 结论

对于摘要中结论的内容可以参照论文中结论的内容。如果论文中的结论用建议、今后工作设想等替代时，撰稿人可从这些替代词语中寻找适当的词语作为结论的内容。

在摘要完成后，应与论文进行对照，重新核实材料的完整性、准确性与简明性，以确保摘要的写作质量。

三、关键词

关键词是为了文献标引工作，从论文中选取的，用以表示全文主题内容信息款目的单词或术语，是表达论文主题概念的自然语言词汇，是论文的文献检索标识。关键词应具有代表性、专指性、可检索性和规范性。

关键词选得是否恰当，关系到该论文被检索和被利用程度。毕业论文虽然不是以发表为主要目的，但同样必须符合毕业论文的规范性要求。要求毕业论文提供关键词，首先是规范学生论文写作的基本要求，以培养学生形成一个良好的写作习惯。同时，关键词也是考核学生对于毕业论文主题概念词的提炼、概括能力，一般也可以从学生对关键词的提炼概括情况看出他们对论文写作的投入程度和写作水平。

（一）关键词分类

关键词包括叙词和自由词。

1. 叙词

叙词，即正式主题词，指收录在《汉语主题词表》中可用于标引文献主题概念，即经过规范化的词或词组。

2. 自由词

自由词是直接从文章的题名、摘要、层次标题或文章其他内容中摘出来的，能反映文献主题概念的新技术、新学科中尚未被主题词表收录、新产生的名词术语，即《汉语主题词表》中的上位词，下位词、替代词等非正式主题词和词表中找不到的自由词。

（二）关键词标引原则

关键词标引，是指对文献和某些具有检索意义的特征（包括研究对象、处理方法和实验设备等）进行主题分析，并利用主题词表等检索工具，给出主题检索标识的过程。毕业论文一般应按照叙词的标引方法标引关键词，并尽可能将自由词规范为叙词。

关键词的标引，不是在论文写作之前进行，而是在论文写作完成后再去挑选。标引关键词时，要选出与主题一致，能概括主题内容的词和词组，使读者通过关键词即可大致判断出毕业论文的研究对象、材料、方法、过程和条件等。标引关键词的依据有三点：一是重要的词语；二是有代表性的词语；三是文中高频率出现的词语。也就是说，综合包括标题在内的全文整体，来确定能体现论文内含的词语。在关键词标引中，应很好地利用《汉语主题词表》和其他《叙词表》，标引过程应查表，切忌主题概念分析和词的组配有误。关键词应体现论文特色，具有语义性，在论文中有明确的出处。

关键词的标引主要应遵循以下原则。

1. 专指原则

专指原则是指一个词只能表达一个主题概念。同义词、近义词不可并列为关键词。只要在叙词表中找到相应的专指性叙词，就不允许使用词表中的上位词或下位词。若找不到与主题概念直接对应的叙词，而上位词确实与主题概念相符，方可选用。例如，一篇主题内容为"工程项目成本管理"的论文，从词表中可查到"工程项目"、"成本"、"管理"、"成本管理"几个叙词，与该主题概念直接对应的"工程项目"和"成本管理"应为该文的关键词。

2．组配原则

关键词具体包括两种组配类型：一是交叉组配，即两个或两个以上具有概念交叉关系的叙词所进行的组配，其结果表达一个专指概念，如"经理人激励"可用"经理人"和"激励"的组配；二是方面组配，即一个表示事物的叙词和另一个表示事物某个属性或某个方面的叙词所进行的组配，其结果表达一个专指概念，如"绿色农产品"可用"绿色"与"农产品"组配。在组配标引时，优先考虑交叉组配，然后再考虑方面组配。参与组配的叙词必须是与文献主题概念关系最密切、最邻近的叙词，以避免越级组配。组配结果要求所表达的概念清楚、确切，只能表达单一的概念。如果无法用组配方法表达主题概念时，可选用最直接的上位词或相关叙词标引。

3．精选原则

标引关键词，选词要精，不要随意编造和任选。要选出与主题一致，能概括主题内容的词和词组，使读者通过关键词即可大致判断出科技论文的研究对象、材料、方法、过程和条件等。要尽可能多地查找《汉语主题词表》中收录的规范词作关键词，一个词只能表达一个主题概念。从词性上看，关键词大部分是名词，也有一部分是动词。介词、连词、副词等虚词不可作为关键词，化学分子式不能作为关键词。

毕业论文的关键词，一般是从其题名、层次标题和正文中精选出来的，能反映论文主题概念的词或词组。一般地说，每篇论文应选取 3～8 个关键词，位于摘要的下方。关键词之间用分号"；"隔开，以便于计算机自动切分，最后一个关键词后不用标点符号。中文关键词前应冠以"关键词"或"［关键词］"作为标识。

4．自由词标引原则

在选用关键词时，尽量用《汉语主题词表》等词表提供的规范词，即主题词。但由于主题词表的更新，与科学技术的飞速发展不相适应。因此，遇到下列几种情况可以选用自由词标引：

1）主题词表中漏选的主题词；

2）未来得及收入主题词表的标志新学科、新理论、新技术、新材料的名称；

3）主题词表中未收入的地区、人物、文献、产品等名称；

4）某些概念采用组配，其结果出现多义时，被标引概念也可用自由词标引。

自由词尽可能选自其他词或较权威的参考书和工具书，选用的自由词必须做到词形简练、概念明确、实用性强，并严格遵守一词一义原则。

（三）关键词选取的途径

1．从论文标题中提取

毕业论文的标题包含了论文的主要信息点，如研究对象、研究方法等。因此，选择关键词应首先考虑从标题中选取。如一篇毕业论文的标题为《基于协方差的正交频分复用系统抗干扰算法》，作者从标题中提取出 4 个关键词"协方差"、"正交频分复用系统"、"抗干扰"、"算法"。但经过分析和查找主题词表，发觉不妥，后改为"自协方差"、"正交频分复用系统"、"抗干扰算法"。改动的依据是"协方差"没有"自协方差"的概念单一明确，而且在该论文中，摘要和二级标题中都是"自协方差"；"算法"虽在主题词表中能够找到，但概念较为宽泛，不宜作为关键词，因而将"抗干扰"和"算法"合二为一。

2．从论文正文中提取

有时毕业论文的标题较为笼统，不能完全反映论文表述的全部内容。如果仅从标题中选取关键词，不仅无法满足关键词的规定数量，而且还会丢失一部分信息。例如，有一篇论文的标题为《教学用露点仪的设计与应用》，作者选取了 4 个关键词"露点仪"、"露点仪设计"、"露点测量系统"、"跟踪系统"，显然后两个关键词是从论文正文中选取的。从论文正文中选取关键词，应首先考虑从二级标题中提取；其次可考虑从摘要中提取；最后才考虑从论文内容中提取。

（四）关键词标引步骤

关键词的标引步骤为：

1）对文献进行主题分析，弄清该文的主题概念和中心内容；

2）尽可能从标题、摘要、章节标题和正文的重要段落中摘取与主题概念一致的词和词组；

3）对所选出的词进行排序。

对照叙词表找出哪些词可以直接作为叙词标引，哪些词可以通过规范化变为叙词，哪些叙词可以组配成专指主题概念的词组，然后进行排序。

关键词的排列不应是无序的堆积，而应当是有序的排列。排序方法有两种：一种是按照关键词在文中重要性的次序，由最重要的开始排起，依次排列；另一种是按研究的对象、问题（性质）、方法、结果等顺序排列。

《光学学报》2005，25（7）刊登的征稿简则中指出关键词可按下列次序排列。

第 1 关键词——该论文所属学科的名称；

第 2 关键词——该论文的成果名称；

第 3 关键词——该论文所用方法的名称；

第 4 关键词——前 3 个关键词未提及的、主要研究的事或物的名称；

第 5、6 关键词——有利于检索与文献利用的名称。

下面以一篇论文《环境卫星多光谱图像压缩算法》的关键词为例，说明这种关键词的排列次序。

关键词：信息光学；多光谱图像压缩；部分三维等级树集合划分算法；三维离散小波变换；多小波段；感兴趣区

信息光学是该论文所属学科的名称；多光谱图像压缩是该论文的成果名称；部分三维等级树集合划分算法是该论文所采用的方法；三维离散小波变换是论文主要研究的内容之一；最后第 5、6 关键词也是论文中的二级标题，属于论文中相对比较重要的内容。关键词的这种排列方法使读者能迅速从学科、成果、方法等层面理解论文的内容，有引导读者阅读的功能，是一种有特色的关键词排序的方法。

（五）关键词的标引中常见错误分析

关键词是计算机检索文献的入口之一，它的作用是反映主题、便于检索。许多作者不了解关键词标引的意义，选用关键词比较随意，起不到关键词应有的作用，出现的主要问题有以下四点。

1. 揭示主题不深，遗漏主题信息

选用的关键词必须与论文的主题概念保持一致，不能随便将论文标题中的词语作为关键词，必须考虑所选用的关键词是否符合论文的主题概念，只有符合论文主题概念的才能选取。如《超细煤粉控制电站锅炉 NO_x 生成的实验研究》，倘若选取"煤粉"、"锅炉"和"研究"作为关键词，明显与主题概念有较大的距离，应将其改为"超细煤粉"、"电站锅炉"、"NO_x 生成实验"。

一些作者习惯于直接从标题中选取关键词。毋庸讳言，从标题中选取关键词是一种便捷的方式，这种做法的基础是标题已经完全涵盖文章主题。选取关键词时切忌把关键词仅当作标题或摘要的缩影，造成揭示主题不深，遗漏主题信息。可以直接从标题中选取关键词自然不错，但若标题没有涵盖文章主题，就必须从摘要和正文中选择关键词。关键词出自标题、摘要还是正文并不重要，重要的是所选择的词语必须是文章的核心概念。做到此点，首先要真正理解全文，透析出文章的主题。还有一些作者虽然不是只从篇名中选取关键词，但由于疏忽或不知该如何选取关键词，对主题分析的不够充分，致使选择关键词时有遗漏主题的现象。

2. 通用词汇多，专指词汇少

关键词兼具专指与通用两种属性，这是它能够明确反映文献主题归类的原因。但是必须指出的是，作者应该选用通用性较强的词语而不是选用通用词作关键词。人们在表述文章主题时经常会使用一些通用词，通用词适用范围广泛，如"差异"、"简介"、"探讨"、"意义"、"浅述"、"影响"、"对策"等，它们适用于不同的领域，可用于解说各种不同的问题，所指示的对象千差万别，根本不能归于一类。使用通用词作为关键词，显然不便于对数据库进行分类和管理。如果读者选用某个通用词来检索，将会把数据库中包含的文献都归总到一起，形成一个大杂烩，很难从中找出其需要的信息。因而，通用词不适合用作关键词。

3. 标引深度不恰当，逻辑关系混乱

一些毕业论文提供的关键词数量不是太多就是太少，对揭示论文主题的程度有影响。因为关键词的数量隐含着一个标引深度的概念，而标引深度是对一篇文献所给予的全部检索标识的数量之和。它标志着关键词所达到的对文献主题揭示的程度，关键词越多，揭示文献主题就越深，越详细，可检索的范围也就相对越小。

关键词各条目之间有一定的顺序规则，即排列次序要反映出词与词之间的逻辑联系，有利于层层深入地反应主题。而有些毕业论文在关键词的排列顺序上忽略了这种逻辑关系，造成逻辑混乱。

4. 词性、词义不明，冗余信息多，内涵不清晰

一些毕业论文在关键词的标引中不注意词性，把一些形容词、副词选做关键词。关键词应主要选取名词、动名词和名词性词组，不能用短句做关键词。

选用关键词时，必须选用词义明确的词或词组，应剔除那些概念较为模糊的形容词或词组，如"强烈"、"强劲"、"先进的"、"现代的"、"微型的"、"精密的"等。普通动词的概念也较为宽泛，因此，作为关键词的动词一般均为科学技术性动词，最好不选用一般动词作为关键词。如有一篇主题内容为"计算机网络设计"的论文，从主题词表中可查到"计算机"、"计算机网络"、"网络"、"设计"和"网络设计"4个主题，作者选用"计算机"、"计算机网络"、"设计"3个关键词，但由于"设计"一词的概念不是单一的，加上"计算机"是"计算机网络"的上位概念。因此，应选用"计算机网络"和"网络设计"作为其中的2个关键词。

有些作者在选复合结构的词语作关键词时，将构词词序随便互换，使关键词表达的内涵和原文的基本思想产生差异。固定搭配且有特定含义的词组不宜拆开，应以词组作为关

键词。

四、目录

目录是在作者完成论文定稿后，列明论文各章节的标题和所在页码的简表，是论文各组成部分的索引。是否设置论文目录，一般根据论文的篇幅而定。篇幅较长的毕业论文，内容的层次较多，整个理论体系较庞大、复杂，故通常设置目录；短篇论文则不必设置目录。目录一般放在摘要与关键词的后面，论文正文的前面。

（一）设置目录的目的

论文目录依据论文中的各级小标题依次排列，清晰地显示文章的层次，便于读者从整体上把握文章的逻辑体系，使读者能够在阅读该论文之前对全文的内容、结构有一个大致的了解。

论文目录排出论文各章节的小标题，并标明标题所在的页码，方便读者阅读。特别是论文篇幅较长、内容的层次较多时，为读者选读论文有关部分提供方便。当读者需要选读论文中的有关部分时，就可以依靠目录查找而节省时间。

（二）目录的写作要求

目录是论文的导读图，要使目录充分发挥导读作用，避免出现"标题遗漏"、"标题及页码与正文的分标题及相应页码不一致"等问题，必须注意以下三点。

1. 准确无误

目录必须与全文的纲目一致。也就是说论文的标题、分标题与目录存在着一一对应的关系，必须严格保持一致。

2. 清楚

目录应逐一标注该行目录在正文中的页码，标注页码必须清楚、明晰。

3. 完整

目录既然是论文的导读图，因而必然要求具有完整性，论文的各项内容都应在目录中得到反映，不得遗漏。同时，标题和页码必须与正文一致。一般来说，应先打印正文，再作校对，以便避免遗漏等问题发生。

（三）毕业论文目录的格式

毕业论文目录的格式与一般书刊的相同，根据各章节组成部分的小标题设置，且必须与全文的纲目一致。也就是说，论文的标题、分标题与目录存在着一一对应的关系。但要注意的是，论文目录与论文提纲有所不同，论文提纲是作者在进行论文写作之前，对论文的主要内容、写作思路和篇章结构进行整体构思而形成的一种设计，在论文的写作过程中会根据需要进行修订，而且内容更加深入和详细。论文提纲一般不需要标注页码，即使标注了页码，也只是对页码的初步分配。论文目录则是在论文定稿后，将已确定的章节标题按页码顺序进行排列。论文目录一般只需要排到二级标题，即章和节，不需扩展到三级标题和四级标题。

毕业论文目录必须清楚无误地标明页码，应按内容顺序逐一标注该行目录在正文中的页码。构成内容包括序号、章节标题和页码。序号、章节标题从左列起，页码从右列起，中间用"……"连接。

论文目录是论文的导读图，要求具有完整性。也就是要求文章的各项内容，都应在目录中反映出来，不得遗漏。论文目录内容包含论文正文章节、参考文献、后记、附录等。

第三节 主 体 部 分

毕业论文的主体部分包括论文正文、引文与注释。

一、论文正文

毕业论文正文是毕业论文的主体，是毕业论文最重要的组成部分，是反映毕业论文研究内容和成果的集中体现，也是体现毕业论文质量和水平的根本所在。毕业论文正文的结构形式是多种多样的，一般包括序论、本论、结论三部分，这是毕业论文的基本型结构。

（一）序论

序论又称前言、引言、导论或绪论，是整篇论文的篇头，是作者简要说明论文选题的背景和意义、论文所要解决的问题、使用的理论工具和方法、论文的基本思路、逻辑结构等研究设想及要取得的预期结果等。

开门见山，迅速入题是论文写作的基本要求。但是，毕业论文篇幅大、层次多、结构复杂，为了便于读者能更好地阅读全文，加深对论文思想的把握，在进行本论写作之前，用较为简短的文字作序论，是有必要的。万事开头难，论文如何开头，如何开好头，是作者经常要煞费苦心的事情。写好序论是完成毕业论文的关键性一步，一定要认真对待。

1. 序论的内容

毕业论文的序论一般应包括下列内容。

1）论文选题的背景和意义。

2）提出论文所要解决的问题，这是序论的核心部分。问题的提出要明确、具体。这里可简要说明研究工作的目的、范围、相关领域前人工作和知识的空白，本研究主题国内外已有的文献综述等。

3）论文使用的理论工具和研究方法。

4）论文的基本思路、逻辑结构等研究设想及要取得的预期结果。

5）如果是一篇较长的论文，在序论中还有必要对本论部分加以扼要、概括地介绍，或提示论述问题的结论，便于读者阅读、理解本论。

6）需要向读者交代的与论文有关的其他问题。

序论只能简要地交代上述各项内容，尽管序论可长可短，因题而异，但其篇幅的分量在整篇论文中所占的比例要小，几百字即可。

2. 序论的写法

序论的常见写法主要有以下几种。

（1）交代式

交代论文写作背景、缘由和目的、意义。

（2）提问式

直接提出问题，或在简要交代写作背景之后随即提出本文所要解决的问题。

（3）出示观点式

开宗明义，将本文的基本观点或主要内容揭示出来。

（4）提示范围式

提示本文的论述范围。

（5）阐释概念式

先释题，阐释题目中和文中出现的基本概念。

3. 序论的要求

无论采用哪种写法，每篇毕业论文的序论，都应当符合以下几点要求。

（1）开门见山，迅速入题

毕业论文通常要求开门见山，一开头就能让读者接触到文章的中心，了解文章的基本内容，内容选择不能过于分散、琐碎。

（2）引人入胜，能抓住读者

开头要让读者对文章产生良好的初始印象，发生阅读的兴趣，措词要精炼，要吸引读者读下去。这就要求序论要有实质性内容和易于吸引读者的词句，应言简意赅，不能与摘要雷同，也不要成为摘要的注释。

（3）简洁、有力

开头的文字不宜过长，以免显得头重脚轻，结构不匀称。一个繁杂冗长的开头，会使读者产生较差的印象。序论的篇幅大小，并无硬性的统一规定，视整篇论文篇幅的大小及论文内容的需要来确定，长的可达 700～800 字或 1000 字左右，短的不到 100 字。

（二）本论

本论是作者在序论交代有关问题的基础上，展开论题，对作者自己所提出的观点全面系统地、有逻辑地进行多层次的分析和推理，是毕业论文的主体部分。无论是内容、篇幅还是在结构上，都是整篇论文的核心，也是最能显示作者的研究成果和学术水平的重要部分。一篇论文质量的高低，主要取决于本论部分写得好坏。本论的写作一定要内容充实，论据充分、可靠，论证有力，主题明确，要做到层次分明、脉络清晰。学生一定要把最主要的精力花在本论的写作上，而且必须下工夫把它写好。论文写作的基本方式是用论据对论点进行论证，论点、论据、论证是毕业论文的三大基本要素。

1. 论点

论点就是论文所要论证、阐述的观点，是作者要表达的看法和主张，是作者的立场和世界观的直接反映。任意一篇论文都必须有论点，毕业论文的写作，首要的就是寻找、提取和确定文章的论点，这是毕业论文写作的关键。论文的论点是从对材料的分析、研究中产生的，不能先定论点，后找适合证明论点的材料。论点的形成，就是对材料进行整理、分析、概括、提炼的过程。下面对论点的层次、逻辑结构形式和基本要求做一下介绍。

（1）论点层次

毕业论文结构复杂、层次多、篇幅大，所以，毕业论文的论点亦分为多个层次，不同层次的论点形成一个完整的逻辑体系。要成为一个完整的逻辑体系，要做到以下几点。

首先，毕业论文需要有一个明确的中心论点。写论文必须首先确立中心论点，而且中心论点要贯穿于论文的始终，其他各个层次的观点和材料都必须围绕此中心论点，服从此中心论点。

其次，毕业论文还需要有从属论点，即中心论点的分论点，又称上位论点。毕业论文如果只有中心论点而没有若干与之相联系的从属论点，中心论点就会显得苍白无力，不能令人信服。因此，在确立文章的中心论点之后，还必须形成若干从属论点，通过这些从属论点把中心论点加以展开，使之得到充分的论证和说明。就中心论点而言，这些从属论点就是其论据。

再次，毕业论文还可以有其他次级从属论点，即上位论点的分论点，又称下位论点。作为从属论点的下位论点，还可继续有其他次级从属论点来论证，这样次级从属论点就成为上一级从属论点的论据了。

最后，毕业论文还需要段旨。段旨，即段的中心意思，亦称段的主题、段的论点。全段是围绕着这个段旨展开的，又是为阐述这个段旨服务的。这个段旨用一句话概括出来，叫段中主句，或段中主题句。毕业论文中的段是逻辑构成的基本单位，最适宜以段中主句来显示段旨。

所以，毕业论文实际上是由中心论点、上位论点、下位论点和段旨等多层次论点组成的逻辑体系。上位论点、下位论点与段旨都是相对而言的，有时会有重合，有时会有交叉。

（2）论点的逻辑结构形式

各个层次的论点、同一层次的论点都要以一定的结构形式、一定的排列规则组织成一定的逻辑体系，这就涉及论文的结构形式。论文中各个层次的论点虽然都应该服从全文的中心论点，但其排列方式可以是多样的。根据层次之间的不同关系，可以把论点排列的结构形式划分为并列式、递进式和混合式等三种类型。

1）并列式结构。围绕中心论点划分为几个分论点和层次，各个分论点和层次平行排列，分别从不同角度、不同侧面论证中心论点，使文章呈现出一种齐头并进的格局。

2）递进式结构。对需要论证的问题，采取层层递进的形式安排结构，使层次之间呈现一种层层展开、步步深入的逻辑关系，从而使中心论点得到深刻透彻的论证。

3）混合式结构。有些论文的层次关系特别复杂，不能只用单一的结构形式，需要把并列式和递进式结合起来，形成一种混合的结构形式，即混合式结构，其又可以分为并列中递进和递进中并列两种形式。

并列中递进是指在并列的过程中，在每一个并列的面上又展开递进；递进中并列是指在递进的过程中，在每一个递进层次上又展开并列。

为了避免由于内容过多而使条理不清，写作本论时，常在各个层次之前加一些外在的标志，这些外在标志的主要形式有小标题、序码、小标题与序码相结合及空行等几种。

（3）论点的基本要求

论点的基本要求有：正确性、鲜明性、新颖性。

1）正确性。论点的说服力根植于对客观事物的正确反映，而这又取决于作者的立场、观点、态度、方法是否正确，如果论点本身不正确，甚至是荒谬的，再怎么论证也不能说服人。因此，论点正确是毕业论文的最起码的要求。

2）鲜明性。赞成什么、反对什么，要态度鲜明，而不能模棱两可，含混不清。作者要用简洁的语言、精炼的词汇，把各个层次的观点明确地概括出来，使读者在阅读正文之前，就能明确作者究竟要说什么。

3）新颖性。论点应该尽可能新颖、深刻，超出他人的见解，不是老生常谈，也不是无关痛痒、流于一般的泛泛而谈，应该尽可能独到、新颖。

2. 论据

论据就是证明作者论点的材料、依据。作者在提出一定的观点之后，就要有材料和依据，将观点和材料有机地结合起来，以材料来证明自己观点。下面对论据的种类、要求和论证做一下介绍。

(1) 论据的种类

论据可以分为两大类：事实论据和理论论据。

事实论据，即以事实材料作为论据。论文的说服力来自于事实，即所谓的"事实胜于雄辩"。事实论据可以是具体的个别事例，概括性的事例，各种统计数据，亲身经历、感受等。

理论论据，即以理论材料作为论据。理论论据可以是马列主义、毛泽东思想、邓小平理论的基本原理，专业学科的一般科学原理、著名学者的理论观点，正确反映人们社会实践经验的谚语、俗语和格言，专业学科上的公理、规律等。

事实论据和理论论据通常是结合在一起使用的。

(2) 论据的要求

1) 真实性。论据是论点得以成立的依据，如果论据虚假，论点就难以成立。因此，真实性是选择论据最基本的要求。对于事实论据而言，真实性要求事实必须是确凿的，不可道听途说；对于理论论据而言，引用时必须全面，不能断章取义，必须注意所引理论本身的精确含义。

2) 典型性。引用的事例应该具有广泛的代表性，代表这一类事物的普遍特点和一般性质，即具有典型性。如果论据缺乏典型性，仅凭在特定环境中极少发生的某些事实，得出与该环境中大量发生事实所不同的结论，这样的论据必然缺乏说服力。

3) 论据与论点的统一。论据是为了证明论点的，因此，两者应该紧密一致。论据应按照各自所要证明的观点来安排，即把各类论据分别划归到各个论点之下，并与论点之间形成严密的逻辑关系，把论据与论点紧紧地糅合在一起，有机地统一起来。

3. 论证

论证就是用论据来证明论点的过程。毕业论文的论点是解决"要证明什么"，论据是解决"用什么来证明"，而论证是解决"如何进行证明"的问题。论证的目的在于揭示出论点和论据之间的内在逻辑关系。

毕业论文的论证一般分为立论和驳论两大类型。

(1) 立论

所谓立论，就是以充足的论据正面证明作者自己论点正确的论证方式。比较常见的立论方法包括例证法、引证法、比较法、喻证法等。

1) 例证法。例证法又称事例论证，是由个别到一般，运用归纳推理进行论证的一种方法。它通过列举典型的具体事例，证明自己论点的正确性。这种论证方法具有较强的说服力，是毕业论文中普遍使用的论证方法。

运用例证法进行论证，事例要典型，数据要确凿，叙述的语言要简明扼要。重点应放在对事例的分析、归纳上面。这种论证方法在具体运用时，可以先列具体事例，然后总括起来，作为论点；也可先提出论点，然后列举事实，证明论点。

2) 引证法。引证法又称事理论证，是运用演绎推理形式进行论证的一种方法，其特点是用已被证明的、公认的道理、原则或理论，包括马列主义、毛泽东思想、邓小平理论的基本原理，管理学的一般科学原理等，来论证未被证明的、个别的、具体的论点和道理，也可以说是用大道理来论证小道理。它是由一般到个别的论证方法，由一般原理出发推导出关于个别情况的结论，其前提和结论之间的联系是必需的。演绎法有三段论、假言推理、选言推理等多种形式，但最重要的是三段论。三段论由大前提、小前提和结论三部分组成。引用理论性论据，来论证某一论点、行为的正确与错误即采用此种论证方法。

采用引证法，所引证的原理必须正确，要忠实于作者原意，不能断章取义；引语要准确无误，最好注明出处；引语要简洁，避免大段引用、喧宾夺主，也不要引证过多，以别人的观点代替自己的论述；对引语要做一些阐述说明，要进行具体分析，不可简单推理，不要引用完毕即简单下结论。

3）比较法。比较法又称比较论证，是一种由个别到个别的论证方法。比较，是认识事物和说明事物的好办法，它是把具有相同特征的事物，或同一事物在不同的时间、地点、条件下的不同表现，进行比较，以有力地证实某个论点的正确或错误。这也是论证问题时常用的一种方法，运用此种方法，又有"类比"和"对比"两种情况。

类比法是将性质、特点在某些方面相同或相近的不同事物加以比较，从而引出结论的方法。

对比法是通过性质、特点在某些方面相反或对立的不同事物之间的比较来证明论点的方法。对比法具体又可分为两种方法：一种是将同一事物在不同的时间、不同地点的情况进行比较，即现在和过去比，称"纵比"；另一种是"横比"，将发生在同一时期、同一区域性质截然相反或者有差异的事物进行比较，也就是好的和坏的比较，这一事物同另一事物比较。通过这样的对比，对错误的或者差的事物予以否定，对正确的或者好的事物予以肯定。

4）喻证法。喻证法又称比喻论证，是用比喻来阐明事理的方法。有的问题道理比较抽象，直接说明不易把问题讲清楚，这时如果用一个恰当比喻，即用人们容易理解、浅显的事物或道理来说明不易理解、深奥的事物或道理，就能生动地把道理讲得深入浅出，给人以鲜明的印象。

比喻虽然是一种帮助说理的好方法，但由于任何比喻都是有缺陷的，特别是有的比喻同被论证的问题缺乏本质上的联系，所以不宜作为论证的主要方法。要透彻有力地论证问题，主要还是靠对论题本身进行周密、辩证的分析研究。此外，运用比喻论证还要注意不能失之片面，搞绝对化。

（2）驳论

所谓驳论，是以有力的论据反驳别人的论点，证明别人的论点是错误的、荒谬的，从而证明自己观点正确性的一种论证方法。驳论除了具有立论的一些论证特点外，它还从侧面、反面，从历史和现实的经验中，选择论点、论据，驳斥对方，以论证自己观点的正确性。一般来说，立论是目的，驳论是为了证明立论的正确性，是证明自己的立论的一种手段。特别是在一些商榷性的论文中较常见。

在运用驳论时，一定要坚持摆事实、讲道理、以理服人，应具备实事求是、优良的文风，切忌对他人进行人为的贬低，包括对他人的科研水平、写作水平，尤其是人格。

由于毕业论文是由论点、论据、论证三部分有机构成的，只要驳倒对方的论点、论据、论证的三方面之一，就达到了驳倒对方的目的。所以，驳论一般有三种方法，即反驳论点、反驳论据、反驳论证。一篇驳论文可以将几种反驳方式结合起来使用，以加强反驳的力量和说服力。

1）反驳论点，即直接反驳对方论点本身的片面、虚假或谬误，这是驳论中最常用的方法。运用具有典型代表性的真实事例等事实性论据，或马列主义、毛泽东思想、邓小平理论的基本原理，管理学的一般科学原理，来对对方论点进行驳斥，最终得出对方论点是错误的结论。

有些错误观点是由于概念模糊、判断错误引起的，可以从澄清概念、辨明是非着手，通过区别概念，划清是非界限，那么对方的错误观点就不攻自破了。

2）反驳论据，即揭示对方论据的错误，以达到推倒对方论点的目的。因为错误的论据必然会引出错误的论点。

在驳斥对方论据时，可以用既有个性特点又有普遍意义的典型事实，驳斥对方论据的不足和虚假，也可以从分析危害性着手批驳其错误的说法。实际上，用实践（客观效果）来检验错误言行，其批驳的说服力更强。

3）反驳论证，即揭露对方在论证过程中的逻辑错误，如大前提、小前提与结论的矛盾，对方各论点之间的矛盾，论点与论据之间的矛盾等。

驳论，除上述三种具体方法外，常用的还有反证法和归谬法。反证法不是从正面直接来论证论题，而是从反面间接地论证论题，即为了证明对方论点是错误的，先证明与其相矛盾的论点是正确的，从而以后者正确的论点证明前者的错误。

归谬法则是先假定对方的论点是对的，然后以它为前提，推导出一个明显荒谬的结论，从而证明对方论点是错误的。

在实际运用中，立论与驳论常见的论证方法，经常是根据内容的需要，交替使用的。立论和驳论都是一种证明，无非一个是从正面证明其正确，另一个是从反面证明其错误。有时，为了深入透彻地阐明一个正面观点，除了加强正面论证外，往往还要批驳与之相悖的错误观点；有时批判了错误观点，同时又需要清楚论述正面的观点或结论。在一篇毕业论文中，会有各个层次的论点，既有中心论点又有分论点，分论点又可能不止一个，而且这些论点与各自的论据之间的逻辑联系也不尽相同。所以，在一篇论文中，经常同时运用几种论证方法，从而形成一定的逻辑结构。

（三）结论

结论是一篇论文的收尾部分，是以研究成果和讨论为前提，经过严密的逻辑推理和论证所得出的最后结论。该结论应是该论文的最终的、总体的结论。换句话说，应是整篇论文的结局，而不是某一局部问题或某一分支问题的结论，也不是正文中各段小结的简单重复。结论应当体现作者更深层的认识，且是从整篇论文的全部材料出发，经过推理、判断、归纳等逻辑分析过程而得到的新学术总观念、总见解。

毕业论文的结论部分大致包括以下几项内容。

1. 归纳论证结果

在结论中，作者应对全篇文章所论证的内容作一个归纳，提出自己对问题的总体性看法和意见，简明扼要地概括全篇论文所得的若干重要结果，包括理论分析、模型建立及运算等结果，着重介绍作者本人的独立研究和创造性成果及其在本学科领域中的地位和作用。这部分要写得简要得体，使读者能明确了解作者独到见解之所在。而且，结论必须是序论中提出的、本论中论证的，自然得出的结果。毕业论文最忌论证得不够充分，而妄下结论。要首尾贯一，成为一个严谨的、完善的逻辑构成。

2. 指出进一步研究的方向

个人的精力是有限的，尤其是作为学生对某项课题的研究所能取得的成果也只能达到一定程度，而不可能是顶点。所以，在论文结论部分，作者经常不仅概括自己的研究成果，而且还指出课题研究中所存在的不足，为他人继续研究指明方向、提供线索。结论在一篇论文中的地位是不可忽视的，写好结论，应该注意以下三点。

第一，结论应该明确、完整、准确。明确阐述自己的创造性工作在本研究领域中的地位和作用，自己的新见解的意义，应严格区分本人的研究成果与导师或其他人的科研成果的界限。

第二，要使结论部分真正起到收束全文的作用，一般不要提出新的观点或材料，避免画蛇添足，当止不止。

第三，结论的语言要精练、简洁有力，给读者留下深刻的印象，但不能草草收尾，不当止而止。

二、引文与注释

（一）引文

论文写作是在借鉴前人研究成果的基础上进行的一种创新活动。一项科学研究取得的新成果通常是在前人成果基础上取得的新进展，它体现着科学研究的继承和发展。比如，基于已有的理论、方法、思想、实验手段等，使自己研究获得了新进展，有了新发现；或是将一个学科中的方法移植到另一学科中并取得成功；或是对已有方法做了改进。当在论文中叙述研究目的、设计思想、建立的模型与已有结果进行比较的时候，就要涉及已有的成果。而引文就是借鉴前人研究成果的一种方法。用引文来代替、说明、辅助思想的表达，在毕业论文中是常见的。有的引文可以作为文章的观点，有的可以用作分析阐述，多数情况是用来充当论据的。在论文中涉及前人或他人研究成果的地方，要登载这个成果文献及出处，这种做法叫做引用参考文献。引用了参考文献，就要在涉及前人成果的地方做一个标记，见到此标记，读者就知道在这里引用了参考文献。按照这个标记在参考文献表中就能找到刊登这个成果详细内容的文章。在正文中引用参考文献的地方加一个标记，称为参考文献的标注。引文主要包括引用原文和引用原意两种。

1. 引用原文

原文的引用主要是为了充实文章的内容，用具有权威性的思想来代替自己所要表达的思想，或是作为论证的论据，以起到强化主题思想的作用。文中凡有引文的内容，引文部分必须前后加上引号。原文引用的形式一般采用行中引，有两种具体引法。

1) 引文部分在行文本身中可构成完整意思的，要在引文后的引号内点上原文的语意终止符号（如"。"等）。

2) 引文本身不能构成行文中的完整意思，须与自己的阐述结合在一起，才能表达完整意思的，则引文时只加引号，无论原文原有的标点是什么，引号内都不要添加标点，要在引号之外点上行文所需用的标点符号。

2. 引用原意

当引用的原文文字量较多，或综合多人相同的意见时，一般采用此种形式。引用原意，可以不用引号，而只用冒号，有时也可以用逗号。引用原意，要注意完整理解原作者的观点，并融合于行文的思想表述中。它虽然不加引号，但要注明其原意引自何处。

引文的基本要求有以下三点。

1) 引文要适度，不要过度引用。引文是论证的辅助手段，不能完全代替引用者所要表述的观点，论文应尽量多使用作者自己的语言。引文要少而恰当，引用过多，则容易使文章松散，影响主体内容的连贯性和完整性。同时，过多的引文还会引起读者的猜疑和不快情绪。只有在非引用不可，引用了确有效果，或用自己的话解释效果不佳，或权威性的言论和令人信服的证据之类不引不足以说清问题时才采用。

2）引文要忠于原意，不能断章取义。引文是取别人的观点来证明和解说自己的思想，必须忠于原意。不管是引用原文还是引用原意，都要作完整的表述。特别是成段地引用原文、原意时，只有自己真正理解、完整把握了，才能引用。不能为了装门面，显示高深而不加消化的引用，更不能为了迎合自己的观点而断章取义地引用。

3）引文要融入论文，不要貌合神离。引文的内容要与论文作者需表达的思想合拍、融合，真正成为论文的组成部分，与全文和谐一致。

（二）注释

正文中引用他人的观点、原话、主要数据等必须注明出处，或对某一特定内容需要作进一步解释或补充说明，可以通过注释进行加注说明。下面就注释内容、方法，以及注释与参考文献的区别进行说明。

1. 注释内容

需要加注释的内容有以下三点。

1）引用他人的观点或原话作为毕业论文的理论论据时，应对所引用的观点或原话的作者、著作或文章的名称、出版处、页码等加以注释。

2）各种统计数据是毕业论文的事实论据，要求真实可靠，对所引用的主要数据要注明来源，以确保数据可进行查验。

3）对毕业论文中的某一特定内容需要作进一步解释或补充说明时，可以以注释形式进行加注说明。

2. 注释方法

注释的方法有行中注、页末注和篇尾注三种。

（1）行中注

行中注又称夹注，即在引文之后，用括号的形式注明引文的作者、著作或文章的名称、出版处、页码等。基本顺序是：作者、篇名、书名（或书刊、文章名称）、出版单位、版本、页数。作者姓名后用冒号；书刊或文章名称用书名号；出版单位、版本、页数之间用逗号断开，最后可不点句号。整个夹注用括号与行文区分开。

（2）页末注

页末注又称脚注，即在同一页稿纸的页面底端注明引文、数据的出处或需要进一步解释的内容，编号方式是在引文末端右上角标出①、②、③、④……引文序号以页为单位，每页重新编号。页末注的写法格式与行中注相同。

（3）篇尾注

篇尾注又称尾注，即在全文后面集中标明引文的出处，与页末注不同的是它将全文的引文从前至后按顺序统一编号，其他要求与行中注相同。

三种注释方法各有特点，采用何种方法加注，要视全文的注释情况而定。通常情况下，全文引文不多，使用行中注可以给人以直观的感觉；如果引文较多，行中注若过多，会影响论文格式的美观，读者阅读时也费力，最好用页末注或篇尾注的形式；而篇尾注则容易将注释与参考文献混在一起。

毕业论文写作中的注释必须规范，一律采用脚注，自动插入格式，每页重新编号。每个注释要件及顺序依次为：作者姓名、书名或文章名、出版单位名称及出版时间、页码。

3. 注释与参考文献的区别

注释不同于参考文献，两者有一些共同点，但更有区别。

1) 参考文献又称参考书目，它是作者在撰写毕业论文过程中所查阅参考过的主要著作和报纸杂志的目录，是作者对他人知识成果的承认和尊重，也是指导老师和答辩教师了解学生阅读资料的广度，作为审查毕业论文的一种参考依据，也是方便作者和读者查找、查阅相关观点和材料的基本依据。注释则是在对正文中引用他人的观点及原话、主要数据等注明出处，或对某一特定内容需要作进一步解释或补充说明。

2) 参考文献一般集中列表于文末，序号用方括号连续标注，其格式一般按 GB/T 7714—2005《文后参考文献著录规则》的规定进行著录，著录项目包括文献作者、文献题名及版本、文献类型及载体类型标识、出版项、文献出处、文献起止页码等。而注释一般排印在该页页脚，用数字加圆圈标注（如①、②……）。对于注释的规范格式虽然没有作统一的规定，但注释的要件，包括引文的作者、著作或文章的名称、出版处、页码等的顺序及写作规范，与参考文献要求基本相同，基本格式可按 GB/T 7714—2005《文后参考文献著录规则》的规定进行著录。

第四节　参　考　文　献

参考文献又称参考书目，是为撰写论文而引用的有关文献信息资源，是指学生在撰写毕业论文过程中所查阅、参考过的重要著作和报纸杂志，是毕业论文的重要组成部分，一般列于论文的末尾。

对于一篇完整的毕业论文，参考文献是必不可少的。按规定，在毕业论文中，凡是引用前人或他人（包括作者本人）已发表文献中的观点、数据和材料等，都要在引用处予以标明，并在文末（结论之后，如有致谢，则在致谢之后）列出参考文献。这一工作被称为参考文献的著录。

著录参考文献可以反映论文作者的科学态度和论文所具有的真实、广泛的科学依据，也反映出该论文的起点和深度，是老师了解学生阅读资料的广度，审查毕业论文的一种参考依据。著录参考文献能方便地把论文作者的成果与前人的成果区别开来，这不仅表明了论文作者对他人的知识成果和劳动的尊重，而且也免除了抄袭、剽窃他人成果的嫌疑。读者通过著录的参考文献，可方便地检索和查找有关图书资料，可对该论文中的引文有更详尽的了解。

一、参考文献的著录原则

参考文献的著录原则有以下四点。

1. 著录最主要、最有代表性的文献

著录的文献要精选，仅限于与本论文密切相关的，对自己完成毕业论文起过重要参考作用的专著、论文及其他资料。不要轻重不分，开列过多。在毕业论文中，一般可列入 10 篇左右的主要文献作参考文献。

2. 重点著录公开发表的文献

公开发表是指在国内外公开发行的报刊上发表，或在正式出版的图书上发表。通常不引用专利和普通书籍（如高校教材等），在供内部交流的刊物上发表的文章和内部使用的资料，尤其是不宜公开的资料，一般也不能作为参考文献引用。

3. 采用规范化的著录格式

关于文后参考文献的著录已有国际标准和国家标准，论文作者和期刊编者都应熟练掌握，严格执行。

4. 采用"顺序编码制"著录参考文献

顺序编码制是 GB/T 7714—2005《文后参考文献著录规则》规定的著录方法，为我国科技期刊所普遍采用，即根据作者在论文中所引用的文献按其在文中出现的先后顺序，用阿拉伯数字加方括号连续编码，附于文末。

二、参考文献著录项

参考文献的著录项有以下几点。

1）主要责任者（专著作者、论文集主编、学位申报人、专利申请人、报告撰写人、期刊文章作者、析出文章作者）。多个责任者之间以"，"分隔，注意在本项说明中不得出现缩写点"."。主要责任者只列姓名，其后不加"著"、"编"、"主编"、"合编"等责任说明。

2）文献题名（题名、其他题名信息）及版本（初版省略）。

3）文献类型及载体类型标识。

4）出版项（出版地、出版者、出版年、更新或修改日期、引用日期）。

5）文献出处或电子文献的可获得地址、访问路径。

6）文献起止页码。

7）文献标准编号（标准号、专利号……）。

三、参考文献类型及其标识

1）根据 GB/T 3469《文献类型与文献载体代码》规定，以单字母方式标识表 5-1 中各种参考文献类型。

表 5-1　　　　　　　　　　　　参考文献类型的标识

参考文献类型	专著	会议录	汇编	报纸文章	期刊文章	学位论文	报告	标准	专利
文献类型标识	M	C	G	N	J	D	R	S	P

2）对于专著、论文集中的析出文献，其文献类型标识建议采用单字母"A"；对于其他未说明的文献类型，建议采用单字母"Z"。

3）对于数据库、计算机程序及电子公告等电子文献类型的参考文献，建议以表 5-2 中双字母作为标识。

表 5-2　　　　　　　　　　　　电子参考文献的双字母标识

电子参考文献类型	数据库	计算机程序	电子公告
电子文献类型标识	DB	CP	EB

4）电子文献的载体类型及其标识。

对于非纸张型载体的电子文献，当被引用为参考文献时需在参考文献类型标识中同时标明其载体类型。《中国学术期刊（光盘版）检索与评价数据规范》建议采用双字母表示电子文献载体类型：磁带——MT，磁盘——DK，光盘（CD‐ROM）——CD，联机网络——OL，并以下列格式表示包括文献载体类型的参考文献类型标识。

　　［文献类型标识/载体类型标识］，如：

　　［DB/OL］——联机网上数据库；

　　［DB/MT］——磁带数据库；

　　［M/CD］——光盘图书；

　　［CP/DK］——磁盘软件；

　　［J/OL］——网上期刊；

　　［EB/OL］——网上电子公告。

以纸张为载体的传统文献在引作参考文献时不必注明其载体类型。

　　四、文后参考文献表编排格式

　　参考文献按在正文中出现的先后次序列表于文后，表上以"参考文献"（左顶格）或"［参考文献］"（居中）作为标识，参考文献的序号左顶格，并用数字加方括号表示，如［1］、［2］……以与正文中的指示序号格式一致。参照国际编辑标准1SO 690及ISO 690—2，每一参考文献条目的最后均以"."结束。各类参考文献条目的编排格式及示例如下。

　　1. 专著、论文集、学位论文、报告

　　专著、论文集、学位论文、报告的编排格式如下：

　　［序号］主要责任者. 文献题名 ［文献类型标识］. 其他责任者. 版本（任选）. 出版地：出版者，出版年：起止页码（任选）.

　　［1］刘国钧，陈绍业，王凤翥. 图书馆目录 ［M］. 北京：高等教育出版社，1957：15‐18.

　　［2］辛希孟. 信息技术与信息服务国际研讨会论文集：A集 ［C］. 北京：中国社会科学出版社，1994.

　　［3］张筑生. 微分半动力系统的不变集 ［D］. 北京：北京大学数学系数学研究所，1983.

　　［4］冯西桥. 核反应堆压力管道与压力容器的LBB分析 ［R］. 北京：清华大学核能技术设计研究院，1997.

　　另外，翻译的著作除包括上述版本信息外，还应注明原作者国别。例如：

　　［5］（美）丹尼尔·贝尔. 后工业社会的来临 ［M］. 北京：商务印书馆，1986：76‐79.

　　2. 期刊中析出的文献

　　期刊中析出文献的编排格式如下：

　　［序号］主要责任者. 文献题名 ［J］. 刊名，年，卷（期）：起止页码.

　　［6］何龄修. 读顾城《南明史》［J］. 中国史研究，1998（3）：167‐173.

　　［7］金显贺，王昌长，王忠东等. 一种用于在线检测局部放电的数字滤波技术 ［J］. 清华大学学报（自然科学版），1993，33（4）：62‐67.

　　另外，翻译的期刊文章除包括上述版本信息外，还可注明原作者国别。例如：

　　［8］（美）阿林·扬格. 报酬递增与经济进步 ［J］. 经济社会体制比较，1996（2）：53‐55.

　　3. 论文集中的析出文献

　　论文集中的析出文献的编排格式如下：

[序号] 析出文献主要责任者. 析出文献题名 [C]. 原文献主要责任者（任选）. 原文献题名. 出版地：出版者，出版年：析出文献起止页码.

[9] 钟文发. 非线性规划在可燃毒物配置中的应用 [C]. 赵玮. 运筹学的理论与应用——中国运筹学会第五届大会论文集. 西安：西安电子科技大学出版社，1996：468－471.

4. 报纸中析出的文献

报纸中析出文献的编排格式如下：

[序号] 主要责任者. 文献题名 [N]. 报纸名，出版日期（版次）.

[10] 谢希德. 创造学习的新思路 [N]. 人民日报，1998－12－25（10）.

5. 国际、国家标准

国际、国家标准的编排格式如下：

[序号] 准编号，标准名称 [S].

[11] GB/T 16159—1996，汉语拼音正词法基本规则 [S].

6. 专利文献

专利文献的编排格式如下：

[序号] 专利所有者. 专利题名：专利国别，专利号 [文献类型标志]，公开日期.

[12] 姜锡洲. 一种温热外敷药制备方案：中国，88105607.3 [P]. 1989－07－26.

7. 电子文献

电子文献的编排格式如下：

[序号] 主要责任者. 题名 [电子文献及载体类型标志]. 出版地：出版者，出版年 [引用日期]. 获取和访问路径.

[13] 王明亮. 关于中国学术期刊标准化数据库系统工程的进展 [EB/OL]. （1998－08－16）[1998－10－04]. http：//www.cajcd.edu.cn/pub/wml.txt/980810－2.html.

[14] 万锦坤. 中国大学学报论文文摘（1983－1993）. 英文版 [DB/CD]. 北京：中国大百科全书出版社，1996.

8. 各种未定义类型的文献

各种未定义类型文献的编排格式如下：

[序号] 主要责任者. 文献题名 [Z] 出版地：出版者，出版年.

[15] 何晓明. 降落民间——21世纪中国历史学走向管窥 [Z]. "第十一届全国史学，理论研讨会"论文，武汉：湖北大学中国文化研究院，2000.8.

五、参考文献著录中的常见问题

在毕业论文参考文献著录方面存在不少问题，其中常见的问题主要有以下三种。

1. 只列文献，不见标识

只列出文后参考文献表，未将参考文献序号标识在引文处。由于在引文处没有与参考文献表中一一对应的文献序号标识，使得文后列出的参考文献表只是一个摆设而已，无法起到参考文献著录的应有作用。

2. 序号混乱，功能不清

采用顺序编码制著录参考文献时，要求所引文献在文中按出现的先后顺序编码，然后根据文中的序号标识再编写与之一一对应的参考文献表。但某些毕业论文作者不按先后顺序编码，而是采用先列参考文献表，后将表中的著录序号注入文中的错误做法，结果使文中的序号标识混乱不堪，经常是先出现的文献序号比后出现的大。

文中参考文献的序号有两种不同的功能：一种是仅作为所引文献的标识，其序号及其方括号用上角标表示；另一种是作为语句的组成部分，其序号及其方括号是论文语法的组成部分，因而要用与正文相同的字号表示。有些作者由于对上述功能分辨不清，常将两者混淆起来。

3. 项目不齐，标识错误

文后参考文献表著录项目不齐全是最普遍的问题。例如，缺少作者姓名或作者姓名著录不齐。根据规定，作者为 3 人或少于 3 人时，应全部列出，超过 3 人才用"等"字。但有些只写第一作者就用"等"字，将后面的作者全部省略。缺少期刊卷号或期号，以及在原文献中的位置（起止页码）的现象更为常见。

标识错误在参考文献著录中也经常发生，著译者姓名、题名或书名、出版地、出版年，以及期刊的卷号和期号，甚至页码等经常出错，张冠李戴，闹出笑话。

这些错误发生的原因：一是有些作者在撰写毕业论文时，往往将别人论文中引用的参考文献标注在自己的论文里，在引用这些本人并未阅读的文献时，若原作者著录时缺项，作者就无法将项目补足；二是有些作者没有弄清楚科技期刊中卷和期的标识顺序，常将期标作卷，卷标作期，从而使读者无法查找原文献；三是有些作者在著录这些项目时粗心大意，没有仔细抄录，编辑也没有认真核对。

因此，作为毕业论文作者，必须认真对待参考文献的著录，以保证参考文献著录的准确性。

思 考 题

1. 毕业论文结构的要求是什么？
2. 常见的结尾方式有哪几种？
3. 总标题的类型有哪些？
4. 摘要的构成要素一般包括哪几点？
5. 关键词的标引步骤是什么？
6. 毕业论文的序论一般包括哪些内容？
7. 参考文献的著录原则有哪些？

第六章　毕业论文的撰写

确定了论文选题，搜集了充足的写作素材之后，就进入了毕业论文的撰写阶段。这一阶段是整个毕业论文写作工作中最艰难的但又是最重要的阶段，主要包括拟订论文大纲、撰写开题报告、论文的起草与修改、论文的编校及打印与装订等工作。

第一节　毕业论文提纲的编写

毕业论文提纲，是由序号和文字组成的逻辑图表，是理论研究成果的概括总结，是关于毕业论文的主要内容、写作思路和篇章结构的基本构思，是毕业论文篇章构成的基本逻辑框架，是毕业论文写作的依据和修改的标准。拟订提纲是梳理思路，帮助记忆，完善布局的手段，同时也是避免遗漏，安排结构的必要准备。拟订提纲的过程是作者反复思考，不断进行补充、取舍、增删和调整的过程，是由略到详、逐步修改完成的。

一、编写提纲的意义

毕业论文的写作需要用大量的资料、较多的层次、严密的推理来展开论述，多方面阐述论据，论证观点。因此，构思谋篇非常重要，一个可行和严谨的写作提纲，可以帮助作者有条理地组织材料、展开论述，避免写作上出现大的失误。

具体来说，编写提纲的意义主要体现在以下四个方面。

（一）有利于明确写作思路

撰写任意一篇论文，在动笔之前都必须做充分的准备，更何况是一篇毕业论文。通过拟订提纲，考虑各方面的因素，可以把零散的、朦胧的观点和材料明确化，系统化，使其有机地结合起来，从而使思路明确、畅达连贯。同时根据提纲行文，随着文思的流畅及思路的深化，作者可能会有新的见解、新的发现，使原来的设想和观点得到修正和补充。

（二）有利于论文的谋篇布局

提纲确定之后，写作时就可以做到心中有数，有所遵循，使写作内容处于可控状态和预期之中。于何处收何处展，于何处详何处略都胸有成竹，写起来得心应手、游刃有余，避免"下笔千言，离题万里"的情况发生，以及松散凌乱、脱节游离等弊病。同时也有利于随时调整和修改，一般从论文的写作提纲中就可以判断整篇论文的结构是否完整，逻辑是否严密，段与段之间的联系是否紧密，从而避免出现不必要的返工，浪费时间与精力。

（三）有利于论文写作的安排

有了总的纲要，作者就可以根据自己的实际情况安排写作的流程和方法，灵活、机动地调整各部分的写作时间。有了提纲也可以不按从头到尾的自然顺序写，而可以先写论文的主体部分，再写论文的开头与结尾；也可以先写论文的任一部分，再写其他部分，最后组合成篇。可以在一段时间内集中完成论文的初稿，也可以利用零散时间分散写，然后串联成篇。具体做法，因人而异。

（四）有利于使论点与论据有机地统一起来

拟订写作提纲的过程也是作者根据其确立的论点，把相应的材料和观点有序勾勒出一个思路清晰、能够说明问题的文章轮廓。因此，进入论文提纲编写阶段，就可以从论证全局出发，对材料进行验证、取舍和安排。尽管这种决策是初步的，但是通过编写提纲，有助于精选出那些论题所需要的、有说服力的论点和论据，并将其有机结合起来，可以避免材料过多，陷入难以取舍和驾驭的困境。

二、编写提纲的原则

安排毕业论文总体结构即"搭架子"时，最重要的原则是合乎逻辑，即符合事物的发展规律和思维规律。其原则可归纳为两方面：有中心、有层次。有中心即以总论点为中心，围绕它组织分论点、组织论据（材料）进行论证，这就能使文章有条不紊、完整统一。编写提纲要从以下几点着手。

首先，从中心论点出发，决定论文的框架。反映在文章结构上就是要有层次。这就要求将与主题无关和联系不大的观点毫不吝惜的舍弃掉，尽管这些已形成的思想和观点与论文是有联系的。

其次，充分考虑论文各部分的逻辑关系。有层次就是怎样按顺序论证总论点，分几层论述，要排好先后。层次清楚、安排合宜、次序顺当，就会严密顺畅。为什么有中心有层次就是符合事物发展规律和思维规律呢？因为事物由矛盾着的对立面构成，主要矛盾和矛盾的主要方面决定事物的性质，发展有主流，决定事物的发展方向。思维规律要求认识事物抓主要矛盾和矛盾的主要方面，看主流，所以写文章要有中心有主线。因为事物发展有阶段，所以对事物的认识有过程，思考问题解决问题有顺序。

最后，要详略得当，安排好论文各部分的比例。从论文的结构上来看论文由三部分组成，但是，三部分如何安排则要根据论文的内容而确定，无论怎样安排，三者之间应有一定的比例关系。即使没有十分明确的结论部分，但其基本内容应在论文的相应部分反映出来；即使结论在绪论中体现和反映出来，也不能因此将论文的三部分变成两部分。

确定了这样的原则，要求作者要将其已经搜集到的许多材料忍痛割爱，尽管它是自己精心搜集来的。必须始终牢记，材料是为论点服务的，无论多么好的材料，只要与本论文的论点联系不大，应割弃时，就一定要勇于割弃，绝不拖泥带水。论文提纲即论文的纲要，是组织、设计毕业论文的主要内容、写作思路和篇章结构的基本构思，是作者运用一些简单的句子甚至是词或词组加以提示，把材料与相应的论点有机组织并编成顺序号所组成的一种逻辑图表，是作者思考论文逻辑构成的写作设计图。

三、编写提纲的内容与要求

（一）提纲的内容

论文提纲是论文初稿的雏形，论文提纲的内容就是要用最基本的格式和语言回答毕业论文的基本问题。

毕业论文的基本结构由序论、本论、结论三大部分组成。序论、结论这两部分在提纲中应比较简略；本论则是全文的重点，是应集中笔墨写深写透的部分，因此在提纲上也要列的较为详细。从结构上看，毕业论文提纲的内容包括标题、基本观点、大项目、中项目、小项目等。

1. 标题

标题被视为"文眼"，是十分重要的，毕业论文首先应拟好标题。毕业论文的标题一般不借助于修辞手段，且特别强调鲜明、准确、醒目地提出命题。毕业论文的标题应做到明白、具体和一目了然。

2. 基本观点

基本观点即论文的中心论点，是文章的灵魂。毕业论文的基本观点必须正确、鲜明，并力求深刻新颖。基本观点要用主题句的形式表示出来，文字应力求简明、准确。

3. 大项目

大项目即上位论点，它是基本观点得以存在和赖以完备表述的支撑点。从行文的思路来说，大项目体现为从哪些方面、以什么顺序来阐明基本观点；从文章结构方面说，大项目即全文的逻辑结构框架。编制提纲时，上位论点要用论点句标出。

4. 中项目

中项目即下位论点。为了行文的顺利进行，下位论点也应用论点句标出。

5. 小项目

小项目即段中的一个具体材料。对于准备采用的材料，要按构思的顺序标上序号，以备使用。段的中心意思是段旨，也叫段的主题、段的论点。全段是围绕着这个段旨展开的，又是为阐述这个段旨服务的。这个段旨用一句话概括出来，叫段中主句。提纲中用以提示写作的句子，有时即可用来做论文段落的标题。

（二）编写提纲的要求

编写提纲的要求可以概括为以下四个方面。

1. 着眼全局，紧扣主题

提纲是论文的基本逻辑框架，是作者用句子或纲目形式将立意和谋篇的过程，以及成果加以具体化的体现。因此，编写提纲应从全局出发，进行通盘规划。从全局出发，就是要紧扣论文主题，去检验每一部分所占的地位，所起的作用，相互间是否有逻辑关系，其篇幅在全局中的地位和作用是否相称，比例是否恰当合适，每一部分、每一段落是否为全局所需要，是否相互配合，丝丝入扣，服务于主题。另外还要注意综合性和整体性，对一些游离于主题的材料则坚决割爱，对一些与总论点不相协调的分论点则坚决舍弃。

2. 精选材料，开掘论题

"文章最忌随人后"，创新是毕业论文写作的意义所在。所谓"新"，包括论题新、角度新、材料新、表达方法新，其中材料新和论题新是保证论文内容具有创新性的前提条件。由于论题是靠材料来支撑的，因此只有精选材料，才能开掘论题。

要特别注意将有新意、有魅力、富有典型意义的材料列入提纲，并从新的角度对这些材料进行深入的挖掘。要抓住一点，深挖开去，深入其本质，从多方面把道理说透，这是深挖论题的切实可行的办法。

在开掘论题的过程中，要注意把握中心论点与分论点及小论点的协调配合，力求进行全面开掘。要明确确立什么样的论点，采用什么方式，从哪种角度提出问题，在中心论点下拟设几个分论点及小论点等。

3. 工于结构，巧于布段

结构是全文的骨架，是论文表现形式最主要的问题之一。布段是根据论文的结构，对层次和段落、开头和结尾、过渡和照应所作出的总体安排。提纲既为论文结构的轮廓安排，也为论文布段的具体安排，必须慎重经营。

　　首先，提纲要合乎逻辑，合乎毕业论文文体的特点。要按照论文主题的需要，将精选后的材料加以分类、组织和安排，使其条理清晰、层次分明、前后连贯、合乎逻辑。层次清晰、段落分明是毕业论文提纲最起码的要求。作者除了在提纲中列出中心论点和分论点外，还必须写出主要的论据和论证的方法步骤。毕业论文提纲必须包括引言、主体和结论三部分。

　　其次，要注意布段，即要注意段落、层次、开头、结尾、过渡和照应。要匠心独运地安排段落和层次，要工于开头、巧于结尾、善于过渡、勤于照应，这是编写结构提纲在形式上的总体要求。作者在这方面常犯的毛病有：段落段旨不明，层次分割不清，开头离题万里，结尾拖泥带水，过渡忘记架桥，照应有照无应。针对上述问题，在编写论文提纲时，要强调巧于布段，即段落意义要单一、完整，层次含义要有序、清楚，开头要开门见山，结尾要戛然而止，过渡要自然顺畅，照应要前呼后应。要力争使论文具备"凤头"、"猪肚"、"豹尾"，达到结构和内容的完美统一。

　　再次，运用表示次序的符号表现论文的框架，要注意系统性和种属层次。所谓系统性就是在一篇论文的同层次上采用同一系统的符号，不能前面用1、2、3，后面用A、B、C，这样会使文章条理不清，难得其解。所谓种属层次，即每一种符号在长期的使用过程中形成的种属习惯不能破坏。如果破坏了这种种属层次，例如，用"(1)"表示大层次，而用"(一)"表示小层次，就使人难以理清眉目。当然，如果层次级数不多，可省去中间的层次符号系统。带符号的数码系统后一般不用标点，如（一）（1）①这三种数码符号后均不用标点。

　　4. 精练文字，协调全篇

　　提纲的要义是"纲"，因此，必须用准确、精练、畅达的文字，提纲挈领地将内容表达出来，使人一目了然。在毕业论文写作中，作者易犯的毛病是详略失当，在结构和内容上没有对全篇进行统一协调，考虑多的、熟悉的就写得详细；考虑少的、不熟悉的就写得简略。结果有的部分繁琐累赘，把论据都详细写出；有的部分却苟简含糊。例如，论文的开头仅写出"引言"两字，没有将论点亮出来；结尾仅写出"结论"两字，没有说明论证的结果。总之，这样的提纲纲目不清，给人以杂乱无章之感。

　　提纲在文字上的要求是"少而精"，务必去掉那些可有可无的文字。小标题要精练，题目不要太长，一般不超过20字。重要部分，要用次序语。总体上说，观点要用主谓句明确表达，材料可用非主谓句或词组作简要提示。要显示层次，点明论证方式和步骤。

　　协调全篇除了各个组成部分做到结构匀称和谐、文气贯通流畅、文字疏密得当外，还要保证上位标题要涵盖所有的下位标题，而下位标题只能部分重复上位标题的文字或内容。只有这样，才能使所拟的提纲条理清晰、层次分明、首尾圆合、通篇连贯。

　　四、编写提纲的方法和步骤

　　编写论文提纲一般分为提纲的构思、起草及修改三个阶段。

　　（一）提纲的构思

　　论文提纲的构思方法主要有以下两种。

　　1. 按事物发展规律构思

　　常言道，有条则不紊，有序则不杂，所谓的"条"和"序"，指的就是事物发展的内在联系和规律性。如果找不到材料间的内在联系和规律性，作者在大堆的材料面前只能束手无策，无法形成提纲，而一旦弄清了客观事物变化发展的内在联系和规律性，思路就会豁然开朗。

2. 按写作需要构思

论文写作要从表现主题出发，因此展开思路、结构文章，都要服从写作意图的需要。主题贯穿全文，它是统帅思路发展的红线。如果偏离甚至背离主题，思路的梳理就会失败。因此，无论是论文的结构布局、表述的先后顺序，还是穿插分合、开头结尾等各个方面，都要有助于主题的实现。主题（写作意图）的选择不同，论文谋篇布局的思路就会不同。

(二) 提纲的起草

下面主要介绍一下提纲起草的方法和具体步骤。

1. 起草的方法

根据论文提纲的繁简程度不同，论文提纲的编写方法可以分为简拟法和繁拟法两种。

(1) 简拟法

简拟法又称骨架结构法，它要求用简要的语句把论文的题目和大标题、小标题列出来，把文章的基本骨架勾勒出来，形成论文提纲的雏形。这种提纲具有高度概括性，只提示论文的要点，不涉及如何展开。

(2) 繁拟法

繁拟法是在简拟法的基础上进一步充实论文骨架的内容。不仅要把论文的题目、大标题、小标题列出来，而且还要在此基础上，进一步落实好段落安排，列出主要段落的段旨，并根据论证要求基本完成材料的整理、分配、划归，以形成论文初稿的雏形。

论文提纲充实到什么程度，视论文写作的要求而定。篇幅短的论文，或作者已掌握材料的细节情况时，提纲可以适当简略；中长篇幅的论文或作者对材料掌握不是很熟悉，观点尚需进一步推敲的，提纲可以适当详细些。

根据论文提纲的写作格式不同，论文提纲的编写方法可以分为标题式、句子式和段落式。

(1) 标题式

标题式即用简要的文字把这部分的内容概括出来，写成标题。例如，一、二级纲（层次）多作小标题，三、四、五级纲（层次）多放在一段的首句（又称主题句），这种写法简明扼要，一目了然。缺点是内容过于简单，作者自己明白，其他人可能看不懂，并且时间久了之后，作者也可能忘记具体要写的内容。

(2) 句子式

句子式，即以能表达完整主题的形式，将该部分概括为一个完整的句子。此法的优点是具体、明确，由于提纲为论文的各个段落提供了主题句，方便起草成文；缺点是文字较多，写起来比较费时费力。

(3) 段落式

段落式，即以一段话将该部分内容概括成内容提要。这种方法比较详细，可为论文写作打下坚实的基础，但是花费时间较多，建议仅在论文的重点部分使用。

以上三种方法可单独使用，也可混合使用。提纲详略自便，可以从简略的提纲入手，反复修改，逐步完成。

2. 提纲起草的具体步骤

提纲起草的具体步骤如下：

1）拟定论文标题，以最简洁、最鲜明的语言概括论文内容；

2）写出论文中心论点或主题句，确定全篇的中心思想；

3）安排大项目，即确定上位论点及论点的逻辑结构，完成论文大框架结构的安排；

4）安排中项目，依次考虑每个上位论点的下位论点，直到段一级，写出段旨；

5）依次考虑各个段的安排，把准备使用的材料按顺序编号，以便写作时使用。

（三）提纲的修改

提纲草拟后不同程度地存在这样或那样的问题，对初学者更是如此，这就需要对提纲进行修改和完善。要对提纲进行修改，就要清楚如何发现提纲中存在的问题，以及对什么进行修改。

1．拟写提纲时常见的问题

拟写提纲时常见问题有如下几条。

（1）提纲残缺不全，内容不完整

有些同学虽然写了提纲，但是由于对提纲编写的有关步骤和内容不了解，在编写过程中，粗心大意，遗漏了提纲内容中的某些项目。

（2）词不达意，总论点与分论点层次关系不清

初学写论文的人，经常会对什么是总论点，什么是分论点，它们之间的关系如何不是十分清楚，认为都是自己要论证的观点。

（3）论据和论点之间没有必然联系

有的只限于反复阐述论点，而缺乏切实有力的论据；有的是材料一大堆，却不能支持论文的论点，缺乏应有的说服力。

（4）对论文的导论、本论和结论三部分安排不尽合理

对论文的导论、本论和结论安排失当，造成比例失调，使得论文结构不合理。

（5）段落层次不明

在段落上先讲什么后讲什么不符合逻辑要求，无法准确地表达自己的思想。

2．提纲的修改要点

论文提纲的修改主要从以下四个方面进行把握。

（1）从立论上进行把握

从立论上进行把握包括立论正确与否，是否符合事物的发展规律，符合党的政策和国家的法规，所论述的内容是否具有创新性和科学价值等。立论关系到论文的成败，不可等闲视之。

（2）从框架结构上进行把握

从框架结构上进行把握包括框架结构合理与否，是否需要作出调整。论文的主体部分绝对不允许只有一个部分，因为事物总是能够分为两个或多个方面。如果论文的主体部分在提纲中只有一个部分，论文主体部分的标题就会与论文的标题完全重合，显然违反了下位标题在内容和形式上只能部分重复上位标题的规定。

（3）从论证过程进行把握

从论证过程进行把握包括论证能否自圆其说，是否严密和具有逻辑性，有没有新的论点、论据需要补充，原来的论点和论据是否需要调整，或重新进行归纳提炼等。仅有论点和论据，若没有论证，就无法用论据去说明和支撑论点。

（4）从逻辑体系上进行把握

从逻辑体系上进行把握包括逻辑体系有无问题，各项内容的表达在语法上是否一致。提纲中同级标题在语法上的不一致，是缺乏逻辑性和连贯性的表现，必须坚决纠正。因此，不要把完整句和不完整句、名词短语和动词短语混淆在一起。

总之，通过对提纲的修改补充，使之形成既反映主题的基本骨架，又要反映材料安排的位置合适、层次分明、条理清晰、前后一贯。写作提纲一经列出，就应该依"纲"写作，但并不等于一成不变。在写作过程中，如果有了更新更好的思路，可以随时调整或修改提纲。

第二节 开题报告的撰写

开题报告是学生在确定选题方向后，在初步研究的基础上撰写的书面形式（一般采用表格形式）的报告，其是报请指导教师和指导委员会（小组）批准的选题、写作计划，是解决确定选题后如何实施研究和写作的问题，是大学生应当掌握的一种重要的报告文体。它主要说明该选题为什么要进行研究、具备的研究条件及如何开展研究等问题，初步规定了选题的具体研究内容、步骤和写作方案，是对选题所进行的论证和设计。

撰写开题报告的目的：一是通过开题报告，作者能将所选课题的内容框架、研究现状、选题意义、重难点和创新点、文化结构、主要征引材料及参考书目作一总体思路的构想，对选题的前因后果、来龙去脉进行有序的组合清理，为撰写毕业论文做好充分的准备；二是通过开题报告，作者能广泛地听取他人的宝贵意见，并在此基础上重新理顺论文的思路，使毕业论文结构更趋完整，内容更趋翔实。

一、开题报告的内容

开题报告的内容主要包括以下几个方面。

1. 毕业论文题目

论文题目即论题，目的是让读者明了毕业论文的大致范围和方向。在拟定毕业论文题目时，注意以下两点：

第一，题目名称要准确、规范。所谓准确，就是论文的题目要把论文研究的问题是什么、研究的对象是什么交代清楚，论文的题目一定要和研究的内容相一致，不能太大，也不能太小，要准确地把研究的对象、问题概括出来。

第二，题目应力求简洁，引人注目。一般不要超过 20 个字，必要时可以使用副标题。

2. 选题的研究目的、意义

选题的研究目的、意义就是选题的依据，也就是为什么要研究、研究有什么价值。选题的目的和意义一般可以从两个方面入手：一是选题的有关背景，即选题的提出，根据什么、受什么启发确定研究方向，从现实需要方面去论述，指出现实当中存在这个问题，需要去研究，去解决，本选题的研究有什么实际作用；二是通过分析问题的实际，指出为什么要研究该选题，选题的理论和学术价值，要解决的问题。

3. 选题在国内外研究的历史和现状（文献综述）

该部分内容的叙述方式灵活多样，可按国内和国外研究动态、年代、问题、观点、发展阶段等进行叙述，一般应包括历史背景、现状评述和发展方向三方面的内容。历史背景着重说明本课题前人的研究成果；现状评述重点论述当前本课题国内外的研究现状，着重评述本课题目前存在的争论焦点，比较各种观点的异同，亮出作者的观点；发展方向主要通过纵（向）横（向）对比，肯定本课题目前国内外已达到的研究水平，指出存在的问题，提出可能的发展趋势，指明研究方向，提出可能解决的方法。

4. 选题的撰写框架（基本内容）

撰写框架可以用文字描述或者提纲的形式表述。以提纲形式表述，一般由以下几个方面构成：

1）引言：提出问题、摆明观点；

2）论点：分析问题与阐明自己的观点。大致包括：问题的原因及危害性；解决问题的重要性和必要性；从理论上论证问题的解决方法，并联系实际来阐述解决问题的策略与做法。另外，利用实际数据作为论据，证明方法的有效性；

3）结论：通过对问题的分析论证，其后果如何，有什么指导意义，有哪些方面需要继续进行研究，它还有什么不足之处，这些均需在结论中加以说明。

4）参考书目：参考的文献资料有哪些。

5. 主要研究方案

研究方案主要包括拟采用的研究方法、准备工作情况及主要措施。研究方法是确保论文写作顺利进行的重要条件，从大方面来说，一般包括实证分析法和规范分析法；从具体的研究方法来说，包括观察法、调查法、实验法、经验总结法、个案法、比较研究法、文献资料法等。学生应根据选题方向、研究内容和实现目标的需要，选择确定合适的方法加以应用。准备工作情况目的是要明确至开题时，在选题上已经完成的主要工作，以便指导教师确认学生的研究条件。研究的主要措施是要学生确认在接下来的具体研究过程中，如何确保写作任务的完成。

6. 研究工作进展安排

研究工作进展安排即选题研究在时间和顺序上的写作步骤安排。研究的步骤要充分考虑研究内容的相互关系和难易程度。一般情况下，都是从基础问题开始，分阶段进行，每个阶段从什么时间开始。至什么时间结束都要有规定。选题研究的主要步骤和时间安排包括：整个研究拟分为哪几个阶段，各阶段的起止时间，各阶段要完成的研究目标、任务，各阶段的主要研究步骤及日程安排等。

7. 指导教师意见、院（系）指导委员会（小组）的开题意见

学生完成开题报告后交至指导教师，指导教师会同指导委员会（小组）组织开题，对学生选题进行论证，同意开题的，签署开题意见；不同意开题的，签署修改意见。

二、开题报告的要求

开题报告的要求有以下四点。

1）在正式撰写毕业论文前须经指导教师审查合格。

2）开题报告的形式一般采用表格形式，把要报告的每一项内容转换成相应的栏目。这样做，既便于开题报告按目填写，避免遗漏；又便于评审者一目了然，把握要点。

3）高职高专学生一般须写出 500～1000 字的书面开题报告。

4）参考书目一般至少列出 5 本以上，英文参考书目在前，中文参考书目在后，以字母拼音顺序排列。教材、技术标准、产品样本、网址网页等不列为参考文献。

三、开题报告写作方法与技巧

开题报告写作需要采用一定的方法和技巧，具体内容如下。

1. 明确提出选题和研究问题，讲明选题意义

选题是撰写毕业论文的第一步，选题是否妥当，直接关系到论文的质量，甚至关系到论文的成功与否。此外，研究的问题贯穿整篇毕业论文的始终，论文的后续内容必须紧扣研究的问题展开。因此，开题报告写作必须明确交代选题和提出研究的问题。

作者还必须讲明选题的目的和意义。通过这些，评审专家或老师才能够真正了解和理解论文选题的理论价值和实际价值，并对此给予中肯的评价。

2. 瞄准主流文献，随时整理

文献资料是撰写好毕业论文的基础，一般来说，文献越多，论文的基础就越牢固。要注意所选文献的代表性、可靠性及科学性。应该选择本学科的核心期刊、经典著作等。最好是先看近期（近3～5年）的，后看远期（5～10年）的，广泛阅读材料，在必要时还应该找到有关文献所引用的原文进行阅读，在阅读时，注意做好读书卡片或读书笔记。

整理资料时，要注意按照一定的思路组织文献资料。写文献综述不是将看过的资料全部罗列和陈述出来，而是要按照一定的思路将其提炼出来。只有这样，才能写出好的文献综述，也才能写出好的开题报告，进而为写出好的毕业论文打下基础。

3. 研究目标具体而不死板

一般开题报告都要求明确毕业论文的研究目标，但是研究目标不宜定得太死板。这是因为即使条件确定，研究工作本身也会涉及诸多因素，研究设备等研究条件也可能不同，因此目标是偏高还是偏低，难于准确判断。毕业论文的选题和研究目标体现了研究工作的价值特征。因此，在选择研究目标时要注意具体而不死板，这样才能写出有质量的毕业论文。

4. 注重研究方法的描述

写开题报告是为了请老师和专家判定所选的问题有没有研究价值，选用的研究方法能否奏效，论证逻辑有没有明显缺陷。因此，开题报告的主要内容，就是要按照"研究的背景和问题"、"研究的目的和意义"、"文献综述和所采用的理论框架"、"基本论点和研究方法"、"资料收集方法和工作步骤"等若干个方面展开。其中，"基本论点和研究方法"是重点，许多人通常会花费大量笔墨铺陈文献综述，但一谈到自己的研究方法和研究设想时便寥寥数语，一掠而过。如此这般，评审老师不能够判断出其研究前景，更不能够对其研究方法给予切实的指导和建议。因此，必须注重研究方法的描述。

四、开题报告写作中存在的主要问题与对策

开题报告写作存在如下四个主要问题。

1. 思想重视不够

长期以来，尽管许多高校都把开题报告作为毕业论文工作的一个重要环节，建立了相关制度，提出了具体明确的要求，但在实际操作中仍然存在着重形式轻内容、弱化指导、宽于审核、放任自流、内容不符等现象。认为学生培养质量的高低，能否顺利毕业，关键看其毕业论文的完成情况和导师指导情况，把开题报告与毕业论文人为地隔离开来，使开题报告成为可有可无的东西，学生任意写，导师轻易过。因此，有必要对开题报告的撰写和评价给予足够的重视，把开题报告视为毕业论文写作的重要部分，进而提高毕业论文的质量。

2. 缺乏统一规范

开题报告是毕业论文的前提和基础，也是学生真正意义上学术研究活动的开端，是学生养成严谨治学风尚和科学求实态度的"磨刀石"和"训练场"，具有很强的学术性。但在实践中，一些高校的管理部门或管理者认为开题报告无碍大局，仅就形式和框架上泛泛要求，缺乏统一的制度文本，以至于不少学生的开题报告内容不完整。学术规范性不强，一人一个样，想怎么写就这么写，或者随意复制，敷衍了事，从而给课题研究和论文的质量埋下诸多隐患，也对其职业道德、敬业精神和终生学术研究态度的训练产生了不良的影响。因此，高校有关部门要建立严格的开题报告制度，统一规范好开题报告的内容、要求与格式，防止学生随意应付开题报告的现象发生。目前，高校普遍建立了毕业论文开题报告制度和统一格式，这种状况正在得到有效遏制。

3. 指导流于形式

导师是学生开题报告的主要指导者和第一阅读人，也是开题报告质量的第一检查人和把关人。但随着招生规模的扩大，每位导师指导的学生数量相对增多，导师整体负荷明显增大，师生间的直接互动相对减少，加之导师工作忙、事务多，而对导师的考核，许多学校又偏重于科研项目和科研成果，以至于在指导学生开题报告撰写的过程中，导师时间和精力投入都难以到位。同时，部分导师的责任心不强，主客观方面的约束又不够严格，从而影响了开题报告的质量和效果。因此，应当强化导师的指导把关责任，把导师的考核与指导学生的情况、质量挂钩，发挥师生双方的积极性，促进学生成才。

4. 与毕业论文工作脱节

开题报告是毕业论文写作与指导的制度文本，对师生双方和毕业论文写作具有强烈的约束作用，应当贯穿于毕业论文的写作与指导中。但如果开题报告的撰写时间仓促，文献资料查找不足，研究现状把握不准，师生交流不充分，相应的论证分析不到位，已有的条件不成熟或者设备不够完善、先进等原因，常常出现论文与开题相背离的现象，使开题报告失去应有的作用。经常会出现学生离题万里，导师也缺乏督促的情况，以致论文形成后，虽不合乎要求，也只能无可奈何。为不影响学生正常毕业，匆匆答辩，草草过关，毕业论文质量难以保证。因此，学生要严格按照拟好的开题报告，进行毕业论文的写作；同时院系也要发挥监督和审核功能，督促学生与导师一起遵循有关的开题报告规范，保障毕业论文的顺利完成。

第三节　毕业论文的起草与修改

一、毕业论文的起草

毕业论文的起草是作者根据拟订的写作提纲和收集整理的材料，将论点与论据进行有机结合，把自己的设计构思草拟成文，以形成论文初稿的过程。

（一）起草的基本原则

为了保证毕业论文初稿的写作质量，对初学者来说，一般在根据毕业论文提纲起草初稿时要遵循以下几项原则。

1. 遵循提纲，大改小不改

提纲是毕业论文已经探明的思路，是已经设计好的蓝图。这条思路或蓝图的大架子是经过周密思考、反复修改和导师审查指正的，因而它必须是起草的基础。起草就是要用具体材料、科学的论述和连贯成篇的书面语言去展开提纲上的要点，沿着这条思路写就会顺理成章，按蓝图或大架子"施工"就会顺利完成。所以不要游移，不要随便岔出去，要按照提纲拟定的结构顺序展开。将提纲搁置一旁，一时心血来潮、信马由缰地狂想、狂写是不可取的。

起草又是一个创造性过程，应该把毕业论文提纲中不周密、不合理、不顺畅的地方进行解决，但这和停下来改动不同。要不要停下来改动有一个原则，称之为"大改小不改"。那就是发现文章大的方面，譬如总论点、立论的关键材料、主要的观点、形势发生变化或大的架子——整体结构出现了问题，要立即停住，考虑好后再进行，甚至还会出现另起炉灶的情况。此时绝不能将错就错。如果发现的是细枝末节或局部的问题，如材料不够、不合用、不确切，则先不要停下来修改、核对、查找，可以先做上记号，待完成后再回头看。不要被细节拖住，而裹足不前。此处果断是必要的，游移是有害的。

2. 紧扣主题，突出中心

主题是文章的灵魂，是论文的核心，论文写作的各个环节都是围绕主题展开的。主题一经确定，就要以它为中心进行，不论是在结构的安排和材料的取舍上，还是在遣词造句上。若不以主题为中心展开，文章就会脱离原来的思想，就可能杂乱无章、支离破碎，达不到写作的预期目的，并且这样写出的草稿也对下一阶段工作的开展造成困难。

3. 论点鲜明，论述有据

学术论文就是要亮明自己的观点，就是要阐述自己新的见解和思想，论文的主题也是根据论点而定的。虽然作者在论文提纲中表明了自己的论点，如果在论文起草过程中，将自己的论点淹没于一片文字中，就无法明确自己的论点，自己在写作过程中也会失去航标和方向。论文论点不明确，在写作过程中，即使事先有充分的论据也失去了用武之地。因此，在论文起草过程中，论文的论点必须鲜明突出，论据才能充分有力。

4. 结构完整，全文贯通

在根据提纲进行论文起草的过程中，要保证论文初稿的完整，不仅要求论文的论点、论据的完整，并且要求到论文每一部分的完整，每一段落的完整。在保证结构完整的同时，还应全文贯通，不要在起草过程中偏离主题，认为其他问题更重要，而写一些与主题和论点无关的问题，或是虽与主题相关，但不是本篇论文要阐述的问题，保证论文初稿在思想上的一贯和唯一。对于初学者来说，在论文起草环节上，关联词语、过渡句段、前后照应是否得体，可以暂时不多考虑，留待修改时进一步完善。

5. 分清轻重，详略得当

写论文是要把道理告诉人们，说服他人；是要把自己的学习心得、理论见解、研究成果和解决问题的方案表示出来；是要把自己学习的收获和取得的成果拿出来请导师、答辩委员乃至学术界同仁检验审查。因此人所共知的东西要少讲、略写，甚至有的只需一带而过。属于自己论证体系的，得出结论的关键处，论证的症节处，特别是个人研究有新意之处，则需要讲细、讲深、讲详、讲透。在叙述事实作论据或说明情况作背景时，要简明概括，言而不繁。论证分析时则必须深刻透彻，不妨详细说明，但也必须精当妥帖，有几句切实有力的语言。

6. 尽可详尽，不拘小节

对于初学者来说，在论文起草环节要求其撰写的简明、准确和用词恰当到位是不现实的。为了防止遗忘和为以后的修改留下思考的空间，对他们来说，在论文起草过程中，只要不偏离主题，论点不模糊，就可以将自己想到的话全部写在纸上，用词的恰当与否、语义明确与否，句意严密与否、格式规范与否、都可暂时不管，以防拘泥细节而使论文的起草工作无法正常地进行。当然，对有一定写作经验的作者来说，在起草的过程中，注意用词恰当、语义明确、句意严密、格式规范，就可大大减少论文修改的工作量，节省时间，便于论文的早日完成。

（二）起草的方法与注意事项

1. 起草的方法

撰写毕业论文初稿一般是按照提纲的顺序写，有时也可以打破顺序分段写。两种方法各有利弊，可以根据自身的需要进行选择。

（1）按照提纲顺序写作

毕业论文提纲的排列顺序，是经过作者反复思考、精心安排的，反映了作者认识事物的过程，也反映了事物本身的内在逻辑。因此，按照提纲的顺序，先提出问题，再分析问题，然后解决问题，顺理成章，十分自然。这种方法，符合大部分人的写作习惯，其好处是全文贯通，一气呵成。如果对全文各部分的内容都已酝酿成熟，各种材料的准备也均已到位，就可以采用此种方法。但是这种写法，开头部分比较难写，通常不知道该从何入手。遇到此类情况时要仔细分析问题所在，若是由于提纲没有列好，出现思路不流畅，则要重新考虑编写提纲，组织材料；若是由于写作状态不佳，则可以暂时搁置，转做些其他的事情，调整心态后再开始写。

（2）打破顺序分段写作

由于毕业论文的篇幅较长，各部分内容的成熟度有先有后，要一口气全部写好不大可能，那么可以打破提纲顺序，分段完成。作者的论述是逐步展开的，论文也是一部分一部分写出来的，完全可以成熟一部分写一部分，哪部分先成熟就先写哪部分，最后连接起来，成为一篇完整的毕业论文。这种写法的好处在于能够集中精力写好每一部分，有利于保证毕业论文的质量。对于初写者来说，这种写法可以分散难点，各个击破，更容易把握。采取分段分块写法，要根据实际情况，制订出分阶段写作计划，既要保证各部分内容的相对独立性，又要保证全文的完整统一性。写作过程中要注意掌握进度，以免将写作时间拉得过长，影响整个毕业论文写作任务的完成。

2. 起草注意事项

起草毕业论文初稿应注意如下几个方面。

（1）明确层次，确定段落

层次是论文内容表现的次序，合理的布局层次可以清楚地表现论文的内在逻辑顺序，使论文的各个部分形成有条理、有系统的有机整体，从而有力地表现主题。层次的结构形式有分总关系、总分关系、总分总关系、分总分关系。根据不同类型的论文主题，可以从中选择适当的层次表现论文。

段落是构成层次具有完整意义的小层次，是论文结构的最基本单位，又称"自然段"。如果说论文的层次是确定论文的大致框架，那么论文的段落则是从细微处安排论文的结构。段落与层次的区别在于：层次着眼于思想内容的划分，而段落则侧重于文字表达的需要。段落能够逻辑地表现出作者思维进程中的每一停顿、转折，清晰地向读者展示论文的内在层次，使论文眉目清楚，便于读者阅读和理解，并给读者在阅读中停顿的时机，从而有思索和回味的余地。另外，使用一些篇幅较短的特殊段落，可以起到强调重点、加强读者印象的作用。

（2）自然过渡，注意照应

过渡是指上下文之间的衔接、转换，起承上启下的作用，可使论文的脉络清晰畅通，层次紧凑自然。在毕业论文中，常用的过渡方法主要有三种：过渡词、过渡句与过渡段。过渡词可以用于层次之间、段落之间，也可以用于段落中各小层次之间；过渡词，一般安排在后层的开头；过渡句的内容要与上下文的意思有关，可以置于前层的末尾，也可以置于后层的开头；过渡段常用于总分关系或分总关系或并列关系的层次之间。

照应是指论文内容前后关照呼应，即前文有交代（伏笔），后文对前文的交代予以呼应，显示论文的连续性和布局的严谨。照应不仅能够使论文本身协调、统一、完整，而且能够唤起读者的联想和回味，有助于主题的表达。在毕业论文写作中，常用的照应方法有三种：首尾照应、前后照应与题文照应。首尾照应是指论文开头设置交代（伏笔），在论文的结尾处予以照应。这种遥相呼应的笔法能够给人以主题突出、首尾圆合、结构严谨的印象；前后照应能够使论文结构严密、无隙，增强说服力；题文照应是指行文照应题名。题文照应不但能够帮助读者理解论文内容，而且会使人感到标题的生动新颖，论文浑然一体。

（3）写好开头，注意结尾

开头是毕业论文结构的重要组成部分，居于全文的"定调"的地位。开头如何，关系到能否自然而流畅地引出正文，更好地表达主题；关系到能否抓住读者，吸引读者进入阅读。论文的开头方法很多，毕业论文的开头通常是采用"交代动机开头"，即落笔交代写作动机，表明写作目的，要解决什么问题，要达到什么目标等，使读者一开始就了解到作者的意图，引起关注。开头切忌下笔千言，离题万里，头绪杂乱。

结尾是毕业论文结构的有机组成部分，居全文"结论"地位，是论文内容发展的自然结果。论文结尾的方法有：总结前文与照应前文两种。总结全文即是对全文论述的内容进行高度的概括，作出结论，深入主题，使他人对作者的观点有全面深刻的了解；照应前文即对论文开头提出的问题进行回答，阐明研究结果、进行讨论、作出结论，给人以深刻的启迪。

（4）句意准确，用词严谨

句意准确，是指句子的逻辑合理、道理正确。一般不用比喻、夸张等手法写作句子。毕业论文的词汇必须正确，不要含糊其辞，也不要臆造新词和堆砌词汇；尽量不用或少用不定量的用语，如"可能"、"大概"、"约为"和"左右"等；尽量避免使用口语化表达。在毕业论文中，一般不用语气助词，不用重叠式的形容词和动词；禁止使用"我"与"我们"之类的第一人称词汇；此外，"作者"、"笔者"、"本课题组"等都属于第一人称范畴，也不宜采用。要慎重使用关联词，可用可不用的，坚决不用。为保证行文的流畅性，句内不应采用多重关联；为提高语句的呼应性，应避免"远程"关联。

（三）电脑写作的常用方法

电脑给毕业论文的写作带来了极大的便利。为了提高毕业论文的质量和规范，不少院校都要求学生用电脑来进行毕业论文撰写。下面介绍一些电脑写作毕业论文的常用方法。

1. 页面设置

页面设置步骤如下：

第一步：在 Word 菜单中依次选择［文件］——［页面设置］命令，打开［页面设置］对话框。在［页边距］选项卡中分别做以下设置："上：3.7cm，下：1.7cm，左：1.0cm，右：1.4cm，装订线：1.35cm"（注意：具体的页面设置，不同高校或者学院的要求不尽相同）；

第二步：选择［纸张］选项，将［纸张大小］设置为"16 开"；

第三步：选择［文档网格］选项卡，将对应选项设置为"每行：32 个字符，跨度：12.75，每页：21 行，跨度：27.45 磅"。

2. 设置样式

设置样式完成之后，在写作过程中，能够方便地设置字体大小等格式，不用每次重复格式设置的繁琐工作。

设置样式的步骤如下：

第一步：选择［格式］——［样式和格式］命令，即可看到 Word 的右边会出现一个设置窗口；

第二步：单击［新样式］，弹出［新建样式］设置窗口，将对应项目设置为："名称：正文每章标题，格式：黑体、三号，居中"。这样就完成了一个样式的设置，以后每当要输入每章标题时，只需要在样式选择中选中"正文每章标题"，然后输入标题，即可按照设置好的样式在输入文字的同时自动设置标题的格式。同时，也可以在输入标题后，选择输入的标题文字，再在样式中选择"正文每章标题"来进行标题的样式套用。按照上面的方法，可以逐一对论文中不同格式的部分进行设置，在写作中方便地调用。

3. 文章的分节

通常要求在撰写毕业论文详细内容之前需完成毕业论文的提纲，也可以说是完成学位论文章节的划分。

第一步：输入毕业论文的提纲（即每章标题、每小节标题等）；

第二步：在分章处和分节处插入"分节符"。用鼠标将光标定位于论文两章的交界处，选择［插入］—［分隔符］命令，在弹出的分隔符设置窗口中，选择［分节符类型］为"下一页"，这样即可在分章节的同时另起一页继续下一章的内容，而不用多次插入换行符使下一章另起一页。如果是两小节之间，那么［分节符类型］要选择"继续"，因为通常情况下不需要在两个小节之间分页。

4. 生成目录

毕业论文的标题、目录和摘要通常是老师评判毕业论文的最主要的标准（老师评判论文时的第一印象一般都来自这三个要素）。下面来介绍目录的自动生成。

第一步：在关键词后插入新的一页。使用［插入］—［分隔符］—［分页符］命令使得目录部分独立成页；

第二步：选择［插入］—［引用］—［索引和目录］命令，弹出［索引和目录］窗口，选择［目录］选项卡，单击［显示大纲工具栏］按钮，再按［取消］按钮，否则在没有设置级别时生成目录会出错。此操作是为了使用大纲工具栏来对文章进行大纲的级别设置，从而为方便快捷的生成目录做准备工作；

第三步：选中论文中每章的标题，在大纲工具栏中将其设置为"1 级"，同样方法将小节标题设置为"2 级"。依此类推，将要在目录中生成的内容设置成不同的级别。设置时，要注意"1 级"的级别最高，即章标题；

第四步：完成级别设置后，把光标定位到文章的最前面，插入一个"下一页"类型的分节符，把要生成的目录与正文区分开来。然后再进入［索引和目录］设置窗口，直接单击［确定］按钮即可自动生成目录。

注意：使用自动插入目录，需要首先对各级标题进行设置，即设置相应的标题样式。还需注意，在完成排版之后，目录页码才能最终确定。如果目录插入在同一个文档中，则页码会自动更改。若不想更改页码，则应该在文档的最后位置插入目录，然后剪切、粘贴到另一个文档；然后在后一个文档中立即删除原来的页码，并在该位置输入与原来页码相同的数字。所以，目录编排也可以在文档最终排版完成后进行。

5. 设置页眉与页脚

毕业论文要求在不同的章节显示不同的页眉，页脚显示不同的页码，其设置步骤如下：

第一步：将光标定位于论文的开始处，选择［视图］—［页眉和页脚］命令，进入页眉和页脚的设置；

第二步：如果要实现在不同的章节显示不同的页眉，那么一定要在此之前完成分节符的设置。选择［页眉和页脚］命令后可以看到，页眉设置上有一行小字"与上一节相同"，这是 Word 默认的设置，在这种情况下，如果输入一个页眉，那么整篇文章都将采用这一页眉，而现在需要每章都有不同的页眉，所以要按下面的方式设置。用鼠标单击［页眉和页脚］的设置工具栏上的［同前］按钮，取消 Word 默认的整篇文章都用相同页眉的设置，之后即可对每一章节设置不同的页眉；

第三步：单击［页眉和页脚］工具栏上的［在页眉和页脚间切换］按钮，切换到页脚的设置。论文摘要、目录、正文都在一篇 Word 中，如果按照 Word 的默认设置，整篇文章也将采用同样的页码设置（即从文档的第一页开始自动编号到最后一页），这样一来就不能实现目录、正文的独立分别编页码。同样，类似于页眉的设置，也要用鼠标单击［同前］按钮取消 Word 的默认设置后，再单击工具栏上的［设置页码格式］按钮设置不同的页码格式。

6. 论文插图轻松编号

论文中往往会插入很多图片，要求这些图片在文章中按顺序编号。Word 为文章写作提供了图片自动编号的功能，在需要进行编号的图片上单击鼠标右键，在弹出的快捷菜单中选择［题注］命令，弹出［题注］设置对话框，在其中按照需要设置即可。

7. 轻松绘制图表

下面使用 Excel 来制作一个漂亮的散点图，绘制步骤如下：

第一步：打开 Excel，输入相关数据；

第二步：用鼠标选中需要画图的数据，然后选择［插入］—［图表］命令，弹出［图表向导］对话框，选择"散点图"后按照提示操作；

第三步：在各项内容都完成设置后，单击［完成］按钮即可生成需要的散点图，选择相应的选项即可对其相应设置进行修改和编辑。另外，Excel 生成的图表可以非常方便地插入到 Word 中。同样，AutoCAD、Visio 等软件也支持 Word，可以直接将其绘制好的图通过复制插入到 Word 中。

8. 输入公式

使用 Word 自带的"公式编辑器"可以方便快捷地输入公式，操作步骤如下：

第一步：在［插入］菜单中选择［对象］命令，然后选择［新建］选项卡；

第二步：在［对象类型］列表框中选择"Microsoft 公式 3.0"。如果没有安装公式编辑器，系统会提示安装；

第三步：在打开的公式编辑器中选择合适的公式样式，根据需要填写。

（四）论文起草过程中常见的问题及解决办法

论文起草过程中常见的问题及解决方法如下。

1. 写不下去怎么办

起草时会遇到写不出来的情况，应该分析为什么写不出来。起草时写不出来，或是写不下去，大体有如下几种情况，这些都是可以解决的。

1）缺乏写作训练。虽然学有所得，构思并编写了提纲，但一提笔就发憷，写不下去。这种情况是心理的原因，遇到这种情况要坚持写下去，不要有不切实际的要求，实事求是地写下去，慢慢就能写出东西，就能有所提高。只要用心，一定能写出来，而且最后会写得很好。还有一种情况是，心中牢记的是"不鸣则已，一鸣惊人"的信念，一旦在下笔时达不到预期的效果，就气馁了，罢笔不干了。其实，要达到"不鸣则已，一鸣惊人"的境界，是长期努力奋斗的结果，不是一开始就能实现的。只要我们坚持不懈地学习、思考、写作，定能实现这一目标。

2）提纲写得很好，但在起草过程中思路卡住了。这时不要着急，可以稍微停一下，去看看自己的写作提纲，回想一下当初是如何构思的，为什么当初自己是那样想的，从中找回遗忘或不清的思路。再阅读一下收集的材料，以及有关的文章，变换一下角度去思考，在外界的启示触发下，文思就会顺畅起来，然后再继续写下去。

3）构思时工夫下得不够，提纲写的不够细致，写到一半就写不下去了。这就要重新审视提纲，看对总论点理解把握的如何，材料熟悉的怎样，结构安排的怎样，问题是否吃透。为避免出现此种问题，可把提纲写的更加细致，层次更加分明，论证安排更加合理。

对初学写论文的学生，可能不会区分哪些是人所共知的一般性的东西，哪些是自己创新的。在写作时，可将自己事先想到的全部内容都写下来，包容的内容要充分、丰富，在论文修改时再做取舍。如果在写论文初稿时，这也不敢写，那也不能写，论文就会单薄，势必给论文的修改带来一定的困难。

2. 写出来不满意怎么办

有时构思的很好又写了提纲，提笔写出来却不满意，其原因多是起草不得法。想好了和写明白了不是一回事，所以起草时要注意方式方法。

常见的问题是就事论事，缺乏理论深度。究其原因是写作缺少相应的理论基础，知识掌握不够，问题还没有摸清吃透。当出现此类问题时，要求重新钻研理论，熟悉材料，真正弄清理论的来龙去脉和理论的深刻内涵，真正把握事实材料的来源及其要说明和反映的问题。这样在写论文时，方可深入下去，就会写得深刻，有的放矢。

研究方法不当也是论文深入不下去的重要原因之一。当论文写出来不满意时就需要重新审视自己研究的方法是否得当，研究方法不当直接关系着对问题的研究能否深入，能否有新的思想或新的见解产生，能否有有力的证据材料或有利的论证方式。

常见问题还有选题问题。一种情况是选题过大过难，自己难于驾驭；另一种情况是选题没有能发挥作者的长处，从而使论文写作无法进行下去，即使勉强写下去了，也缺乏新意。

总之，面对上面存在的各种问题，解决问题的对策主要有重新审视论文的选题是否合理及是否发挥其长处；重新审视自己在材料的搜集和整理上的工作是否到位；重新审视自己在论文的构思和提纲写作上是否严谨周密；重新审视自己在论文的写作上是否发挥了主观能动性。

二、毕业论文的修改

论文修改是在完成论文初稿的基础上，通过各种方法，对思想内容（观点和材料等）和表现形式（结构与语言等）中存在的错误、不足等进行改正，以进一步提高论文质量的过程。通过修改，使论点由混杂、浅俗变得集中、深刻，材料由芜杂、不实转为典型、翔实，结构由松散、平直变得严谨、周密，语言由冗赘、板滞趋于精美、畅达。

修改文稿的主要目的是使毕业论文更准确、简明和规范。勤写勤改，才能字字到位、文理通顺。编写者要做到"初稿写成改三遍，搁置之后改两遍，定稿之前读一遍"，俗称"成稿三二一"。只有通过反复修改，才能确保毕业论文的准确性、简明性和规范化。具有深厚写作功底的作者，也把"成稿三二一"作为提高论文质量的重要手段。

（一）修改毕业论文的意义

1. 修改毕业论文是提高论文质量的重要环节

为提高论文的质量，必须对毕业论文的初稿进行修改加工。受作者思想认识水平和语言文字驾驭能力的限制，有必要进一步修改论文。尤其是第一次编写大篇幅的毕业论文，美中不足或者不尽如人意是比较常见的，这也正是一篇具有学术价值和研究分量的毕业论文不可能一次定稿，需反复修改加工才能完成的原因。修改加工的目的就是追求语言表述的准确程度，使论文质量在原来基础上有较大的提高。

2. 修改毕业论文是提高写作能力的重要途径

毕业论文的写作可以锻炼学生的写作能力。要提高写作能力，既要多写，更要多改。好文章是改出来的，学习怎样修改文章是写作的一种基本训练，而且是更有效的训练。从某种意义上讲，会不会写文章可以用会不会修改来衡量。通过修改论文，可以进一步提高构思文章、遣词造句、尊重和方便读者等方面的写作能力。

3. 修改毕业论文是提高思维能力的重要手段

对论文进行修改加工，弥补原有的不足，趋于完善，是在更为严密的思维或思路的指导下进行的。每一次修改也就意味着思维能力得到了进一步的提高。这种思维能力的提高主要体现在以下各个方面的提高，包括分析批判能力、区分主次的能力、梳理逻辑顺序的能力、解释结果和现象的能力、自我检查和完善的能力、严密思维的能力。

4. 修改毕业论文是作者责任心的重要体现

修改毕业论文是培养严谨的治学态度和良好学风的需要。论文是给外人看的，会对社会产生一定的影响。因此，作者必须抱着对读者、对社会高度负责的精神认真修改论文。毕业论文作为一种科研成果的表现形式，如果不能保证其观点的准确性和科学性，不能保证遣词造句的妥帖性和行文的规范性，不仅会影响读者的阅读，还会给人类的思想行为产生消极的影响。因此，认真修改毕业论文既是对他人负责，同时也是对自身负责。

（二）论文修改的范围

论文初稿完成，仔细检查，总会发现有不妥当之处，大至论点是否鲜明突出、具有独创性，结构层次是否严谨合理，论证是否有说服力，小至文字是否准确简练，语序是否条理清晰，引文、注释是否规范等。针对论文不同的问题症结，需要对论文进行大改或小改。所谓大改，是指在初稿完成后变更部分论点，对结构进行调整，增删或重新组合材料，这是带有全局性的重大修改，称之为"动大手术"；而小改则是在对原稿的论点、框架结构维持基本不变的情况下针对个别细节材料、段落的衔接转换及引文注释上作点"小修小补"或对某些词句进行适当的调换、修饰和润色。究竟是大改还是小改，要根据论文中存在的实际问题进行选择。

修改论文没有一定的程式，一般说来，应从全局着眼、大处入手、逐步修改。即首先要检查论文的论点，论点的修改常会关涉到论文各个环节的变动；接着要根据表达论点的需要，考虑是否要调整结构或增删改换材料；最后进行局部的修改和语言上的加工润色。具体地说，论文修改应从以下几个方面进行。

1. 修正论点

中心论点是论文的灵魂，修改论文首先要考虑此点。论文的中心论点是研究者从对材料的研究分析之中，从对某种灵感的深入剖析中提炼而来的，并在提纲及正式行文中使之明确化的。也就是说，论点并非在论文动笔写作之初就已经十分明确的，而是在写作过程中，在具体的语言材料论证过程中逐步提炼出来的。修改的过程，也是中心论点进一步提炼和深化的过程。

论点常见的问题如下：

1）基本观点错误；

2）观点主观、片面，缺乏准确性和真实性；

3）观点不鲜明，重点不突出；

4）前后论点矛盾，中心论点与分论点矛盾，或回避论题，或主观臆断；

5）缺乏新颖性和创造性。

2. 增删材料

论文的材料是论点的来源，也是论点成立的基础，必须精心选择材料。对选用材料的基本要求是：一是典型，即选用最能论证观点和理论的材料；二是正确，即选用准确可靠的材料，不能生搬硬套，歪曲原意；三是适当，即材料引用要符合少而精的原则，恰到好处。

材料常见的问题如下：

1）忽视"新颖性"的选材要求，材料陈旧，重复出现众人熟知的例子，缺乏新鲜感、吸引力；

2）不能有选择地利用典型、精当的材料形成自己的观点，示例滥而散，没有从中整理出立论的角度和起笔的由头；

3）论据缺乏典型性、必要性，仅凭在特定环境中极少发生的某些事实，而得出与该环境中大量发生事实所不同的结论，因而论证缺乏说服力；

4）提出论点、罗列论据之后，不作深入分析甚至不作任何分析，没有论证过程，便用"由此可见"、"大量事实说明"等语句，转而扣合所提出的论点；

5）以偏概全，以点带面，以小论据支撑大论点，论据不足，犯"推不出"的毛病；

6）论据和论点之间没有必要的联系，二者或互相脱节，或互相矛盾，犯"引论失据"的毛病，其原因是对概念和事实没有真正理解；

7）假设不恰当或缺少论据，未经实践检验，便把假设当做结论；

8) 分析问题不是从实际情况出发，也不是从对事实的分析中得出结论，而是用观点去套例子，用事实去印证观点；

9) 前后论点有矛盾，中心论点与分论点有矛盾，或回避论题，或主观臆断，分析不客观，没有进行必要和充分的论证；

10) 以形容、描绘、形象刻画等文艺笔法，来代替论文的论述手法。

如果出现了问题，就必须增删更改：材料堆砌得太多，湮没了观点，对其就要勇于割爱，删去那些多余的、不典型的材料，突出观点；行文空泛抽象，材料不充分的，就要增添典型材料，有力支撑观点；材料不够准确、翔实的，也要作出修订……总之，材料的增删变动一定要服从中心论点的需要，要为论证论点服务。

3. 调整结构

论文结构是论点的逻辑展开形式，是作者研究思路的语言表现形式。结构是否严谨，直接关系到论文内容的表达效果。调整结构的原则和要求是有利于突出中心论点，服务于表现中心论点。所以，要完美表达论文就要对原稿结构进行审订和调整，其调整步骤如下：

首先要看全文结构是否完整，标题、摘要、关键词、引言、绪论、本论、结论、注释及参考文献等必要的各部分是否齐备；然后主要检查正文部分各层次、各段落是否围绕中心论点进行严密的逻辑论证，详略、主次是否得当，各部分的过渡、照应、衔接是否自然，在总体结构上考虑之后，还要逐段检查文章局部结构是否妥当。

文章结构常见的问题如下：

1) 结构松散，条理性差；

2) 结构欠缺，平衡失调；

3) 论证不妥，缺少逻辑；

4) 论证单调，缺乏气势；

5) 绪论结论，写作不当。

4. 锤炼语句

论点、结构、材料方面的调整改正牵涉到文章的全局，属大改动、大手术，而对论文语句包括标点符号的检查校订则属小动作、小修补，但不能轻视这些小动作、小修补。一篇论文要力争接近完美，就不仅要求论点明确、结构严密、材料翔实，还要求语言精练、规范、文面工整。在同学写的论文中，标题过长、标题文学化、小标题逻辑层次混乱，句子结构混乱，用词不当，文字不精练等问题层出不穷。

对论文语句的修改包括这么几个方面。

（1）对字词的推敲选择

作者在写作论文初稿时，为了保持文脉贯通和书写速度，可能在个别字词上失于斟酌。在初稿完成之后，自己要反复阅读，对于用词不当、词不达意的地方用更精确、贴切的词语加以替换，对于模糊隐晦、深奥难懂之处要换上明晰准确的词语。

尤其是有关的专业术语与概念，更加要求准确，最好是查阅相关资料，将专业术语的内涵与外延弄明白。论文的语言在精确的基础上，也要注意文采，通过语言文字的修饰，使枯涩、平淡、呆板的语言变得新奇、生动、巧妙，更富有表现力。同时，要杜绝错别字。

（2）对句段的修改

论文中比较容易出现语法关系复杂的长句、复句，在应用时切忌犯语法错误。要注意各种句式的搭配使用，使文章长短相间，读起来抑扬顿挫。段落内部句与句之间的逻辑关系一定要合乎事理，做到句法严密、表意明确、说服力强。

(3) 标点符号与书写格式

有些同学平时不注意正确使用标点符号，文稿上标点混乱，往往一"逗"到底、一"点"到底或者"点""逗"不分。标点符号是论文写作重要的辅助工具，能否正确使用标点符号，直接关系到读者能否正确分清文章结构、明确作者语气与理解论文的内容。所以，在使用时要注意该用什么标点就用什么标点，不能乱用和误用。另外，论文书写有一些特定的格式与规范，如标题的书写，作者的署名，分段、引文的标准与空行、小标题、序码的使用等，都要求严谨，在论文修改时都要加以注意。

5. 订正注释

论文的注释是论文科学价值的重要标志，是论点及论证过程正确性的保证。在初稿阶段，由于头绪繁多，有可能出现注释上的疏漏或讹误，在修改过程中，一定要对照所引资料的原文，逐字核对，并严格按照论文写作要求作出准确的注释，以免影响论文的科学性。

(三) 论文修改的方法

毕业论文的修改方法有多种，且因人因文而异。但是，就像学生是毕业论文的写作主体一样，论文修改的主体也是学生本身。学生应在教师的指导下依靠自己的力量进行写作，依靠自己的力量进行修改。具体的修改方法很多，但根本方法只有一种，即由学生自己进行认真修改。所谓具体的方法也就是在学生自己进行认真修改的基础上多借助于一些外在的形式或外在的力量而已。

1. 自主式读改

这是论文修改的主要方式。完成论文初稿后，由学生自己认真通读全文，通过逐段、逐句、逐词的阅读，大至论点结构、小至语言标点，对论点是否正确、选题是否得当、结构是否合理、论据是否充实、论证是否严密、语言是否准确、标点是否正确、格式是否规范等进行审阅，找出错误与不足，并进行修改。这是论文修改的基本方法，事实上其他各种方法也是基于这种方法。说到底，论文的修改没有捷径可走，还是要一步一个脚印、踏踏实实地进行。

在这里，读是方式，改是目的，以阅读来促进修改。有几点需要注意：一是如何读。是采用朗读，还是默读。这要看学生的阅读习惯和论文的篇幅。毕业论文的篇幅一般较长，采用朗读的方式不是十分现实，通常可采用默读方式，在具体的内容中，朗读和默读两者可以结合使用；二是要读几遍。论文要反复地改，这就要求学生进行反复读，边读边改，读一遍改一遍，这样，论文的质量在改的过程中不断提高。论文的阅读和修改遍数取决于论文初稿质量、学生对论文修改的重视程度及论文写作的时间安排。三是什么时候读和改。是初稿完成后立即修改还是将论文放一放再做修改。根据这一标准，毕业论文的修改方法可以分为热改法和冷改法。

(1) 热改法

热改法，是指初稿完成后，趁热打铁，立即对论文进行修改的方法。这种方法的优点是学生对论文的记忆清晰、印象深刻、修改及时、避免遗忘。缺点是学生还处于论文写作的兴奋状态，不够冷静、清醒，思想和情绪还难以从论文中超脱出来，还不能摆脱原来的写作思路，难以发现初稿中存在的问题，难以判断论文写作的成败，即使发现了问题，也舍不得修改。

（2）冷改法

冷改法，是指初稿完成后，搁置一段时间再进行修改的方法。这种方法可以避免热改法不够冷静、清醒，不能摆脱原有写作思路的缺点。把稿子搁置一段时间，作者头脑冷静了，原来的偏爱和偏见也淡薄了，重读初稿，就容易摆脱原来固定思路的束缚。特别是作者经过阅读有关资料和思索有关问题，产生新感受、新认识，再看初稿就容易发现不完善、不妥当之处，通过删除多余、增补不足，使论文质量得到提高。热改法与冷改法各有优点，各有缺点，在实际应用过程中，可以结合起来，不必将两者截然分开。

2. 求助式修改

这是论文修改的补充方式。求助式修改是指在学生完成论文初稿后，请他人阅读或与他人讨论等方式来发现自己论文中存在的不足和问题，并给予指点修改的一种方法，这也是一种比较常用、有效的修改方法。俗话说："旁观者清，当局者迷"，自己写的文章，自己总认为好，看不出毛病来，而他人站在比较超脱的地位，容易发现论文中的毛病。一个人写论文，难免有考虑不周之处，论文写完后请他人来阅读，听听他人的批评，是一个很好的方法。

求助式修改借助的是他人的力量修改论文。论文修改即使求助他人，也不是由他人来完成论文的修改，而是通过他人的指点再由同学自己来完成修改。同学在听了他人意见后，要进一步消化、分析，取长补短，集思广益，进而通盘考虑，抛弃自己的成见，吸收他人见解，使论文达到比较理想的水平。所以，求助式修改只是论文修改的一种补充方式。根据求助对象的不同，求助式修改可以分为以下两种。

（1）求助教师指导修改

毕业论文是在指导教师的精心指导下进行写作的，并要求有指导教师签字同意才能参加毕业答辩。因此论文写好后，一定要虚心求助自己的指导教师审阅文稿。这既是论文写作的必经程序，也是充分体现教师指导论文写作的作用和价值。一般来说，指导教师在学术水平和写作经验上都有较高的积累，而且从论文选题、提纲编写等前期工作中，指导教师已经介入到学生论文的写作中，对学生的写作思路比较清楚，存在的问题也较容易发现。通过指导教师的审阅既能发现问题，又能提出有针对性的修改意见，这对修改好毕业论文、提高论文质量是大有益处的。所以，每位同学均应重视并充分利用这种论文修改方式。

（2）求助同学帮助修改

请同班同学或有共同兴趣爱好的学友一起讨论自己的论文初稿，放开思路、畅开言论，最后将修改意见进行汇总，再根据这些意见进行修改。

第四节　毕业论文的编排规则

章节、公式、插图和表格是毕业论文的四种基本单元，文、式、图、表并茂是优秀毕业论文的基本特征之一。掌握章节、公式、插图和表格的编排规则，并对其完美编排，是毕业论文作者必须具备的基本功。

一、章节

现代论文的章节排序规则采用国际上推广的排序方法——层次排序法。

在层次排序法中，第 1 层次称之为"章"，第 2 层次以后都称之为"节"，章与节都可以向下扩充条、款、项、目。

1. 层次序号用符

层次序号用符是指编排章、节及其下扩的条、款、项、目的序号所用的符号，必须正确编排各层次。

层次序号用符的基本规则如下：

1) 层次序号必须采用阿拉伯数字，不得采用其他数字或代号。

2) 章序号为"1"、"2"、"3"等；节序号由阿拉伯数字与小圆点组成；第 2 层次由两个阿拉伯数字，与一个小圆点组成，如"1.1"、"3.2""4.3"等；第 3 层次由三个阿拉伯数字与两个小圆点组成，如"1.1.1"、"2.1.2"、"4.1.3"等，以下类推。

3) 章节序号的末尾不加小圆点，也不加顿号、句号或其他符号。在同一篇论文中，不得出现相同的章或节的序号。

4) 向下扩展的条、款、项、目的序号采用带符号的阿拉伯数字表示，条序号为"1."、"2."、"3."等，款序号为"1)"、"2)"、"3)"等，项序号为"(1)"、"(2)"、"(3)"等，目序号为"①"、"②"、"③"等，其次序为"1.—1)—(1)—①"。

2. 行位编排

行位编排是指篇、章、节、条、款、项、目的排列方式。

编排行位的主要规则有以下几条。

1) 章节序号连同标题独占一行，序号顶格排列，序号与标题间空一个字符，标题末不加标点符号。

2) 章的标题上、下各空一行。

3) 条、款、项、目的序号之前应空两个字符，序号与标题之间空一个字位，标题末不加标点符号，另起一行行文。

章节及其下扩层次行位的正确性可以用"三线法"验证，顶线、肩线和尾线是章节位置的定位线，顶线位于左顶格处，尾线位于右顶格处，肩线与顶线的间隔为两个字位。章节始于顶线，条、款、项、目与段落始于肩线，行末对齐于尾线。

在毕业论文中，上下层次之间应合理编写转换句，使其自然地进行转换，避免章题、节题及下扩层次的标题重叠在一起，出现"标题叠罗汉"现象。

3. 层次标题

1) 科技文献的"篇、章、节、条、款、项、目"，都应有标题，标题文字要精练，一般不超过 15 字。

2) 不同层次的标题要上下关联、相互呼应，同一层次的标题尽可能讲究排比，即标题的结构相似，意义相关，语气一致。

3) 章、节、条、款的标题不能成句。

4) 不同层次标题的词汇要避免重复，上层次标题中的词汇，尽可能不要出现在下一层次的标题中。

5) "项"与"目"序号后可以不设标题，直接行文。

4. 章节中的列项

列项不属于章节及其扩展层次的范畴，毕业论文的章、节、条、款、项、目之中均可列项。

　　编排列项应遵循下列规则：

　　1）列项由引出句加冒号引出，然后转行逐一编写列项；

　　2）列项中的每一项前应加列项符号"——"，如果需要识别时，则在每一项前加上带有后半圆括号的小写英文字母 a)、b)、c) 等作为序号（注：章节及其下扩层次的序号用阿拉伯数字，列项序号用英文字母，两者便于区分）；

　　3）列项符号或序号始于第 3 个字符位，文字始于第 5 个字符位，转行文字也始于第 5 个字符位；

　　4）列项无标题；

　　5）项内不用句号，项尾用分号，最后一项末尾用句号；

　　6）有序号的列项中，如果需要第 2 层次列项则应退四个字符位，即在第 5 个字符位处用符号"——"起排，文字及其回行均始于第 7 个字符位处。

　　在毕业论文中还可以用汉字序次词列项。汉字序次词列项时，通常将引入句（加冒号）与列项内容置于同一段落中，各列项不必转行，故可称其为"段内列项"。汉字序次词的形式较多，例如"第一，……；第二，……；第三，……。"、"其一，……；其二，……；其三，……。"、"首先，……；其次，……；再次，……。"等。但是，毕业论文不用"一、……；二、………；三、……。"和"甲、……；乙、……；丙、……。"等段内列项形式。

二、公式

　　公式是毕业论文的一种重要表达方式，是实现毕业论文定量表述的重要手段。

　　公式的特点是字母多、符号多、层次多、变化多，必须正确编排公式，使其简明、准确、规范、美观。毕业论文中对公式的要求如下。

　　1. 式文呼应

　　公式与文字叙述必须相互呼应，要做到"文引式-式就位-式配文"。

　　"文引式"，就是在公式之前必须有引文，即公式前的说明文字，如"式（×）表示……"、"式（×）是……"、"……如式（×）所示"和"……的表达式为"等；

　　"式就位"，就是将公式就近安排在引文的下方，合理地编排公式的三要素——式体、式号与释文；

　　"式配文"，就是对公式作简要说明。如"式（×）表明……"，"由式（×）可知……"等。

　　2. 式体

　　式体是公式的主体。规范编写式体，是公式正确性的重要保证。编写式体的基本规则如下：

　　1）式体由各种符号组成，要正确使用字符的正斜体、大小写、黑白体、上下角标等的表达方式，尽可能采用公式编辑软件编写毕业论文的公式，避免一些人为的编排错误；

　　2）不得将量名称（中文名称或外文缩写符号）作为量符号编入公式中；

　　3）编排数学式时，各量符号之间、各量符号与运算符号之间，通常都要空开半个阿拉伯数字的间距，以免产生混淆；

　　4）量符号的编排次序依符号在数学式中的位置而定，原则上是先左后右，先上后下。

若公式为多项式，则按项的次序排完前一项后，再排下一项；

5）必须正确选用运算符号，不得随意选取计算机符号库中的相似符号；

6）公式中的括号应采用编辑软件中的括号，不得使用键盘上的括号，避免出现"括号束腰"现象；

7）要避免在公式中出现汉字，量符的角标和公式的值域区间等一般不用汉字表达；

8）在公式行中不要编排汉字，例如，在"令"与"其中"等汉字之后，应该另起一行编排式体；

9）式体一般独占一行，居中偏前编排，与上下行文字的间隙要合适；

10）在公式中，字母符号之间、字母符号与其前的数字之间，若不会导致误解，尽可能不用乘号，数字与数字之间、字母符号与其后的数字之间必须用乘号分开；

11）一些并非重要的简短表达式，可作为"行中式"编排，即直接插入文字中，编排于行内；

12）要尽可能避免使用多于两行的数学式；

13）长式转行时，优先在"＝"、"≤"和"≥"等关系号处转行，其次可以在"＋"、"－"、"×"和"÷"等运算符号处转行，上述符号不转入下一行，上下行一般应在第一个未转行的运算符号的后边缘处对齐。

3. 式号

式号是公式的识别代号。式号的编写规则如下：

1）论文中重要的或后文将要重新提及的公式应按出现的先后顺序用阿拉伯数字连续编号，式号必须加圆括号，靠右顶格编排；

2）式号一般与公式同行，排在右顶格处。有转行时，式号标在末行的行尾，若末行的行尾无足够空位时，可转行标注式号；

3）式体与式号间不用点线连接。

4. 释文

释文用来对公式的量符作注释。释文的编写规则如下：

1）释文编排于式体之下，按量符在式中的位置，自前至后、先上后下的顺序标注释文；

2）在论文前面的公式中已注释过的量符，后面的公式中再出现时不必注释；

3）释文的一种编排方法是"不转行标注法"，顶格以"式中："开始，对量符逐个进行注释，释文的典型用语是"×为……"，释文之后用分号，最后一个释文之后用句号；

4）释文的另一种编排方法是"转行标注法"，空两个字符位以"式中："开始，另起一行标注释文，量符与释文之间用破折号"——"连接，上下行中的破折号要对齐，行末用分号，最后一行的用句号。

5. 有序编排

公式有两种编排格式：单句式编排和复句式编排。

1）单句式编排时："表达式为"之后不加冒号，式体之后省略标点符号（注：有些刊物中仍保留标点符号），"式中："顶格编写，不转行逐一编写释文，引文、式体和释文构成一个句子；

2）复句式编排时：引文之后为句号，式体之后省略了标点符号，"式中："空两个字符位编写，转行逐一编写释文。

公式的释文较少时，宜采用单句式编排；释文较多时，宜采用复句式编排。同一篇毕业论文中的公式，通常采用一种编排格式。

6. 行中式

编排在叙述文字中的公式称之为行中式。把简单数学式作为行中式编排，可以使论文结构紧凑。

编排行中式要注意以下规则：

1）在可以用文字表达清楚的叙述中，不应插入无必要的行中式，否则将导致语句松散，影响行文的流畅性；

2）复杂的公式不宜作为行中式，应该单独成行编排；

3）行中式若为简单的分式，应采用横排式，即将横分式线改排成斜分式线的分式，以免影响行距；若分子或分母为多项式，则多项式的分子或分母应加括号，以保持原意。

三、插图

插图是论文写作中常用的辅助表达方式，能够形象直观地展示事物的特征和变化趋势。插图是一种形象语言，对于难以用文字描述的事物，难以用表格表达的各项材料之间的相互关系和变化趋势，可以借助插图使其表达得简洁、清晰、直观，一目了然。

（一）插图的特点与作用

1. 插图的特点

（1）示意性

论文插图主要用于辅助文字表达，特别是表达文字叙述无法讲清的内容，且通常该种表达是示意性的。论文中的插图与艺术作品中的图画不同，论文中插图的目的是图解，即用图示的方法来直观地表达实验数据、结果，以及实物和资料。因此，论文的插图着重于示意，而艺术作品则着重于美观。一般情况下，具体的结构图、零件图等较为少见，而函数曲线图则使用较多。函数曲线图也不像设计手册那样准确精细，大部分采用简化坐标的形式表示。

（2）科学性

插图及其各个细节应反映事物的真实形态、变化规律、有序性和数量关系，不得随意取舍，更不能臆造和虚构。也就是说，插图设计必须坚持科学性。

（3）规范性

插图的图序、图题、尺寸，以及图中的数字、符号、文字、计量单位、线型、标目、标值、图注等都要符合相关规定，尤其是图中使用的量和单位必须按照国家标准进行标注。如果按照约定俗成的规范制图，论文的作者、编者和读者就有了共同语言，达到交流思想、提高可读性的目的。因此，论文的插图不仅量符号、单位符号、名词术语要符合国家标准，并与文中相一致，而且风格、体例要趋于一致，内容相同的插图缩比尺寸要相对一致。

（4）自明性

所谓自明性是指读者不需要阅读论文，不必借助于文字说明，只需通过插图本身（图、图题及其图注）所表示的信息就能读懂插图的全部含义。一般情况下，插图已经表达清楚的内容，无需再用文字或表格重复表达。为达到自明性，要求毕业论文作者对插图各构成要素的设计简洁明了、规范准确。

2. 插图的作用

（1）简洁经济

插图可使某些内容的描述简洁、清晰，有利于紧缩篇幅、节省版面。

（2）明确直观

插图的视觉敏感度在很大程度上高于文字，使毕业论文内容的表达明确而直观。文字和插图阅读形式的改变，有利于消除读者的视觉疲劳，提高读者阅读效率。

（3）生动美观

插图具有活跃和美化版面的作用，能把研究成果、结论形象、生动地展现出来。

（二）插图的设计原则

插图的设计原则有以下三条。

1. 必要性原则

在论文中，插图并非是越多越好，而是以确有必要和说明问题为原则。有些作者唯恐自己的表达不清楚，常不厌其烦地用文字和图表重复同一现象或过程，结果是文章累赘冗长，浪费版面。

2. 适用性原则

难以用文字表达清楚的内容才选用插图和表格，但插图和表格各自有不同的使用场合。对插图来说，一般适用于论文内容强调的是物体的形貌、或者需要形象直观地表现事物的运动过程及其关系，以及参变量变化的过程和结果的场合。

3. 精练性原则

初步确定插图后，作者还要对相同类型的插图进行合并整理，精选出那些确有必要、各具特点的插图。只有当文字叙述难以表达清楚时，才有必要配置插图。插图过多，会导致稿面杂乱，失去流畅性。

（三）插图的分类

毕业论文插图的种类很多，按表达功能和印制工艺大致可分为线条图和灰度图两大类。

1. 线条图

线条图是指用线条勾画出来的各类图形，具有含义清晰、易于描绘和制版简便的特点，是论文中最常用的一类插图。

线条图又包括很多种，如函数图、示意图、流程图、直方图、构成图、象形图、散点图、程序框图、等值线图、记录谱图和地图等。其中，示意图绘制方便，表达力强；简易函数图具有含义清晰、表达简明、绘制和印刷方便等优点，二者均广泛应用于毕业论文中。方框图是最常用的示意图之一。绘制方框图应该注意：线条粗细应一致；箭头应指向功能框边线的中心处；在出入端口处，要标明特征信息；功能框大小不能多变；功能框内排版方法应一致，或单行排列，或双行排列；功能框内的汉字应居中。

2. 灰度图

灰度图主要包括照片图和计算机屏幕图。

照片图是对实物照片或显微照片的翻版，具有形象逼真、立体感强的特点，大多用于需要分清事物的深浅差别、明暗对比和层次变化，反映物体外观形貌或内部显微结构的场合。照片图又分为黑白照片图和彩色照片图。

黑白照片图的描述效果能够满足一般要求，且制版方便，成本较低，故在毕业论文中较多采用。常见的黑白照片图包括实物照片图和显微照片图。

彩色照片图色彩丰富，使主体对象的层次更分明，形象更逼真，表达效果更理想。由于彩色照片图的制版和印刷成本很高，故应考虑照片是否有必要用。彩色论文照片图大多为实物照片图和显微照片图。实物照片图用于表达实物物体的外部形态，而显微照片图包括金相图、病理切片组织图、细菌图等。

计算机屏幕图作为论文的插图已越来越普遍，作者常直接采用计算程序的设计和计算结果图作为自己的研究结果，但作者提供的计算机屏幕图由于黑白对比度不够，图的背景（计算机屏幕）设置颜色太深，大多不合格，其需要着重展现的主体部分不突出，甚至会弄成黑糊糊一片，很不美观。作者在制作时应将计算机屏幕背景设置成白色或浅灰色，最好为白色，以黑色表示其主体部分。这样才会有较好的黑白对比度和制版效果。

（四）插图的设计要求

为了提高论文插图的表达效果，插图的设计应符合以下基本要求。

1. 要精选插图

一是能用简单文字叙述讲清的内容，就无须加插图；可用可不用或仅增加感性认识的图，应尽量不用；图中不必要的部分应予删除。二是在初步确定采用插图的基础上，分析比较同类插图，看能否合并甚至删减。

2. 要认真构思

对各种表达方式的插图要认真比较，从中遴选最合适的；采用分图时，分图间应联系密切、排列紧凑、大小匀称。

3. 图文紧密配合

要先见文字、后见插图，图文相符，技术内容正确。插图与文字叙述必须相互呼应，要做到"文引图—图就位—图配文"。

所谓"文引图"，就是在插图之前必须有引文，如"图×表示……"、"图×是……"、"图×给出了……"和"……如图×所示"等。

"图就位"，就是在文中出现引文后，接着就给出插图。将插图安排在段落间，通常编排在文中第一次提到该图的段落之后，最好排在同一页面内，便于查阅。稿面无法安排时，可以将插图编排在稍后处，但不得将插图安排在包含引文句子的段落之前。如当页没有位置排插图时，可将插图和表格延至下页排，但不宜将插图跨节排。

"图配文"，就是有序叙述图中每一部件的功能。图中的所有符号，文中必有说明，这就是图配文的基本原则——"图中符，文中字"。"图配文"一般置于图下的段落中，稿面难以安排时也可以置于引文之后。必须注意，图配文不是图注的翻版，而是图示系统的功能的简要描述。

4. 画法符合标准

插图的画法及其图形符号应符合有关的国家标准。无标准规定的，应以惯用的画法为准。

5. 精心设计插图

要大小适中、线条均匀、主辅线分明，图幅大小取决于插图的复杂程度，复杂的图可适当大些，简单的图则应小些。图幅的长宽比要适当，以黄金分割的矩形为宜。一般来说，图幅最大不能超过论文的版心尺寸（极个别插图以插页形式处理，不在此列）。

6. 内容符合标准

插图中的名词术语、量名称、量符号、计量单位等要符合国家标准，并与正文统一。

7. 写明图序图题

文稿上的图形正下方要写明图序及图题。

8. 铅笔注明特殊要求

某些有特殊要求（如"保持图中相对位置""不可缩"等）的插图，应使用铅笔在图旁标明。对于无自然方向或方位容易弄错的图，要用铅笔画出坐标，准确标明方位。

9. 线条图的提供

凡是相对简单的线条图（如程序框图、示意图、受力分析图），均应电脑绘制；复杂的图可以扫描后按适当比例排入稿中。稿中不应有手工绘制的图或复印的图，可有可无的插图应舍弃。插图必须采用标准图形符号。

10. 对照片图的要求

照片或扫描的图片，必须图像清晰，层次分明，反差合适；对于照片图，可以插入Word文档，也可以单独提供电子文档。一幅图对应一个文件，且图的文件名以图序命名。毕业论文中，尽可能采用小幅面的黑白图，一般不用彩色图和折页图。

（五）简易函数图的构成要素

简易函数曲线图，具有易于绘制、篇幅小、图面简洁、说明性强、使用灵活等优点，常用来定性或定量地表示因变量与自变量之间的关系，其构成要素包括图序与图题、标目、标值线与标值、坐标轴、曲线、图注与说明等。

1. 图序与图题

图序，又称图的编号，是指按照插图出现的先后所编排的序号。毕业论文中图的编号，由"图"和从"1"开始的阿拉伯数字组成，图较多时，可分章编号。

图题，又称图名，是指插图的名称，置于图序之后，与图序之间不用任何标点符号，空一个字符位即可。图序与图题不可分离，居中排于插图的下方，不可分页编排；如果长度超过图面，则应转行排。图序与图题一般均用小五号黑体字，或者采用比正文小一号的字。

图题应简短精练、准确得体，一般为名词性词组或以名词为中心词语的偏正词组，应避免笼统、泛指的词语作图题。

几条曲线如果有共同的自变量和因变量，而又不宜用一个图形表达，或者几个图形表述的事物相同，只是表达的侧面和角度不同，此种情况可共用一个图序和图题，而将各种情况用若干幅分图表示，每个分图都应有图序和图题，图序可用 a，b，c…编号。分图序和分图题一般应置于分图横标目的下方，总图序和总图题居中排于所有分图题下方。

2. 坐标轴

函数图要有由相互交叉的水平线与垂直线构成的坐标轴。水平线又称横轴，代表自变量；垂直线又称纵轴，代表因变量；两轴的交点叫原点；坐标轴用细实线绘制。对于直角坐标系来说，若坐标轴上有标值线和标值，坐标轴的末端无需画出箭头；若坐标轴上没有标值线和标值，则应在坐标轴末端按变量增大的方向画出箭头，并标注变量及原点。

3. 标值线和标值

标值线亦称"坐标轴刻度线"，是坐标线经简化后残留在纵坐标和横坐标上的线段；与标值线对应的数字称为标值。标值线应均匀地标注于坐标轴的内侧，不能标注于坐标轴外侧或边框线上；标值置于坐标轴外侧，横坐标的标值自左向右、由小到大等距排列，纵坐标的标值自下向上、由小到大等距排列。

　　标值线与标值的间隔要适中，要避免标值线过密，并使标值有规则。按规定，标值应处在 0.1～1000 之间。标值如超过此范围，可以通过单位词头或量符号前的因素加以改变。

　　4. 标目

　　标目是坐标图的必备项，用于说明坐标轴的物理意义，通常由物理量符号和单位名称、符号组成。在国家标准中查得到的物理量符号按规定用斜体标注，不准使用其他中外文字代替；对于国家标准中未规定的量符号，可以用自定义符号或文字代替。单位符号按国家标准规定，用正体标注。

　　量与单位符号间用斜线"/"隔开。只有在无量纲等不必标注的情况下，才可以省略标目。标目中的量符号必须与文中一致。标目在不致混淆的前提下，在标注单位符号的同时，可以只标注量名称，或只标注量符号，但应优先标注量符号，无需同时标注量名称和量符号。

　　标目应与被说明的坐标轴平行，横轴标目从左至右、居中排印在横轴与标值的下方，纵轴标目自下而上、"顶左底右"、居中排印在纵轴与标值的外侧。对于非定量的、只有量符号的简单标目，也可排在坐标轴尾部的外侧。标目一般用小五号或六号宋体字。

　　5. 曲线

　　在毕业论文中，曲线常被用来表示自变量与因变量之间的关系，表达实验结果或计算结果。

　　如果仅是为了报道试验或计算结果，也可采用表格的方式表示，但表格只能给出有限的几个点的数据，是离散的，而曲线是连续的，表明介于两个数据之间任一点 x 处的 y 值。因此，曲线比数据表更为直观。

　　绘制时，要求将曲线拟合得准确、光滑，线条均匀、流畅、粗细适中。插图中的每一条曲线都要标出含义。若函数变化是跳跃式的，非光滑连续的，则可采用连折线将数值点连接起来；若变化趋势是连续的，则可用光滑的曲线将实验结果连接起来。

　　曲线的粗细应根据插图的尺寸比例、使用场合和图中线条的疏密来确定。同一自变量导致多个因变量时，可在同一图上用多条曲线叠置表示，不同曲线应采用不同线型（实线、点线、点画线等）以示区别，应对各条曲线标明参变量或作简明文字标引。

　　（六）插图的编排方法

　　插图的编排方法主要有：对称式编排法、竖向式编排法、对角线式编排法、三角形式编排法、工字形式编排法、菱形式编排法、整页版面拼版法等。

　　（1）对称式编排法

　　指同一版面上垂直方向的两个通栏图或水平方向上两个半栏图的对称编排格式。对称式编排不一定限制在 2 个图，也可以是 3 个图或是 4 个图的对称，甚至是更多图的对称。

　　（2）竖向式编排法

　　指沿着版面的垂直方向编排图位的方法，大多是用 2 个以上的半栏图作竖向编排。

　　（3）对角线式编排法

　　指以版面的左上角与右下角连成对角线位置图形的编排方法，即将一个图放在靠版面的切口处，另一个图放在靠版面的订口处。对角线式编排法只适用于具有两个图序号图形的图位安排，而不适用于含有分图号的两个图形图位的安排。否则，会影响读者的阅读效果，因为如将一个图序号中两个分图号的图形误用对角线式编排格式，就会割裂分图号的整体内容，不便于对图形内容的对比、观察和分析，从而使读者的阅读视线，不断往返于对角线的两个图形位置上，不断的视线转换易形成视觉交错，影响阅读效果。

（4）三角形式编排法

指将 3 个图形作三角形分布的一种编排方法。主要有两种编排格式：一是呈水平方向的三角形编排格式，适用于同 1 个图序号 3 个分图的版式安排；二是底边平行于版面切口的三角形编排格式，它只适用于具有 3 个图序号的图版的安排，而不适用于 1 个图序号 3 个分图的图版安排。这是一种较为常见的三角形编排格式，其中的 2 个插图置于版面的上下切口处，而将另一个插图置于版面中间的订口处，以形成三角形的理想布局。

（5）工字形式编排法

指将 5 个十栏图形作"工"字形分布的一种编排方法。此种编排方式呈现出"齐一"、"均衡"，以及水平和垂直对称的形式美。它既适用于 1 个图序号 5 个分图的版式处理，也适用于 5 个图序号的版式处理。3 栏图尽量少用或不用工字形。

（6）菱形式编排法

指将 7 个 3 栏图形作菱形分布的一种编排方法。这种图形编排法表现出变化和统一的版式之美，常用作照片图版的图位安排。

（7）糙页版面拼版法

指将多个大小不一的图形通过缩放等技术处理，或对图形采用增、删、减的编辑加工方法将它们整齐协调地拼成整页版面插图的编排方法。通常用于采用分图号方法叙述，各个图形的大小不一，而图形内容又是反映一个科学实验全过程的插图。

四、表格

表格作为试验、测量和统计结果的主要载体和有效表现形式，是文字叙述常用的辅助和补充方式，有"一表万言"之说。一张表格包含了极为丰富的数字信息，而且有些数字信息及其关系很难用文字叙述清楚，即使能说清，但要占用大量的篇幅。因此，与文字相比，表格具有简洁、鲜明、容易对比等特点。设计合理、制作规范的表格，不仅能作为论据来验证论文的结论，而且能简化语言，增强可读性，起到美化版面的作用。

（一）表格的设计原则

1. 精选原则

与插图一样，毕业论文的表格不是越多越好，而是按其必要性和经济性进行精选。

所谓必要性是指正文的内容表达中，必须要选用表格这种形式。表格一般适用于以下场合：列举可供运算、对比的具体数据资料，定量地反映事物的运动过程与结果；简要地说明试验情况；消除重复、烦琐的文字叙述。上述场合如果不用表格，势必会造成表述不清或浪费版面。

所谓经济性是指以一当十，用最少的表格准确地反映最为深广的科学内容。因此，要求作者在表格初步设计的基础上，对同类表格进行分析和比较，以便进行合并和删减，精选出适合于内容、为数不多、各具典型性的表格。

凡是已用文字或插图表述清楚的内容，就无须再用表格赘述，切忌同一组数据既绘成图也制成表，二者只能取其一。当需要精确表示数据时，用表；当需要宏观反映趋势或规律时，用图；一个表格只能表达一个主题，不应将性质不同的结果置于同一表格内，以免造成混乱。

2. 自明性原则

表格作为描述毕业论文内容的辅助手段，本身是一个独立的表述单元，因此要求表格具有自明性。表格的自明性是指不需要借助于文字说明，仅依靠表格自身的信息（表题、栏目、数据，以及必要的注释）就能说明所要描述的内容。一般情况下，表格已经表达清楚的内容，无需再用文字或插图重复表达。

在表格设计中，要将试验或观察研究的背景条件、比较前提、使用方法、实验（或计算）数据和最后结果等逐项分列清楚，做到：表题能高度概括表格的中心内容；栏目设置科学、合理，具有代表性，并适合论文内容表达的需要；表中的数据准确、规范，富有逻辑性和对比功能。

3. 简洁性原则

如果没有特殊的需要，表格中不应该出现一般性的调查，以及实验测定或分析计算使用的常规仪器、手段和材料等事项的说明，也不应该出现分析和计算过程的中间步骤、环节和数据。通常表格中列出的是能反映研究成果的重要实验数据、算式和结论。减少中间环节和不必要的事项说明，就能使表格简洁明了。

4. 科学性原则

为了准确、清晰、简明地表达内容，以及便于排版和阅读，表格设计应当科学合理，符合规定。要使表格设计具有科学性，必须做到：表格本身的内容易于让人理解，各行、列的安排顺序要合理，具有逻辑性；通过栏目中数据，使读者易于得出有关结论；表中数据的精度不得高于实际数据的精度；表格的长度要符合页面尺寸与期刊版式的要求；尽量减少表中空格；表的层次既要适合内容及其分类的需要，又不能设置过多，影响表格的简洁和美观；有计量单位的项目必须尽可能地置于表头的位置。

5. 表文呼应原则

表格与文字叙述必须相互呼应，要做到"文引表—表就位—表配文"。

"文引表"，就是在表前必须有引文，即用引文引出表格，如"表×表示……"；"表×是……"；"表×给出了……"和"……如表×所示"等。

"表就位"，就是在文中出现引文后，接着就要给出表格。将表格编排在引文的下方，如当页没有位置排表格时，可将表格延至下页排，但不宜将表格跨节排。应尽可能将表格排成整表，不得轻易拆开转页。表中如有简短的文字说明，要居中列出；如遇文字较长、须转行的，应在栏内头行缩进两个字位。表中文字也须准确地使用标点符号，但句末不用标点符号。

"表配文"，就是对表作简要说明，如"从表×可以看出……"等。对表格的文字说明要适度，不可用文字简单重复表中的内容。

（二）表格的分类

表格的种类较多，从形式上分，主要有无线表、系统表、卡线表和三线表四种。

1. 无线表

因整个表格没有一根线而得名，常应用于内容简单、项目很少的场合。

2. 系统表

系统表只用横线、竖线或大括号将文字连接起来，用以描述系统中的隶属关系和层次。系统表具有树枝形结构。系统表适用于具有隶属关系的多层次事项的表述，因此在毕业论文中被经常使用。

3. 卡线表

卡线表因用铅线（铅印方式）作为表格的行线和栏线而得名，其横向各栏之间用栏线隔开，竖向各栏之间用行线隔开，从而在表格上形成了众多的小方格，将各种数据和事项分别填入相应的方格内，即可得到我们所需要的卡线表。

卡线表的功能比较齐全，因而多数表格均可采用卡线表。卡线表的栏头（俗称斜角）上有一条斜线，斜线右上方的词语标明横向栏目的属性和特征，斜线左下方的词语标明竖向栏目的属性和特征。

卡线表的优点是：各项数据分隔非常清楚，隶属关系一一对应，在阅读时不易串行。缺点是繁杂、不简练，横线和竖线太多，而且栏头有斜线。

4. 三线表

三线表由卡线表简化和改造而成，是被简化后的卡线表，通常只有三条线，故得名。

在三线表中原卡线表的栏头的斜线已被取消，并且省略了行线和栏线，整个表格通常只剩下顶线、栏目线和底线。其中顶线和底线为粗线，俗称"反线"，栏目线为细线，俗称"正线"。

三线表并不一定只有3条线，大多数情况下，三线表除了三条主线外，还有辅助线。但无论加多少辅助线，仍称为三线表。三线表上所加的辅助线均为横线，一般禁止用竖线作为辅助线。

三线表既保留了卡线表的全部功能，又克服了三线表繁杂的缺点和排版制表的困难，使表格变得简洁明了。因此，在毕业论文中推荐使用三线表。

（三）三线表的构成要素

三线表的构成要素主要有表序与表题、项目栏与栏目、表身、表注等。

1. 表序与表题

表序，亦称表的编号，按其在论文中出现的先后次序编号。毕业论文中表的编号，由"表"和从"1"开始的阿拉伯数字组成。表较多时，可分章编号。

表题是指表格的名称，置于图序之后。表序与表题之间不用任何标点符号，且空开一个汉字字位，居中排在表格顶线的上方。表序和表题的总长超过表格宽度时，则转行排。与图题一样，要求表题准确得体、简短精练，既能概括地说明表格的内容，又能避免泛指性的词语。

2. 项目栏与栏目

表格顶线与栏目线之间的部分称为项目栏。项目栏一般至少要放置两个以上的"栏目"。栏目的内容相当于插图中的标目，由量名称或符号与单位符号组成，量名称或符号与单位符号之间用斜线"/"分隔。

将卡线表取消斜线后，三线表就只有栏目而无栏头，此时栏目无法同时对横、竖项目栏及表中的信息特征或属性加以标识，只能对所指栏的信息特征或属性加以标识。一般采用以下两种标识方法来弥补三线表的上述缺陷：一是比较原栏头中的几个栏目，将可有可无的栏目删去；一般删去斜线右上的栏目，保留斜线左下的栏目；二是原栏头中的两个栏目如果都需保留，则可将斜线右上的栏目移至横向项目栏中，使其涵盖所有横向栏目。

三线表的栏目有单层的，也有多层的，多层的栏目彼此之间用辅助线隔开，它表现上下位的所属关系。

3. 表身

表身是指三线表栏目线以下、底线以上的部分。表身是表格的主体，容纳了表格中的绝大部分信息。表身大多由数字组成，在设计和制作表身时，需要注意以下问题。

(1) 单位的排法

表身内的数字一般不带单位，也不能带百分号"％"，应将单位符号和百分号归并在栏目（标目）中，表内如果所有栏目的单位都相同（包括词头在内的整个单位都一样），则可将单位提出来置于表格顶线上方右端，比顶线最右端缩进一个字位。共同的单位前不加"单位："字样。

(2) 数值的排法

表身中处于共同标目之下的同一栏多行的数值，字号不得大于表号与表题字号，有效位数应该相等，且以个数位（或小数点）为准上下行取齐排。小数点前的"0"不能省略；小数点前后每隔 3 位数留空 1/4 个字符位。

(3) 相邻栏的字符相同时的排法

上下、左右相邻栏内的文字或数字相同时，应重复给出，不得使用"同上"、"同左"等字样，而应填入具体字符。

(4) 无数字栏内的排法

表身中没有数字的栏，不能轻易添上"0"或画上"—"等。"空白"代表未测或未发现；"—"或"…"代表无此项；而"0"则代表实例结果为零。

4. 表注

表格中需要注释、补充或说明的内容，可用最简练的文字横排于表题的下面，或附注于表格的底线下面作为表注。如果表注不止一条，则应给每条表注编号，顺序排于表格的底线下面。

(四) 表格的编排方法

表格的编排方法不像插图那样复杂，主要有上下叠置法、对角线式编排法、三角形式编排法、续表法、横表分段法、竖表转栏法。多个小型表格组合在一起，常采用上下叠置法、对角线式编排法、三角形式编排法；单个大型表格超长或超宽时，可以采用续表法、横表分段法、竖表转栏法等方法解决。

对角线式编排法和三角形式编排法与插图的版面设置形式相类似，下面主要对上下叠置法、续表法、横表分段法和竖表转栏法进行介绍。

(1) 上下叠置法

上下叠置法是指将两个或两个以上的表格上下叠排的方法，这是最为常用的表格版式。上下叠置的表格在宽度上必须大致相等，表内栏目的疏密也大体相同，否则，不宜采用此种编排方式。

(2) 续表法

续表法是指一个表格在一页内无法排完而必须转入下页续排的方法。续排表格应重复表的编号（表序）。编号后跟表题（可省略）加"（续）"，置于表上方。续表均应重复表头。作为一个完整的表格，只有顶线和底线是粗线，其余均为细线。因此，在有续表的情况下，原表的底线由粗线改为细线，所有续表的顶线均为细线。续表的底线分为两种情况：如续表后还有续表，前一个续表的底线仍为细线；如果续表后没有续表，则续表的底线为粗线。

（3）横表分段法

当表格竖向项目较少而横向栏目过多，或表格的宽度超过版心时，可将原表格转换成上下叠置的两段或三段的表格形式。其段与段之间用双细线横向隔开，每段左方的竖向项目栏重复排出。横表分段法是使表格美观和避免卧排的有效编制手段。缺点是卧排表容易造成表格和文字的脱节，并增添阅读的不便。

（4）竖表转栏法

当表格横向项目较少而竖向栏目过多时，可将原表格水平切断后转排成二列或三列的表格形式。其列与列之间用双细线竖向隔开，每列的栏目重复排列。竖表转栏是使表格美观和避免跨页排的有效编制手段。跨页表容易造成表格和文字的脱节，并增添了阅读的不便。

第五节　毕业论文的字符规则与格式规范

一、字符规则

毕业论文是各种字符的集合体，常用字符有：汉字、字母、数字、量符号、单位符号、数学符号、标点符号和图形符号等。字符是构成毕业论文的基本元素，掌握字符规则，规范使用各种字符，是撰写毕业论文的基础。

（一）汉字

汉语期刊杂志对汉字的字体、字号有明确的规定。随着计算机文档系统的普及，毕业论文基本上采用电子文稿。

汉字除了作为行文的基本元素之外，还出现在图表中，但是在公式中一般不用汉字。

毕业论文中，外文单词和词组只用来注释外文缩写符号或外来语的中译名，一般不出现在的文、式、图、表中。文稿中涉及外国人名、地名、机构和公司名称时，一般采用中译名。

1. 使用简化汉字

撰写毕业论文必须采用国家语言文字工作委员会 1986 年 10 月 10 日公布的《简化字总表》中的简化汉字，不得使用繁体字。

2. 使用规范术语

GB/T 10112—1999 指出："术语是专业领域中概念的语言指称"。术语应具备单名单义性，即一个术语只表示一个概念，一个概念只有一个指称。否则，会导致异义、多义和同义现象。此外，术语还应具有顾名思义性、简明性、派生性、稳定性等特点。毕业论文应该使用专业叙词表中规定的术语，必须杜绝臆造新词的现象。

3. 注重汉语语法

要注意汉语的词法、句法和文法。

毕业论文的用词必须严谨正确。要特别注意区分意义相近的词，不得混淆，不要用一些流行的新词随意取代经典词汇。

语句是行文的基本单元，要重视语句的加工。语句加工包括语法、修辞和逻辑三个方面。语法是指结构对不对，修辞是指表达好不好，逻辑是指道理通不通，三者中间任何一个出错，就会变成"病句"。

要做到文理清晰，就必须注意文法，理顺文章、段落、语句的表达逻辑。章节、段落、语句要前呼后应。顺则通，通则明，文理不通的论文，不可能有明了的科技结论。不同命题论文的论述方法各不相同，作者在行文之前必须列出相应的论述程序，并将其反映在写作提纲中。只有遵循论述程序，按写作提纲行文，才能有条不紊、文理清晰，真正做到行文如流水。

4. 慎用汉字表达式

一般不用汉字表达式表示某种关系。如果确有必要采用汉字表达式描述某种关系，可将其视为文字定义的特殊表达方式，此时不应在行尾编排式号。

5. 不用汉字角标

物理量符号可以带角标。一些作者习惯于用汉字或汉语拼音字母作为量符号的角标，是不可取的。量符与下角标都由外文字母组成，协调统一，比较合理。

6. 慎用中文单位

物理量单位的符号有两种：中文单位符号和国际单位符号。

行文中的无数值的单位名称，必须采用中文单位符号，但可以括注国际单位符号。例如，"体积的单位为立方米（m^3）"不能写成"体积的单位为 m^3"或"体积的单位为 m^3（立方米）"。

行文中有数值的单位名称，必须采用国际单位符号。例如，"体积为 $5m^3$"不能写成"体积为 5 立方米"。

7. 避免以符代字

行文中，尽可能避免用量符号、国际单位符号、数学符号或行中式等代替汉字。可以用汉字叙述的概念，不必用符号表达。可以用文字描述的简单数学关系，不宜采用行中式表达。

（二）数字

中文毕业论文采用三种数字：阿拉伯数字，汉字数字和罗马数字。

1. 阿拉伯数字

阿拉伯数字的基本数字为 0、1、2、3、4、5、6、7、8、9。GB/T 15835—1995《出版物上数字用法的规定》指出，凡是可以使用阿拉伯数字而且又很得体的地方，都应使用阿拉伯数字。

使用阿拉伯数字的一般规则：

1）量值单位符号前面的数字，必须采用阿拉伯数字；

2）计数单位前面的 10 与大于 10 的数字，应使用阿拉伯数字；

3）公历世纪、年代、年、月、日、时刻的数字用阿拉伯数字，且年份不能简写；

4）日期可以采用全数字表示法，时刻也可以采用全数字表示法；

5）序列或编号中的数字用阿拉伯数字；小数记号是位于底线上的黑圆点，纯小数要写出小数点前的定位"0"；

6）数字相乘用乘法符号"×"表示，不得用星号"＊"或中圆点"."代替；

7）多位数不能拆开转行；

8）尾数有三个以上"0"的整数和小数点后面有三个以上"0"的纯小数，可以写成 10^n 的形式，其中 n 为正整数或负整数；

9）数字范围用浪纹号"～"表示，年度起止用一字线表达；

10）在采用层次排序法的毕业论文中，阿拉伯数字是篇、章、节、条、款、项、目、式、图、表等序号的唯一选择，不得用其他符号取代。

2. 汉字数字

毕业论文的常用汉字数字为"零、一、二、三、四、五、六、七、八、九、十"。汉字数字的另一种形式为"零、壹、贰、叁、肆、伍、陆、柒、捌、玖、拾"，主要用于财务系统。

使用汉字数字的主要场合：

1）计数单位前面的整数 1～9 可以用汉字一至九表示，有时为了局部行文的一致性，也可以用阿拉伯数字 1～9 表示计数值；

2）计数单位前面的数字为二时，宜使用汉字"两"，以便阅读；

3）汉字数字用作词素构成定型的词、词组、成语、惯用语、缩略语或具有修辞色彩的词；

4）形容词前面的数字用汉字，如五大关键等；

5）多个汉字连用表示概数；

6）带"几"字的数字表示约数，必须用汉字；

7）并列阿拉伯数字后的复指数要用汉字，汉字数字范围用"×至×"表达；

8）尽管"O"不是汉字，但在特定场合，可以取代"零"，但"O"不能用"0"代替。

3. 罗马数字

罗马数字由七个基本数字 I、V、X、L、C、D、M 或它们的组合形式表达数值。

在毕业论文中，罗马数字可在图表中用作代号或标示，也可用作目录页的页码符号，一般不用来计数，更不能作为章节及其下扩层次、公式、插图、表格、参考文献和附录等的序号。

（三）量符号

量是物理量的简称，量符号是物理量符号的简称。

GB/T 2100～3102 是关于量、单位和符号的一般原则，以及一系列具体量和单位的国家标准，是法定计量单位的具体化，是强制性的国家标准，必须坚决执行。

1. 用字规则

量符号采用拉丁字母或希腊字母表示；量符号都是斜体字母；不得臆造量符号；不得以物理量名称的外文缩写符号作为物理量符号；个别约定俗成物理量名称的缩写符号可以作为量符号的代替符号，但必须写成正体。

2. 角标规则

同一个量符号表示不同对象时，可用上角标或下角标加以区分。毕业论文中，下角标是常见的表达方式，较少使用上角标。

角标的使用规则：同一字母加角标后，可以表示不同物理量；量符号的角标要简明，不要用整个外文单词作为下角标；以量符号或代表可变动数字的字母作为角标时用斜体，其余用正体；不用汉字角标。

3. 单一性规则

要确保同一篇毕业论文中量符号的唯一性，必须遵守量符号的单一性规则：在同一篇论文中，同一字母不能表示两种或两种以上的物理量；在同一篇论文中，量的主符号不要与备用符号混用。

4. 运算规则

运算规则如下：

1）量符号可以编排在运算式中，必须注意量符号运算的表达规则；

2）量符号之间可以用乘法符号"×"表示相乘，也可以省略乘法符号，但不能用星号或中圆点表示相乘；

3）由两个字母组成的量符号，为避免误解，与其他量符号相乘时，中间要加入乘法符号；

4）量符号与其前面的数字相乘时，若不会导致异义，可以不加乘法符号；

5）量符号与其后面的数字相乘时，必须加乘法符号；

6）采用斜线"/"作为除法符号时，除加括号避免混淆外，同一运算单元中的除法线不得多于一条；

7）分子分母为多项式时，若用斜线"/"作为除法符号，必须对分子分母加括号。

（四）标点符号

使用标点符号应符合 GB/T 25843—1995《标点符号用法》的规定。

1. 分类

常用标点符号有 16 种，分点号与标号两大类。

点号用作点断，表示各种停顿。点号又分句末点号与句内点号。句末点号有句号、问号和叹号；句内点号有逗号、顿号、分号和冒号。

标号用作标示，常用标号有引号、括号、破折号、省略号、着重号、连接号、间隔号、书名号和专名号。

2. 使用规则

标点符号使用规则如下：

1）句号、问号、叹号、逗号、顿号、分号和冒号一般占据一个字的位置，居右偏下，不出现在行首，句号一般不能写成句点"."；

2）引号、括号和书名号的前一半不出现在行末，后一半不出现在行首；

3）并列的阿拉伯数字和符号等，一般用逗号隔开；

4）中文省略号用六连点，在外文、阿拉伯数字和公式中的省略号用三连点，省略号前后一般不出现点号，省略号之后不写"等"字；

5）破折号和六连点省略号占两个字符位，中间不可断开，上下居中；

6）着重号和专名号位于字下，可以随字移行；

7）顿号、逗号、分号和句号代表四个不同程度的停顿，不能随意使用；

8）连接号有波浪线、双字线、一字线、半字线和短横五种形式，要各得其所，不可乱用；

9）数字和时间的区间应使用波浪线；

10）用圆括号、方括号和花括号的组合表示不同层次，除编写软件程序外，一般不用多重圆括号表示不同层次；

11）双引号和单引号不能随意使用，引号里边还要用引号时，必须"外双内单"，即外面一层为双引号，里面一层为单引号；

12）整句引文时，末尾的句号应置于括号里面，局部引文时，末尾的句号应置于括号外面；

13) 一个句子中，一般不出现两个冒号；

14) 不得对标点符号作修饰，不使用双问号（??）和双叹号（!!），不可将标点符号写成斜体形式。

二、毕业论文的格式规范

规范的撰写是毕业论文写作的基本要求，也是提高毕业论文质量的需要。同学在开始论文写作之前，应事先对撰写规范进行全面了解，以便在整个写作中都有统一的标准和要求，避免事后返工。同时，在完成论文定稿后，应根据论文格式规范，对论文进行一次全面的编校。随着计算机的普及，一般学校都要求毕业论文用计算机打印文稿。毕业论文写完后，还要加以装订。

毕业论文格式规范如下所示。

（一）封面

第一页为封面。毕业论文的封面信息一般包括学校名称、题目、系别、专业名称、班级、作者姓名、指导老师、论文完成的年月日，但每个学校可能有所的不同，具体表现在字体、字号的不同等方面。封面内容一律按照各个学校规定、统一的封面式样用计算机打印，必须要素齐全，能全面反映出毕业论文的最基本信息，正确无误，并要确保封面简洁美观。

（二）题目、摘要与关键词

题目、摘要与关键词一般可合为一页。

(1) 中文题目

论文题目可用三号黑体字，可以分为 1 或 2 行居中打印，副标题可用四号楷体。

(2) 中文摘要

论文题目下空一行左起空两格打印"摘要："二字（小四号黑体，字间空一格）。"摘要："二字后打印的中文摘要内容（小四号楷体）。

(3) 中文关键词

中文关键词置于中文摘要文后，另起一行左起空两格，中文关键词前应冠以"关键词："（小四号黑体），后接关键词内容（小四号楷体），关键词之间用分号分隔。

（三）目录

题头打印"目录"二字，为三号黑体字，中空两格，居中打印。下空一行，打印具体的目录，四号宋体。论文目录必须清楚无误标明页码，应按内容顺序逐一标注该行目录在正文中的页码。构成内容由序号、章节标题和页码组成。序号、章节标题从左列起，页码从右列起，中间用"……"连接。论文目录一般只需排到二级标题，即章和节，不需扩展到三级标题和四级标题。

（四）正文

正文页不再打印毕业论文题目，直接打印论文正文。

(1) 一般要求

正文放在目录的后面，正文每个字占一格，每段开头要空两格。论文正文部分包括绪论（或前言、序言、引言）、论文主体及结论。

(2) 图

图按顺序编号，例如，图 1 为第一图。如图中含有几个不同部分应将分图号标注在分图的左上角，图号后列出图题，置于图下方。引用图应在图题的左下角标出文献来源。

（3）表格

表的编排，一般是内容和测试项目由左至右横读，数据依序竖读。

（4）公式

论文中的公式应另行起，并缩格书写，与周围文字留有充足的空间加以区分。如有两个以上的公式，应用从"1"开始的阿拉伯数字进行编号，并将编号置于括号内。若正文中书写分数，应尽量将其高度降低为一行，如将分数线书写为"/"，将根号改为负指数。

（5）标点符号

标点符号应遵守《中华人民共和国国家标准标点符号用法》的规定。

（6）数字

数字使用应执行《中华人民共和国国家标准出版物上数字用法》的规定。

（7）注释

注释一般用页末注即将注文放于加注页下端，一般不用行中注。注释只限于写在注释符号出现的同页。注释格式与参考文献著录格式基本相同，可参见本书的注释格式。

（五）参考文献

参考文献按在论文正文中出现的先后次序列于文后，以"参考文献"居中排作为标志。参考文献的序号左顶格，并用数字加方括号表示，如［1］、［2］……每一参考文献条目的最后均以"."结束。参考文献著录格式详见第四章第六节"参考文献与附录"。

（六）附录

附录一般按照正文一级子标题以卜格式打印，每个附录均从页首开始，并在附录起始页的左上角用标准小四号黑体字注明附录序号，如"附录1"、"附录2"。

三、排版格式、文稿校对与装订

毕业论文完成定稿并经指导老师审查合格后，应按相关格式要求排版、单面打印、按顺序排列、左边装订成册。

（一）排版格式

1. 版面规格

毕业论文用 A4 纸，一般为纵向排版。

2. 页面设置

正文版面设置的基本限定值如下：页边距为上 3cm、下 2.5cm、左 2.5cm、右 2cm；全部文本的基本行间距统一设为 1.5 倍（Word 软件中"格式—段落—多倍行距—设置值 1.5"即可），部分地方按本规范的特殊要求处理。

3. 页眉设置

页眉统一标示"×××学院学生毕业论文"字样，小五号字、宋体、居中，封面不设页眉。

4. 页脚设置

论文正文的页脚，从"中文摘要"部分开始，直到"参考文献"部分为止，连续采用"1"、"2"、"3"等阿拉伯数字顺序编号标示页码，左右各加一连字符"-"，小五号字，宋体，如"-1-"（可自动插入），居中排列。此外，论文封面不设页脚。有些摘要也采用罗马数字编号的方法，目录页不编号，编号从正文开始至参考文献。

5. 字体、字号

（1）论文标题

黑体（中文）、小二号加粗，副标题（如果有的话）三号加粗、居中、1.5 倍行距，前后段落间距都是 12 磅，首行缩进 2 个字符。

（2）摘要、关键词

宋体（中文）、小五号、两端对齐，行距 15 磅，段落间距为段前 0.25 行、段后 0.5 行，首行缩进，字符字距加宽 0.3 磅左右。

（3）正文一级小标题

黑体（中文）、小四号、左对齐，行距 17 磅，段落间距为段前 1 行、段后 0.5 行，首行缩进 0 字符。

（4）正文二级小标题

黑体（中文）、五号、左对齐，行距 17 磅，段落间距为段前 0.5 行、段后 0.5 行，首行缩进 0 字符。

（5）正文三级小标题

宋体（中文）、五号、左对齐，行距 17 磅，段落间距为段前 0.25 行、段后 0 行，首行缩进 2 字符。

（6）正文段落

宋体（中文）：小四号（不包括标题）、两端对齐，行距 17 磅，段落间距为段前 0 行、段后 0 行，首行缩进 2 字符，字距可加宽 0.3 磅左右。

（7）表题、图题

黑体（中文）、小五号（9 磅）、居中，行距 15 磅，段落间距为段前 0.5 行、段后 0.25 行，首行缩进，字符字距加宽 0.3 磅左右。

（8）参考文献

宋体（中文）、六号（7.5 磅）、两端对齐，行距 15 磅，段落间距为段前 0.25 行、段后 0.5 行，首行缩进 0 字符，自动编号。

这只是排版的基本要求，每个学校也可能针对本校的实际情况在排版上作出相应的要求。同学们应以本校的要求为准，毕业论文格式示例参见附录。

（二）文稿校对

文稿校对是毕业论文修改的最后一个环节。论文完成后，打印前，通常要由作者校阅一到两次。这是把握文章质量的最后一道"防线"，千万马虎不得。一篇文章，写得很好，如果在印刷中出现了许多错误，把文章弄得面目全非，令人心痛。

1. 校对的特殊性

校对工作是一种脑、手、眼并用，有时还兼用口、耳的工作。校对时，校对者既要阅读原稿，又要阅读校样；既要根据原稿正确无误地找出校样上的错误，又要注意原稿遗留下来的问题。这样的阅读，就其目的和技术性来说，是和一般阅读不同的。校对时，应充分注意此点，不要将"校对"混同于一般"阅读"。

2. 校对的方法

（1）读校

读校又称"唱校"，即一人读原稿，其他人核对校样的校对方法。读原稿的人要以记录速度把原稿字、词、句和标点符号读清楚、准确，对文中出现的空行、换行、分页、数字、符号或特殊格式等都应读出或说明，对容易混淆的同音字或生僻字也应说明。看校样的人注意力则应高度集中，根据所读原稿，阅看与校样是否一致。如发现差错，应即以校对符号标出，提请文印人员更正或者自行更正。

（2）对校

对校又称"点校"，即由一人进行的先看原稿再对照校样的校对方法。对校时，一般将原稿放在校样的左上方，左手点原稿字句，右手执笔点校样，默读文字，手随之移动，以词和短句为单位，逐字逐句校对。对校前，可先看一遍原稿，做到心中有数，然后点校默读。一般每次以一个句子或 10 个字左右为宜，既能看准、点清原稿，又能及时发现校样的差错。遇到要改动的地方，用文字或校对符号在校样上作出标志或说明。

（3）本校

本校即脱离原稿通读校样，通过文中的内在矛盾发现错误，如前后矛盾、文注矛盾、文表矛盾、文图矛盾、文气不贯、字词使用错误和语法、逻辑错误等。一本书或一篇文章，前后是有内在联系的，文气是贯通的，文注、文表、文图的内容是关联的，如果前后矛盾、文气不贯；文注、文表、文图内容脱节，就可能存在错讹。

（4）他校

他校即以他书校本书。需要他校的文字主要有以下几点：

1）引文，必须一字一符不差；

2）述文，引的不是原文，而是根据被引书的内容加以叙述之文，述文的意义应与被引书的意义相同，个应走样，也不应断章取义；

3）释文，应解释准确。这三类文字，需要使用"他校法"，核对原文，核对述文、释文所据原文的意义。"他校"的"他书"最常用的是工具书和国家标准。改必有据，是校对改错的一条基本原则。所以，"他校法"是校对的基本方法之一。

（5）理校法

从实质上讲，所谓对校、本校、他校，都是"对校"，因为都有对照物，改错都是有所依据的。有时候，会碰到这种情况，有了疑问，却找不到根据，或找到的根据说法不一而无所适从，这时需用"理校法"。理，即推理，理校法即运用已有的知识储备和判断能力，进行分析、推理，作出是非判断。

（6）校红

校红又称"核红"或"复红"，即将最后一次的校样与经更正差错印出的清样相校对、复核的校对方法。一般要求校对人先在校样中标上改动符号的文字、标点等，对照清样是否已得到改正。

（7）清校

清校又称"通校"，即脱离原稿和校样将清样通读一遍，以审查是否完全正确无误的校对方法。这就要求更加认真、细致。力求在论文付印前，杜绝任何差错的存在，以保证文书的印制质量。在实现办公自动化的条件下，清校是最常用的方法，原则上在付印前都应至少清校一遍。

3. 常用校改符号

校对符号是用来标明版面上某种错误的记号，是编辑、设计、排版、改版、校样、校对人员的共同语言。排版过程中错误是多种多样的，既有缺漏需要补入、多余需要删去、字体字号上有错误需要改正，又有文字前后颠倒、侧转或倒放需要改正等。根据不同情况规定不同的校对符号，使有关人员看到某种符号，就知道是某种错误并作相应处理，能节约时间和提高工作质量。

4. 校对要注意之处

校对是十分严肃、十分细致的工作，做好校对绝不是一件轻而易举的事。校对者必须熟悉设计和排版上的技术规则，掌握一定的校对技能，并且还要懂得相关的一些科学知识。更重要的是，要有高度的责任心，有一丝不苟、细致耐心的工作作风。

毕业论文一般情况下是由作者自校的，自校有优势也有局限。其优势是，文章是作者自己写的，他对文章的立意、构思、文字、表述都十分熟悉，对文章所涉及的一些专业知识都在行，容易发现校样上的错误；其局限是，一般的作者，缺乏专职校对人员的校对技能，不太熟悉设计和排版上的技术规则。另外，由于作者对文章的内容太熟悉了，校对中"一目十行"，往往会出现一些视而不见的"盲点"作者自校通常要注意以下的内容：

（1）内容、文字

校对中进一步发现内容和文字上存在的毛病，进而改正。

（2）格式

在文面上，实用文通常有特定的格式要求，校对中应注意校样上的格式是否符合要求，其中包括：文章标题的排列是否大方、美观，标题与正文之间是否留有恰当的空白，每段文字是否提行空两格另起，排版是否能随意割裂或合并原稿中的段落，文中的序码是否统一、正确，文中的注释部分是否统一、规范，原文的层次是否在文面上清晰地体现出来等。

（3）标点符号

标点符号是书面语言不可缺少的辅助工具。标点符号的错用、漏用，会带来文意上的混乱、歧义。起草文章时应正确使用标点。在校对阶段要认真校核标点，不可错用、混用、漏用。

（4）错字

错字有两种情况，一是原稿上是对的，输入时打错了；一是原稿上写错了，打字时因错就错地打上去了。这两种情况都要改正。一般说来，一些字形近似的字容易出错，一些常用词也容易"想当然"地出错。

（5）掉字和多字

漏排和多排也是不允许的。有时漏排或多排的不是一二个字，而是一个整句，甚至是一段，校对时要特别注意。

（6）错体字

统一用简化字，就不能夹杂繁体字；统一用繁体就不能夹杂简化字；已废用的异体字不能继续使用；未统一的异体字，如"安装"与"按装""名副其实"与"名符其实"等，在一篇文章或一部著作中也应统一，否则当作错体字看待。无论是汉字、阿拉伯数字或标点符号，在设计指定的一种体式中不能夹用其他体式。

（7）名词和体例

校对时，应注意名词、体例的前后统一，尽量消除分歧。

（8）空白和距离

校对时，还要从整个版面出发，看看字间、行间、段间的距离是否匀称，标题、图表、正文之间的空白是否恰当。过于稀疏的表格应缩小，有关的版图不要远离版面的中心。作者付印前，应兼顾内容与形式，既看到整体又看到枝节，注意力应遍及全部校样，包括封面、目录、附录、索引、插图序码、封面、扉页等。

（9）论文附录部分

论文附录最容易出错。

（10）至少要二校、三校

无论二校、三校件，经打字改正后，还必须进行复核。在复核中，要特别注意校改过程可能产生的新的错误。复核对整个校对质量起最后把关的作用。

（三）文稿装订

1. 装订要求

文稿装订的要求如下：

1）规范，即按一定的顺序装订；

2）整齐，即纸的大小、格式在同一篇论文中要统一，不可混杂；

3）美观，即装订的设计要尽可能舒展，封面要有清新感，装订线要缝直。

2. 装订顺序

一般的毕业论文装订顺序为：

1）毕业论文封面；

2）摘要、关键词；

3）目录；

4）正文；

5）参考文献；

6）封底。

思 考 题

1. 毕业论文提纲起草的具体步骤是什么？

2. 开题报告的主要内容包括哪些？

3. 毕业论文起草的原则是什么？

4. 毕业论文的修改一般应从哪几个方面进行？

5. 插图与表格主要有哪些编排方法？

6. 文稿的常用校对方法有哪些？

第七章 毕业论文的答辩

学生完成毕业论文后交指导教师评阅，指导教师根据评阅情况写出评语、提出建议成绩。毕业论文答辩委员会对学生的答辩资格进行确认后，学生还要进行论文答辩。答辩是对学生论文质量和写作水平进行考核的最后环节，对学生毕业论文的最终成绩，甚至是毕业、学位的授予都有重大影响。

第一节 毕业论文答辩概述

答辩是大学生毕业论文写作工作的一个必要环节，它是检验学生是否较好地掌握了本专业基础理论和基本技能的重要考核方式，也是检验论文质量高低的重要形式。因此，在完成毕业论文写作后，每一位学生都要进行毕业论文的答辩。

一、毕业论文答辩的含义

毕业论文答辩是在学生完成论文写作、指导教师完成论文评阅后，由各院（系）组织，由答辩委员会的（或小组，下同）教师和学生面对面的，以答辩教师提问、学生当面回答问题的方式对学生论文质量进行最后考核的重要环节。

毕业论文答辩是一种问答式辩论，基本形式包括"问"、"答"和"辩"。一般由院（系）按一定的标准设立的、由教师或有关专家组成的答辩委员会，对答辩学生进行提问，答辩学生则必须根据答辩教师的要求进行回答。在答辩中，答辩教师是考官，始终是处于主动的、主考的地位，以提问的方式考核学生；而学生则处在被动的、被考的地位上，以答问方式应对考核。而"辩"则是作为问和答的延伸，由于双方的知识、阅历、资历、经验各方面都相差悬殊，同时答辩教师既是辩论员又是裁判员，具有双重身份，所以这种辩论不是一种平等的辩论，而只是答辩。

二、毕业论文答辩的作用

毕业论文答辩是学校进一步考查和验证学生对论文的认识程度和当场的论证能力，进一步考查毕业学生对专业知识掌握的深度和广度，审查毕业论文是否为学生自己独立完成等情况的重要环节。其作用表现在以下三点。

（一）有助于进一步考查和验证学生对所写论文的认识程度和当场论证论题的能力

从学生所提交的书面论文中，已能大致反映出学生对自己所写论文的认识程度和论证论题的能力。但由于各种原因，有些问题没有充分展开细说，有的可能是限于论文结构布局不便展开，有的可能是受篇幅所限不能展开，有的可能是学生认为不重要或者认为没有必要展开，有的可能是学生不能深入或者说不清楚而进行了故意的回避，有的还可能是学生自己根本就没有认识到的不足之处等。通过对这些问题的提问和答辩就可以进一步弄清学生是由于哪种情况而没有展开深入分析，从而了解学生对论文的认识程度、理解深度和当场论证的能力。

（二）有助于进一步考查毕业学生对专业知识掌握的深度和广度

通过论文也可以看出学生已掌握知识的深度和广度。但是，撰写毕业论文的主要目的不是考查学生掌握知识的深度和广度，而是考查学生综合运用所学知识独立地分析问题和解决问题的能力，培养和锻炼进行科学研究的能力。学生在写作论文中所运用的知识有的已确实掌握，能融会贯通的运用；有的可能是一知半解，并没有转化为自己的知识；还有的可能是从别人的文章中生搬硬套过来，其基本含义都没搞清楚。在答辩中，答辩教师把论文中有阐述不清楚、不详细、不完备、不确切、不完善之处提出来，让学生当场作出回答，从而可以检查出学生对所论述的问题是否有深厚的知识基础、创造性见解和充分扎实的理由。

（三）有助于审查毕业论文是否为学生独立完成，即检验毕业论文的真实性

撰写毕业论文，要求学生在教师的指导下独立完成，但其不像考试、考查那样，在教师严格监视下完成，而是在一个较长的时期（一般为一个学期）内完成，难免会有少数不自觉的学生投机取巧，采取各种手段作弊。指导教师固然要严格把关，可是在一个教师要指导多个学生、多个题目的情况下，很难对学生的作假舞弊行为作出严格的识别，经常会有疏漏。而答辩委员会由多名教师组成，鉴别论文真伪的能力更强，而且在答辩中还可通过提问与答辩使作弊者得以暴露，从而保证毕业论文的质量。

三、毕业论文答辩的特点

毕业论文答辩有以下几个特点。

（一）答辩具有严肃性

组织毕业论文答辩是为了进一步审查论文，即进一步考查和验证作者对所著论文论述论题的认识程度和当场论证论题的能力，进一步考查作者对专业知识掌握的深度和广度，审查毕业论文是否由学生自己独立完成等情况。因此，毕业论文答辩是办学者严把学生"出口关"的重要一环，决定着学生能否取得毕业资格，是一项公平、公开、公正、严肃的工作，无论是主管单位还是答辩学生，都应当认真对待。

（二）答辩具有明显的不对等性

首先，人数不对等。毕业论文答辩组成的双方人数是不对等，参加答辩会一般由三人或五人组成，面对的是一名答辩学生；其次，答辩委员会始终处在主动的、审查的地位上，而论文作者则始终处在被动的、被审查的地位上，并且双方的知识、阅历、资历、经验等方面都相差悬殊。

（三）答辩委员会具有双重身份

毕业论文答辩虽然也要作出评判，但它不是由特设的裁判员来评判，而是由参加答辩会的一方——答辩委员会对论文作者的论文和答辩情况作出评价。在毕业论文答辩会上，答辩委员会成员是具有双重身份的，既是辩论员，又是裁判员。

（四）毕业论文答辩准备的范围比较宽泛

为了顺利通过答辩，毕业论文作者在答辩前先要做好充分准备。然而，毕业论文答辩时的题目是由参加答辩会的一方——答辩老师根据另一方提供的论文拟就的，所要答辩的题目一般在 3 个以上，并且答辩小组拟就的题目对另一方——论文的作者事先是保密的，在答辩时才能提出。虽然在举行论文答辩会以前，学生也要为参加答辩会做准备，但难以针对答辩会上提出的问题面面俱到，只能就自己所写的论文及有关的问题作广泛的思考和准备。

（五）表达方式以问答为主，以辩论为辅

论文答辩一般是以问答的形式进行，由答辩委员会成员提出问题，论文作者作出回答。在一问一答的过程中，有时也会出现作者与答辩委员会成员观点相左的情况，这时也可以双

方辩论。但从总体上说，论文答辩是以问答的形式为主，以不同观点的辩论为辅。

四、毕业论文答辩的形式

论文答辩并不等于宣读论文，而是要抓住论文的要点予以概括性的、简明扼要的说明，对答辩教师的提问作出全面、正确的回答。当自己的观点与主答辩教师观点相左时，既要尊重答辩教师，又要让答辩教师接受自己的观点，可以与答辩教师开展恰如其分的辩论。但是，从总体上说，论文答辩的表达方式以问答为主，以辩论为辅。论文答辩的形式很多，或由学校统一确定，或由指导教师推荐，或由学生申请选择，或由答辩委员会抽签决定。

（一）口答和笔答

口答是指学生以口头方式，面对面地与答辩委员会进行答辩的方式；笔答是指学生以书面的形式回答答辩委员会的提问。口答是一种毕业论文的常用答辩形式，方式灵活有效。但是，口答只能一个一个学生进行，时间要求比较高，在学生规模比较大的情况下，口答就很难按时完成，所以，在很多情况下，口答通常掌握在学生总人数的一定比例之内。笔答实际上是一种考试方式，方式比较死板，但适合于大规模的操作，所以，在学生人数多时，笔答也时常成为一种补充的答辩方式。

（二）场地答辩和在线答辩

场地答辩是指通过布置答辩会场，由答辩教师和答辩学生进行面对面的提问、答题和辩论的一种答辩形式。在场地答辩的情况下，学校要进行毕业论文答辩会场地的布置，设置答辩席、教师席和旁听席，几位答辩教师坐成一排，答辩学生坐在对面，答辩教师当面向学生提问，学生当面答题。这种答辩形式是口答中的常见形式，比较适用于教师与学生近距离、深入的沟通。

在线答辩即远程网上答辩，利用现代宽带网络资源结合摄像头、耳麦等，通过声音、图像传输工具进行的非面对面的远程答辩形式。这是近年随着网络的兴起而出现的一种新型答辩形式。在实行远程教育时，其学生分布较散，集中到一个地点进行答辩有诸多不便之处，而通过网上答辩就方便多了。远程答辩的开展，预示着网络教育这种以现代网络技术为依托的教育形式的完善与成熟。

（三）即席答辩和备后答辩

根据是否给学生一定的准备时间，可以划分为即席答辩和备后答辩。即席答辩是学生针对答辩教师提出的问题进行当场作答。这种形式下，答辩教师提问后，学生立即回答问题，没有答辩的准备时间，考核学生的快速反应和即席思变能力。备后答辩则是答辩教师提出问题后，允许学生有一定的准备时间，一般不超过半小时。这种形式给予学生一定时间的准备，翻阅一些资料、整理一下思路（须独立进行），有利于提高答辩质量和答辩效果，也是大多数高校所采用的答辩形式。采用即席答辩还是备后答辩，不同的学校有不同的规定，有些学校由学生选择答辩方式，有些学校则是事先指定的。

为了顺利通过答辩，学生在答辩前需要作好充分准备。答辩题目一般是由答辩教师根据学生提交的论文拟定，一般是三个或三个以上，答辩题目事先保密，等到答辩时才公布。答辩教师提出问题后，答辩学生独立准备一段时间后再当场回答，或当即作出回答。因此，在论文答辩之前，学生也要为答辩做准备，但难以针对答辩问题做准备，只能就自己所写的论文及有关的问题作广泛的思考和准备。

五、毕业论文答辩的要求

毕业论文答辩的要求有以下几点。

（一）对答辩委员会的职责要求

答辩委员会的职责要求如下：

1）严格按照标准客观公正地评定论文成绩；

2）严肃认真地对待答辩和评定论文是否通过；

3）论文答辩应有详细的记录；

4）对不同档次（优秀、良好、及格、不及格）的毕业论文，应写出具体理由或简要评语，并签名；

5）提问题的原则和要求。

根据学生的专业知识和学习特点，一般从三个方面拟定要提问的题目：一是围绕毕业论文论题的真实性、现实性和写作价值拟定；二是围绕毕业论文本身的薄弱环节（如文章中某些论点和论据模糊不清）或文章中涉及的有关基础知识和基本理论方面的内容拟定；三是围绕与毕业论文主要内容相关的问题，考查学生水平的高低、知识的深度广度、分析解决问题的能力。一般原则是：基础性题目与应用性题目相结合，深浅适中、难易搭配、点面结合、深浅相连、形式多样、大小配合。

（二）对答辩人的一般要求

对答辩人的一般要求有：

1）参加答辩的毕业生，所学课程必须全部及格，并有指导教师同意答辩的意见，方具备答辩资格；

2）凡具备答辩资格的学生，毕业论文必须通过答辩，凡不参加答辩或不及格者，不能获得毕业证书；

3）答辩应充分准备，认真对待，按答辩委员会的要求，有步骤地进行；

4）因故不能参加答辩或答辩不及格者，在提出申请或重新修改论文后，在规定时间内进行补答。

毕业论文答辩既是一个增长知识、交流信息的过程，又是同学全面展示自己的勇气、才能、智慧、风度和口才的良好时机，同时也是同学向答辩教师学习、锻炼答辩艺术的一次良机。同学要做好充分的准备，对论文作进一步的推敲和研究，并以积极的姿态、满腔的热忱、最佳的心境和状态参与答辩，充分发挥自己的才能和水平。

第二节　毕业论文答辩准备

答辩前的准备不仅包括学校和学院（系）为答辩工作的开展所作的准备工作，而且还包括答辩委员和答辩者的准备工作。由于学校为答辩工作进行的准备主要体现在制度规定上，学院（系）为答辩工作进行的准备主要体现在答辩前的计划安排上，诸如答辩委员和答辩秘书的遴选、答辩的分组和时间安排等。这里着重介绍答辩委员和答辩者的准备。

一、答辩委员的准备

每一位答辩委员都要认真阅读学生的毕业论文，发现毕业论文中存在的问题，围绕毕业论文准备提问的问题。所提问题既能检验毕业论文的真伪，又能检验学生对该问题研究的水平和能力，以及研究工作取得的成绩，以达到答辩之目的。在准备问题时，要根据毕业学生的层次和申请的学位层次进行，防止所提问题过难、过偏，超出学生的水平，又要避免提问的问题过易，达不到答辩的目的。另外，答辩委员都要考虑到答辩过程中可能发生的意外事件，以防答辩工作的中断。

二、答辩者的准备

同学提交毕业论文之后，应抓紧时间为论文答辩做好积极准备。一般情况下，应做好以下准备工作。

1. 做好充分的思想准备

参加答辩应保持良好的心态，消除紧张情绪。首先，要严阵以待，争取主动。毕业论文写得好，是答辩取得成功的第一步和重要基础，但论文的写作与答辩并不能画等号。正确的答辩态度源于良好的思想状态；其次，要克服畏惧或侥幸心理。答辩前可以通过自我模拟训练，正确了解把握自己的口头表达能力，自觉把书面论证转化为口头论证。答辩虽是严肃而又严格的，但不能只关注答辩成绩，惶惶不可终日，也不能高枕无忧，试图搪塞过关。实践证明，正确的心理是答辩成功的前提之一。

2. 熟悉毕业论文答辩的安排

（1）按时完成论文并及时交教师批阅

必须在论文答辩举行之前一周，将经过指导教师写好评语和建议成绩的毕业论文一式两份交给答辩委员会。答辩委员会委员在仔细研读毕业论文的基础上，拟出要提问的问题，然后举行答辩会。

（2）熟悉毕业论文答辩组织安排

一是要熟悉论文答辩时间安排，以免错过论文答辩时间；二是要熟悉论文答辩分组和场地安排。由于参加答辩的学生一般比较多，不可能将所有学生安排在一起进行答辩，而且同学选题各有不同，需要进行适当的归类，以适应答辩教师的学科归属，同时，还要尽可能实现指导教师回避制度。所以，一般而言，学校会根据具体情况进行分组，分别确定每一答辩小组的同学名单及答辩场地，答辩同学一定要明确自己所属组别，最好事先去熟悉一下场地，以放松答辩时的情绪。

（3）熟悉毕业论文答辩的一般程序

毕业论文答辩的一般程序是论文答辩过程中的程序安排，一般包括答辩主持人宣布答辩的基本规则、答辩人报告论文主要内容、答辩委员会提问、答辩人准备、答辩人答辩、答辩委员会进行评议、宣布论文答辩结果等七个基本步骤，这些内容将在下一节中详细介绍。学校一般会事先以书面形式公布毕业论文答辩程序，同学应认真阅读，记住答辩过程中与自己相关的环节和基本要求，做好一些有针对性的准备，做到心中有数，不慌不乱。

3. 论文报告准备

按照答辩程序，在答辩教师提问前，先由答辩人报告论文主要内容。所以，做好论文报告准备是同学要做的重要准备工作。论文报告内容应从以下几个方面准备：

1）答辩人自我介绍、所写论文的题目、指导教师姓名。

2）论文选题的意义。该内容可根据开题报告的内容进行整理。

3）论文的基本框架和主要观点，论据。

4）写作体会、对论文的自我评价。

上述论文报告内容，实际上是毕业论文的简介，答辩前可以事先将这些内容写好。由于答辩人报告论文主要内容的时间一般不超过 15 分钟，毕业论文简介要突出一个"简"字，简明扼要，并要熟悉简介内容。

4. 答辩内容准备

答辩内容的准备是论文答辩准备工作的重点，是同学为正确回答答辩教师的提问而作的实质性准备。答辩时不要盲目猜测答辩老师会提出的具体问题，这是因为：一是不同的答辩教师会作出不同的提问，无法事先获知提问的具体内容；二是论文的答辩过程也是一个很好的学习过程，认真准备有利于答辩能力的提高。但必须认真准备答辩内容，准备内容可从以下几个方面进行：

1）熟悉论文全文的内容，尤其要完全理解论文中所使用主要概念的确切含义和所运用基本原理的主要内容，完全熟悉论文的基本观点、论证的基本依据及推理过程，重新验证公式推导，进一步核实各类素材的来源和数据的准确性。

2）反复推敲文章内容，特别是对论文本论部分和结论部分的内容进行反复推敲，仔细审查论文中有无自相矛盾、错误、片面或模糊不清的地方，有无与法律、国家的方针政策相冲突之处等。如发现有上述问题，就要做好充分准备，如何进行补充、修正或说明等，这样在答辩过程中，就可以做到心中有数、临阵不慌。

3）论文还有哪些应该涉及，但因力所不及或篇幅有限而未能接触的问题，这些问题往往是与论题相关的人们关注的热点，但一般是属于与论文中心关联不大且在论文中未涉及或涉及很少的问题。答辩时能清楚地讲述，展示了学生较宽的知识面。

4）仔细审查继承或借鉴他人研究成果，核查他人成果的原始出处，引用是否准确，引用到论文中是否合理，对引用的内容是否彻底消化。

5）对自己的创新观点，在答辩时要特别引起重视。一是因为"新观点"是论文的亮点，通常要特别介绍，也容易引起答辩教师的兴趣，答辩教师提问的可能性比较大；二是因为"新观点"通常不太成熟，会存在一些漏洞，很容易被教师问住。所以，对论文中的新观点、新见解要重新进行系统的反思，反思观点的正确性和逻辑的严密性，反思是否存在不足之处等。

6）对指导教师在指导过程中指出的论文不足之处，以及定稿时指导教师所作的论文不足方面的评价要特别引起重视，并能在答辩之前对这些问题有一些更成熟的思考。

对上述内容，同学在答辩前都要很好地准备，经过思考、整理、写成提纲，记在脑中，这样在答辩时就可以做到心中有数，从容作答。

5. 必要答辩资料和用品的准备

首先，应准备好参加答辩时携带的答辩资料，包括论文底稿、主要参考资料和事先整理的其他答辩材料。在论文答辩会上，主答辩教师提出问题后，一般允许学生准备一定时间后再回答。在这种情况下，携带论文底稿和主要参考资料便于做好论文答辩的准备，启发思路，并充分提高有限时间的利用效率。同时，在回答过程中，一般也允许翻看自己的论文和有关参考资料。答辩时虽然不能依赖这些资料，但带上这些资料，当遇到一时记不起来时，稍微翻阅一下，就可以避免出现答不上来的尴尬和慌乱。

其次，应准备好参加答辩时携带的答辩用品，包括笔、笔记本、计算器（特别是在论文中出现较多数据时），以便把主答辩教师所提出的问题和有价值的意见、见解记录下来。通过记录，不仅可以减缓紧张心理，而且还可以更好地理解教师所提问题的实质，同时还可以边记边思考，使思考的过程变得自然。

第三节 毕业论文答辩程序

毕业论文答辩程序一般包括答辩主持人宣布答辩规则、答辩人报告论文主要内容、答辩委员会提问、答辩人准备、答辩人答辩、答辩委员会进行评议、宣布论文答辩结果等七个步骤，按步骤进行。答辩的一般程序如下。

一、介绍答辩委员会

答辩主持人宣布毕业论文答辩委员会的人员组成，并对答辩教师进行介绍。论文答辩委员会一般应由四人以上人员组成，1 名组长，2 名论文答辩成员，1 名专职记录员。在由答辩教师承担记录的情况下，可不配专职记录员。答辩委员会一般由专业教师组成，学科内容一般都会涵盖本组答辩学生的选题。

二、宣布答辩规则

答辩主持人宣布答辩开始，宣布答辩的基本规则、要求和安排。一般会涉及以下几方面：一是清点学生人数，以确定答辩人是否到齐；二是宣布答辩程序和规则；三是确定学生答辩比例，一般安排全员答辩。如果确因学生人数众多而不能正常完成答辩工作，有些学校也会实行比例答辩。但是，指导教师初评成绩为优秀、及格的同学一定要进行答辩；不及格的同学首先要重新修改论文，没有参加答辩的资格；其他的同学在比例范围内随机抽查答辩。

三、答辩人报告论文主要内容

在答辩陈述伊始，学生应该向评委作简单的自我介绍，一是表示对评委的礼貌，二是让评委了解自己的专业和论文的主题，双方都进入答辩状态。介绍的内容大体包括：姓名、导师的姓名、所属院系、专业、班级、论文题目等。然后，由答辩人报告论文选题的背景、论文的基本框架和主要观点、论文的创新之处和写作体会，报告时间一般控制在 10 分钟左右，不要超过 15 分钟。同学在报告论文内容时应基本脱离文稿，不能照着稿子念。

四、答辩委员会提问

在进行论文答辩之前，答辩委员会的答辩教师在仔细研读经过指导教师审定并签署过意见的毕业论文的基础上，拟出要提问的问题，一般不少于三个问题。在答辩教师提出问题的过程中，同学一定要认真听取，准确做好记录，充分领会答辩教师所提问题，如有不清楚，一定要请求答辩教师重复，以避免因未听清楚题目而造成答非所问，或偏离主题的后果。

五、答辩人准备

是否安排答辩人准备，因校而异。有一些学校不安排答辩人的准备时间，在主答辩教师提出问题后，要求同学当场立即作出回答，随问随答。从考查同学答辩质量的角度考虑，适当安排一些时间给答辩人准备是可行的，并在答辩人准备期间可进入下一答辩人报告论文主要内容和答辩委员会提问，便于提高时间效率。答辩人准备时，应逐一对答辩教师所提问题进行整理。可对照论文，查阅一些相关资料，形成基本思路，并作一些书面整理，切忌偏题。答辩人准备时间不超过 30 分钟。

六、答辩

答辩人准备完毕后，按问题顺序逐一作出回答。根据学生回答的具体情况，主答辩教师和其他答辩教师随时可以有适当的插问。答辩人的答辩时间不少于 15 分钟。

七、成绩评议

所有答辩人答辩完毕，暂休会，答辩人暂时退场。答辩委员会根据答辩人各方面的条件和答辩情况进行评议，并就是否通过论文答辩进行表决，拟定成绩和评语。

八、复会

由主答辩教师当面向学生就论文和答辩过程中的情况加以小结，肯定其优点和长处，指出其错误或不足之处，并加以必要的补充和指点，同时当面向学生宣布通过或不通过。对答辩不能通过的学生，说明不通过的理由，并提出修改意见和补答辩安排。

九、答辩结束

答辩主持人宣布答辩结束。

第四节　毕业论文答辩技巧

一、毕业论文答辩技巧

学生要顺利通过答辩，并在答辩时真正发挥出自身的水平，除了在答辩前充分做好准备外，还需要了解和掌握答辩的要领和答辩的艺术。

1. 树立自信，沉着应答

答辩实际上是一种面试，是一名学生需要应对多名专业教师，是一种大多数学生未曾经历过的考试方式，会给学生在心理上产生比较大的压力，从而造成因为过度的紧张使本来可以回答出来的问题也答不上来的情况。所以，一定要树立信心，消除紧张慌乱心理，沉着应答。只有充满自信，沉着冷静，才会在答辩时有良好的表现。

首先，要做好充分的应答准备。自信心主要来自事先的充分准备，在做了充分准备的基础上，大可不必紧张；其次，要相信自己的能力，经过几个月时间的资料收集、整理、研究、写作，相信自己在所选主题上已经有一定的收获，自己有能力写好论文，也有能力答辩好论文；再次，在认真对待的基础上，有必要把论文答辩看作是大学生涯中的一次极为平常的考试，没有什么特别之处；最后，要善于发现自己的优势。每个人都有优势和弱点，关键是要善于发现自己的优势，并利用优势，将其调节到最佳状态，充分发挥出较好的答辩竞技状态，从而获得自信。答辩时即使有个别问题答不上来，也可正面回答教师。答辩教师是以考核学生而非刁难学生为目的的，一般较深的问题可能是教师想了解学生的知识深度或研究深度，也可能是教师对问题有较大的兴趣想与同学一起探讨，这些问题即使学生回答不出也不会影响答辩成绩。

2. 听清教师提问，弄清题意

答辩回答的问题一般来源于答辩教师的口头提问，听清楚教师的提问、弄清题意是顺利完成答辩的基础，要答到点子上，避免答非所问。

答辩教师在提问题时，学生一定要集中注意力认真聆听，并将题目的主要意思略记在本子上，仔细推敲答辩教师所提问题的题意和本质。不同的教师有不同的提问方式，不同的内容也可用不同的方式进行提问。在提问方式和提问内容都是直接的情况下，一般都能听清楚教师的提问，并能较好地理解题意。但有些答辩教师也会采用一些"迂回"的方式进行提问，即教师并不直接把问题提出来，而是通过一段引言，通过"绕圈子"的办法把问题提出来。这时，需要学生对教师所提问题进行概括。如果对所提问题没有听清楚，可以请提问教师再说一遍。如果对问题中有些概念不太理解，可以请提问教师做些解释，或者把自己对问题的理解说出来，并问清是不是这个意思，等得到肯定的答复后再做回答。

还有一种情况要引起特别注意的是"问题背后的问题"。比如，针对学生论文中因果关系的论述，答辩教师表面上是对其中的"因"进行提问，而实际上是对"果"进行提问，因为答辩教师完全可以就学生论文中的"因"而得出其"果"。在这种提问下，对学生的答辩要求会更高一些，一是要求学生能够领会"问题背后的问题"；二是要求学生注重回答问题的逻辑性推理和举一反三；三是要求学生更加正确地回答"问题前面的问题"，以避免因前面的问题回答错误而造成背后问题的结论错误。

3. 选择合适的答辩和论证方式，尽可能做到自圆其说

在弄清了答辩教师所提问题的确切题意后，经过思考再作回答，并将回答问题的基本思路、关键词或摘要略记在本子上，切忌匆忙作答。但是，论文答辩时可供同学思考的时间并不充裕。所以，在时间允许的条件下进行思考，要尽可能在较短的时间内作出反应，要充满自信，以流畅的语言和肯定的语气把自己的想法讲述出来，不要犹犹豫豫。回答问题，一要抓住要害，简明扼要，不要东拉西扯，使人听后不得要领；二要力求客观、全面、辩证，但留有余地，切忌把话说"死"。同时，要选择合理的、灵活的论证方式。正确的论证方式必须符合逻辑，按照事物发展的客观规律认识问题、分析问题、解决问题，不能凭主观愿望随意解释，只有各种论据和论点之间具有内在的逻辑性，才能得出符合事物发展规律的结论，才有说服力，使人信服。

4. 回答问题要重点突出，简明扼要，层次分明

同学回答答辩问题时，一定要重点突出，简明扼要，层次分明。一是答辩重点要突出。在多个答辩问题中，一般会有重点问题，这是同学应该把握的。同时，在某一具体问题的答辩内容中，有主要的、也有次要的。主要的方面反映了问题的本质，直接关系到问题的结论，如果同学切实抓住这些关键性问题予以有力的答辩，其他次要方面的问题就会迎刃而解。因此，同学要善于分析和归纳，从中确定答辩的重点；二是答辩论点要明确。有些答辩之所以让人听了感到无力，主要原因就是答辩的论点不明确，论据不充分。因此，同学不但要突出答辩论点，而且要用有条理、有说服力的论据来证实论点的正确性；三是答辩要简明扼要。一般来说，答辩教师所提问题的答案基本是清楚的，答辩多了，效果不一定就好，不必过多重复。有些问题点到为止，使人感到学生的答辩水平既简明扼要，又充分表现出较高的综合素质；四是要条理清楚，层次分明。在回答问题时，应将答案归纳成几条几点，如果一时还不能马上反应出要回答几条几点，可以说"从以下几个方面"来回答提问。这样即使回答的内容不是很明确、规范，也会使答辩教师感觉到思路比较清晰，条理分明。

5. 树立实事求是的答辩作风，切忌不懂装懂

同学接受答辩教师的提问，自然想把最好的印象留给答辩教师，充分发挥自己的知识潜能、挖掘自己的一切潜力是每个同学的心愿。但是，树立实事求是作风在答辩中更重要，切忌不懂装懂。因为答辩过程不仅是教师考核学生专业知识的过程，也是考核学生品德修养、治学态度的过程，答辩时应做到态度诚恳，不会就是不会，不要不懂装懂，对回答不出的问题，不可强辩。

在答辩中，某个问题被教师问住是很正常的，一是同学确实不能回答教师所提问的题；

二是答辩教师对答辩人所作的回答不太满意时，再作进一步提问，以求了解同学是否切实搞清和掌握了这个问题。遇到这种情况，答辩人如果有把握讲清，就可以申明理由进行答辩；如果不太有把握，可以审慎地试着回答，能回答多少就回答多少，即使讲得不很确切也不要紧，只要是同问题有所关联，教师会引导和启发切入正题；如果确是自己没有搞清的问题，就应该实事求是地讲明自己对这个问题还没有搞清楚，表示今后认真研究这个问题，切不可强词夺理，进行狡辩。

6. 与答辩教师开展恰如其分的辩论

毕业论文答辩有问有答，且以问答为主，但毕竟是答辩，也有一定成分的辩论因素。在论文答辩过程中，特别是当论文中的主要观点与答辩教师的观点相左时，可以与之展开恰如其分的辩论。

辩论主要包括两种：一是不同观点的辩论；二是探讨性问题的辩论。在答辩教师提出与毕业论文中基本观点不同的观点，然后请学生谈谈看法时，同学就应全力为自己的观点辩护，反驳与自己观点相对立的思想；有的答辩教师提出的与毕业论文相左的观点，并不是教师本人的观点，教师提出来无非是想听听学生对这种观点的评价和看法，或者是考查一下学生的答辩能力或学生对自己观点的坚定程度。退一步说，即使是答辩教师自己的观点，学生也应该据理力争，与之展开辩论。

不过，与答辩教师展开辩论要注意分寸，运用适当的辩论艺术。一般来说，应以维护自己的观点为主，反驳对方的论点时要尽可能采用委婉的语言、请教的口气，用旁说、暗说、绕着说的办法，不露痕迹地把自己的观点输入对方，让他们明理而诚服或暗服，让提问教师感受到虽接受学生的意见，但又不伤自尊。这样的辩论，答辩教师不仅不会为难，相反会认为学生有水平，基础扎实。

7. 合理运用语言艺术进行答辩

同学必须用合适的语言来回答教师提出的问题。答辩语言运用得好坏，直接关系到答辩的成败，掌握论文答辩的语言艺术，对于答辩有着十分重要的作用。答辩时，要准确地选用词语，恰当地运用语句，形成良好的语言习惯，表达流利、用词得当、言之有物。同样重要的还有说话方式，例如，发音清晰、语调得体、声音自然、音量适中、语速适宜，还要警惕一个很容易破坏语言意境的现象，即过分使用语气词、口头语。例如，老是用"那么"、"就是说"、"嗯"等引起下文，不仅有碍于连贯理解，还容易引人生厌。若无特殊情况不可随便打断答辩教师的讲话。即使是有某种原因，也要以适当的方式。在答辩时，讲话不可有太多的手势语或口头禅，让人看了或听了不舒服。普通话应力求标准，不可讲错字或念错字，最好不用方言。不要以自负的方式、语气说话，即话不能说得太满，当然也不必太谦虚。

8. 讲文明礼貌，遵守答辩纪律

论文答辩的过程是同学在校期间难得的与教师面对面进行学术思想交流的过程，是一次向答辩教师学习、讨教问题的好机会。因此，在整个答辩过程中，答辩人应该尊重答辩教师，言行举止要讲文明、有礼貌，尤其是在答辩教师提出的问题难以回答，或答辩教师的观点与自己的观点相左时，更应注意。答辩结束，无论答辩情况如何，都要从容、有礼貌地退席。

答辩是一项由答辩教师、答辩学生，旁听人等众人参与的，具有严肃纪律性的重要教学环节，参与答辩的同学必须严格遵守答辩纪律。首先，应该遵守答辩的程序纪律，这是在答辩之前，由答辩组长宣布的，包括答辩过程应经历的环节、各环节的顺序、各环节所用时间等；其次，应该遵守答辩的会场纪律，参与答辩的学生应保持答辩场地的安静，特别是在他人进行答辩时，不得喧哗，不得影响他人的答辩，不要随随便便进出答辩会场。

9. 虚心接受评判，认真总结论文得失

完成毕业论文答辩之后，答辩教师会在指导教师所给初评成绩的基础上，根据学生的论文报告情况、答辩情况，在进行评议之后给出一个最终成绩，就环节上而言，已经完成了答辩全过程。但同学还应该认真听取答辩教师的评判，进一步分析、思考答辩教师提出的意见，总结论文写作经验教训，必要时对论文作进一步修改。一方面，要搞清楚通过这次毕业论文写作，自己学习和掌握了哪些科学研究的方法，在提出问题、分析问题、解决问题，以及科研能力上得到了提高，还存在哪些不足，作为今后研究其他选题时的借鉴；另一方面，要认真思索论文答辩会上，答辩教师提出的问题和意见，加深研究，精心修改自己的论文，求得纵深发展，取得更大的战果，使自己在知识上、能力上有所提高。另外，对毕业论文存在的一些错误需要做一定的修改。

二、答辩时常见的问题与对策

1. 你为什么选择这个论文题目？

答题思路：

1）从两个问题之间的关联性出发阐述。例如，职业生涯管理与组织绩效是管理中的两个问题，以前没有人从两个问题的因果关系探讨，而自己发现了两者具有关联性，因而选择了"职业生涯管理与组织绩效之相关性研究"作为论文题目。

2）从实习的工作中发现的问题。自己在一个单位的人力资源部门实习，这个单位的工资环境与薪酬都很高，但是，有一些素质很高的员工工作绩效并不高，于是就去调查原因，发现这些人对自己的职业生涯的发展感到困惑，找不到发展的目标，因此，我就想到了应该研究"职业生涯管理与组织绩效之相关性研究"这个题目。

2. 研究这个课题的意义和目的是什么？

答题思路：

此类问题，应该从课题的根本目的出发。例如，分析"职业生涯管理与组织绩效之相关性研究"的目的，可以这样陈述：管理者的首要目标就是要实现组织目标，或者提高组织绩效。研究两者的相关性，就是要找到影响组织绩效的原因，提高组织绩效。

3. 全文的基本框架、基本结构是如何安排的？

答题思路：

论文的基本框架有如下几种。

1）提出自己的论点——给出相关理论、其他人支持的论点——得出结论。

2）给出与其他人相左的两种论点——阐述自己的论点（通常是与其中的论点之一相一致）——给出结论。

3）提出问题——展开调查——对调查结果讨论——给出结论。

4. 全文的各部分之间逻辑关系如何？

答题思路：

1）总分关系。常见的总分关系是第一部分为总述，第二部分为分述，第三部分为总结。

2）递进关系。提出问题——指出影响——提出解决问题的方案。

5. 在研究本课题的过程中，发现了哪些不同见解？对这些不同的意见，自己是怎样逐步认识的？又是如何处理的？

答题思路：

这部分是考查学生对材料的处理，考查学生对问题了解的深度，回答时应该注意指出他人的观点，一一做出分析。

6. 论文虽未论及，但与其较密切相关的问题还有哪些？

答题思路：

这部分内容是考查学生对问题了解的广度，学生可以就查阅文献时看到的一些预知相关性内容作介绍。

7. 还有哪些问题自己还没有搞清楚，在论文中论述得不够透彻？

答题思路：

应该指出，自己的视野和分析能力是有限的，可以找出一个自己不太清楚的问题讲一下，请求评委指导。

8. 写作论文时立论的主要依据是什么？

答题思路：

这一部分是考查学生对论据的把握，包括前人的调查结果、数据等。可以列举一些数据或者他人的研究报告。

论文答辩是一个不断思考、发现、总结的过程。在这个过程中，学生和老师是一种互动关系，所以，除了上述提到的答辩要求、技巧和对策外，学生还要锻炼自己分析问题、解决问题与应变的能力，这样才能驾驭答辩过程。

思 考 题

1. 对答辩人的一般要求是什么？
2. 答辩者在毕业论文的答辩前需做好哪些准备工作？
3. 毕业论文答辩的一般程序是什么？
4. 毕业论文答辩的技巧有哪些？

附录 毕业论文格式示例

学生毕业论文

空腹钢框架结构试验研究

专业班级：＿＿＿＿＿＿＿

作者姓名：＿＿＿＿＿＿＿

指导教师：＿＿＿＿＿＿＿

×××××（学校名称）

二〇一一年六月

×××××（学校名称）学生毕业论文

> 黑体,三号,
> 居中

空腹钢框架结构试验研究

> 黑体,二号,
> 加黑,居中

> 页面设置:上下各为
> 2.5cm,左右各为3cm,
> 装订线0.5cm,页眉、页
> 脚各为1.5cm

> 黑体，四号

> 宋体，小四号

姓　　名_____

学　　号_____

专业班级_____

系　　部_____

指导教师_____

摘　　要

黑体，小二号，居中

摘要100至200字内。宋体，小四号，1.5倍行距

本文通过大量的算例分析，探讨空腹桁架层的节间数、节间间距、腹板柱的刚度，以及结构的跨度对整体结构的受力性能、极限承载力及破坏模式的影响，分析表明：通过合理的桁架层设计，可以有效的提高结构的竖向刚度和水平刚度，以及结构的极限承载力，并可以使结构的塑性变形首先出现在腹板柱上，这有利于结构内力的重分布，增加结构的延性性能，充分发挥构件的极限承载能力。

……

关键词：空腹桁架钢框架；弹塑性分析；极限承载力；试验研究

与正文另起一行。黑体，小四号。关键词之间用"，"分开，宋体，小四号

关键词应有3~8个

摘要页面设置：上下各为2.5cm，左右各为2.2cm，装订线0.5cm，页眉、页脚各为1.5cm

目　　录

一级标题，黑体，四号

二级标题缩进1个字符

黑体，小二号，居中

宋体，小四号，1.5倍行距

1 引言

章标题，黑体，小三号。每章另起一页

节、次节以下标题，黑体，四号

1.1 空腹桁架钢框架的特点及研究意义

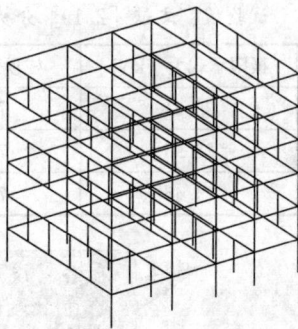

宋体，小四号，1.5倍行距

空腹桁架钢框架是在钢框架的基础上，通过取消框架中间的柱子来增大结构的使用空间，同时为了不增大各个构件的截面尺寸，在框架的隔层增设腹板柱形成空腹桁架与钢框架组合的新型钢结构，结构形式如图 1.1 所示。由于在钢框架中增设腹板柱形成空腹桁架结构，进一步增强了结构的侧向刚度和竖向刚度，同时提高了结构的整体工作性能，进而实现了结构的大跨度，而且桁架层的上下弦梁的截面高度不大，不影响建筑物的使用，并可以在一定的建筑高度范围内代替钢框架-剪力墙结构和钢框架-支撑结构。

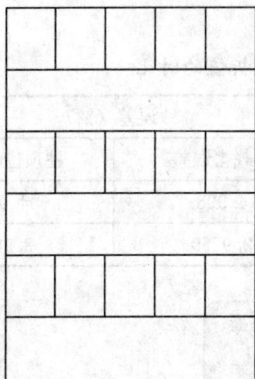

图 1.1 空腹桁架钢框架   图 1.2 交错桁架结构体系

空腹桁架结构应用比较广泛，它可以组合应用，例如：相邻榀的空腹桁架按照一定的规律布置且腹板柱的高度等于层高时，就属于交错桁架结构体系（见图1.2）；空腹桁架也可以单独应用，例如作为结构的转换层（如图 1.3 所示）或者桁架式框架梁结构（见图 1.4）等。

图号按章顺序

1.2 空腹桁架钢框架的研究现状

节、次节以下标题，黑体，四号

1.2.1 交错桁架结构体系中的空腹桁架

交错桁架结构体系的概念最早是由 LeMessurier 咨询机构的研究小组在 20

页码编号：从论文正文部分开始，用阿拉伯数字连续编页世纪 60 年代初期提出的，目的是为高层公寓建筑提供更经济的结构形式[1]，美国麻省理工学院则在 60 年代中期将其开发成为一种新型的结构体系[2]。

> 按论文中参考文献出现的先后顺序用阿拉伯数字连续编号

……（正文略）

2.4.2 ANSYS 分析结果验证

……（正文略）。见表 2.2，由于本文没有对应力应变关系进行简化，虽然计算时间较长，但是计算结果更加接近试验值，同时验证了本文 ANSYS 参数设置的准确性。

表 2.2　　　　　试验值、文献 [2.19] 分析的数值和 ANSYS 分析值的对比

钢框架	极限承载力（kN）	柱顶位移（mm）	误差（%）	
试验值	25.21	76.5663	承载力误差	柱顶位移误差
文献 [2.16] 的值	23.95	72.7519	4.998	4.982
本文分析值	24.46	74.3114	2.9750	2.9451

> 表格需设序号、题目。表号与表题置于表的上方，楷体_GB2312，五号；表格按章顺序编号

……（正文略）

（1）收敛准则

……（正文略）常用的列矩阵的范数有三个，设 $\{u\}=\{u_1,\ u_2,\ u_3,\ \cdots,\ u_n\}^T$，则三个向量的范数分别是

$$\|u\|_1 = \sum_{i=1}^{n} |u_i| \tag{2.9a}$$

> 论文中数字、英文用 Times New Roman，希腊文用 Symbol。从中文摘要开始，论文内容采用单面印刷

> 公式书写应在文中另起一行。公式后应注明序号，序号按章顺序编排。数学式中字母符号的注释文字请连排，不要分行

参 考 文 献

[1] 毛峡，丁玉宽. 图像的情感特征分析及其和谐感评价 [J]. 电子学报，2001，29 (12A)：1923-1927.

学术期刊

[2] Ozgokmen T. M.，Johns W. E.，Peters H.，et al. Turbulent Mixing in the Red Sea Outflow Plume from a High-Resoluting Nonhydrostatic Model [J]. Jounal of Physical Oceangraphy, 2003，V33 (8)：1846-1869.

学术著作

[3] 刘国钧，王连成. 图书馆史研究 [M]. 北京：高等教育出版社，1979：15-50.

有ISBN号的论文集

[4] 毛峡. 绘画的音乐表现 [A]. 中国人工智能学会 2001 年全国学术年会论文集 [C]. 北京：北京邮电大学出版社，2001：739-740.

[5] Mao Xia, et al. Analysis of Affective Characteristics and Evaluation of Harmonious Feeling of Image Based on 1/f Fluctuation Theory [A]. International Conference on Industrial & Engineering Applications of Artificial Intelligence & Expert Systems (IEA/AIE) [C]. Australia Springer Publishing House, 2002：17-19.

学位论文

[6] 张和生. 地质力学系统理论 [D]. 太原：太原理工大学，1998.

[7] 姜锡洲. 一种温热外敷药制备方案 [P]. 中国专利：881056078，1983-08-12.

专利文献

[8] GB/T 16159—1996，汉语拼音正词法基本规则 [S]. 北京：中国标准出版社，1996.

报纸文章 *技术标准*

[9] 毛峡. 情感工学破解'舒服'之迷 [N]. 光明日报，2000-4-17 (B1).

报告

[10] 冯西桥. 核反应堆压力容器的 LBB 分析 [R]. 北京：清华大学核能技术设计研究院，1997.

电子文献

[11] 王明亮. 中国学术期刊标准化数据库系统工程的 [EB/OL]，http：//www.cajcd.cn/pub/wml.txt/980810-2.html，1998-08-16/1998-10-04.

参 考 文 献

[1] 国务院学位委员会办公室，中国科学技术信息研究所. GB/T 7713.1—2006 学位论文编写规则 ［S］. 北京：中国标准出版社，2007.

[2] 赵公民，聂锋. 毕业论文的写作与答辩 ［M］. 北京：中国经济出版社，2006.

[3] 刘素萍，等. 科技论文写作 ［M］. 北京：中华书局，2007.

[4] 陈果安. 中文专业论文写作导论 ［M］. 长沙：中南大学出版社，2008.

[5] 肖东发，李武. 学位论文写作与学术规范 ［M］. 北京：北京大学出版社，2009.

[6] 朱永兴，李素芳. 学术论文撰写与发表 ［M］. 杭州：浙江大学出版社，2007.

[7] 高烽. 科技论文写作规则与行文技巧 ［M］. 北京：国防工业出版社，2009.

[8] 吴寿林，等. 科技论文与学位论文写作 ［M］. 上海：东华大学出版社，2009.

[9] 艾思同，等. 在职研究生理论研究与毕业论文写作 ［M］. 济南：济南出版社，2006.

[10] 徐蓉，等. 工程管理专业毕业论文指导书 ［M］. 上海：同济大学出版社，2008.

[11] 郭爱民. 研究生科技论文写作 ［M］. 沈阳：东北大学出版社，2008.

[12] 曲继方，庞海波. 学位论文写作 ［M］. 北京：国防工业出版社，2005.

[13] 郑刚强，阮爱君. 毕业论文指导 ［M］. 杭州：浙江大学出版社，2009.

[14] 王蜀磊. 毕业论文写作 ［M］. 上海：立信会计出版社，2007.

[15] 郑金洲. 教师如何做研究 ［M］. 上海：华东师范大学出版社，2007.

[16] 裴娣娜. 教育研究方法导论 ［M］. 合肥：安徽教育出版社，1995.

[17] 丁念金. 研究方法的新进展 ［M］. 北京：教育科学出版社，2005.

[18] 风笑天. 社会研究方法 ［M］. 北京：高等教育出版社，2006.

[19] 尤利群，等. 管理类学生毕业论文的写作与指导 ［M］. 杭州：浙江大学出版社，2009.

[20] 王丹. 高职高专经济管理类毕业论文撰写指南 ［M］. 北京：清华大学出版社，2009.

[21] 杨秀芸. 毕业论文精选与写作指导 ［M］. 北京：中国建材工业出版社，2003.

[22] 张俊茹，姜闽虹. 高职高专毕业设计与论文写作案例式教程 ［M］. 北京：北京航空航天大学出版社，2007.

[23] 周志高，刘志平. 大学毕业设计（论文）写作指南 ［M］. 北京：化学工业出版社，2007.

[24] ［瑞典］比约·古斯塔维. 科技论文写作快速入门 ［M］. 李华山，译. 北京：北京大学出版社，2008.

[25] 陈国海. 商科学位论文写作与研究方法 ［M］. 北京：清华大学出版社，2009.